50 anos IBRASA
IBRASA
LIVROS QUE CONSTROEM

CB122378

Biblioteca Êxito - 57

Volumes publicados:

1. Do Fracasso ao Sucesso na Arte de Vender .... Frank Bettger
2. As Cinco Grandes Regras do Bom Vendedor .... Percy Whiting
3. Vença Pelo Poder Emocional .... Eugene J. Benge
4. Sucesso na Arte de Vender .... Harold Sherman
5. A Arte de Vender para a Mulher .... Janet Wolf
6. TNT - Nossa Força Interior .... H. Sherman e C. Bristol
7. O Segredo da Eficiência Pessoal .... Donald A. Lird
8. Realize suas Aspirações .... Elmer Wheeler
9. Dinamize sua Personalidade .... Elmer Wheeler
10. Vença pela Força do Pensamento Positivo .... Pierre Vachet
11. Venda mais e Melhor .... W. K. Levis
12. A Chave do Sucesso .... W. G. Damroth
13. Os Sete Segredos que Vendem .... E. J. Hegarty
14. Psicologia Aplica na Arte de Vender .... Donal A. Laird
15. Grandes Problemas e Grandes Soluções do Vendedor Moderno .... Percy H. Whiting
16. Ajuda-te pela Cibernética Mental .... U. S. Anderson
17. Super TNT - Liberte suas Forças Interiores .... Harold Sherman
18. O Poder da Comunicação .... J. V. Cerney
19. O Poder da Cibernética Mental .... R. Eugene Nichols
20. Leis Dinâmicas da Prosperidade .... Chatherine Ponder
21. Leitura Dinâmica em 7 Dias .... Wiliam Sahial
22. A Psicologia da Comunicação .... Jesse S. Nirenberg
23. Criatividade Profissional .... Eugene Von Fange
24. O Poder Criador da Mente .... Alex F. Fange
25. Arte e Ciência da Criatividade .... George F. Kneller
26. Use o Poder de sua Mente .... David J. Shwarts
27. Para Enriquecer Pense como um Milionário .... Howard E. Hill
28. Desperte sua Força Mental .... Alex. F. Osborn
29. Criatividade - Progresso e Potencial .... Calvin W. Taylor
30. Criatividade - Medidas, Testes e Avaliações .... E. Paul Torrance
31. Psicologia, Técnica e Prática de Vendas .... Constantino Grecco
32. Vença Pela Fé .... Gordon Powell
33. Idéias para Vencer .... Myron S. Allen
34. A Força do Poder Interior .... J. J. McMabon
35. O Líder - 500 Conceitos de Liderança .... Ilie Gilbert
36. Gerência de Lojas .... Constantino Grecco
37. O Líder - vol. II .... Ilie Gilbert
38. Viver Agora .... Joel S. Goldsmith
39. O Líder - vol. III .... Ilie Gilbert
40. Nos Bastidores da Venda .... I. R. Petarca
41. Manual da Criatividade .... Mauro Rodrigues
42. A Alegria do Triunfo .... Patrick Estrade
43. Ajuda-te pela Magia .... J. M. Nogueira
44. Liderança com Sucesso .... Isabel F. Furini
45. O Poder do Subconsciente .... Marcel Rouct
46. Otimismo e Ação .... Isabel F. Furini
47. Como Tornar-se um Campeão de Vendas .... Jonathan Evetts
48. Os 7 Pilares do Sucesso em Vendas .... Jonathan Evetts
49. Negociação Personalizada .... Tom Anastasi
50. Salmos para a Prosperidade .... Daniel G. Fischman
51. Salmos para a Proteção .... Daniel G. Fischman
52. Meditando Dia-a-dia .... Kimara Amanda
53. Vender é uma Arte .... Terri Murphy
54. Show de Vendas .... Sidney A. Friedman
55. 16 Regras para ser Feliz .... Paulo G. Freitas
56. Vencer é ser Feliz .... Silvério da Costa Oliveira

Horóscopo Japonês

Minami Keizi
Onmyoji Seto Shamon

K36h KEIZI, Minami
Horóscopo Japonês / Minami Keizi, Omnyoji Seto
Shamon - São Paulo : IBRASA, 2007
232p. (Biblioteca: Êxito, 57)

ISBN 978 85-348-0291-8

1. Horóscopo. 2. Astrologia. I. Título II. Série

CDU 133.526

Índice para Catálogo Sistemático:

1. Horóscopo: 133.526
2. Horóscopo Japonês: 133.526
3. Astrologia: 133.52

Maria José Oliveira
Bibliotecária CRB 5641/8

Horóscopo Japonês

Minami Keizi
Onmyoji Seto Shamon

IBRASA - Instituição Brasileira de Difusão Cultural Ltda.
São Paulo - SP

© Direitos desta edição reservados à

IBRASA
Instituição Brasileira de Difusão Cultural Ltda.
Rua 13 de Maio, 446
Tel/Fax: (0xx11) 3284-8382
e-mail: ibrasa@ibrasa.com.br
home page: www.ibrasa.com.br

Copyright © 2007 by
Minami Keizi

Nenhuma parte desta obra poderá ser reproduzida, por qualquer meio, sem prévio consentimento dos editores. Excetuam-se as citações de pequenos trechos em resenhas para jornais, revistas ou outro veículo de divulgação.

Ilustrações:
Claudio Seto

Capa:
Marcos Masuko

Editoração Eletrônica:
Alpha Design

Revisão de:
Tasso A. C. dos Santos

Produção Editorial:
Tania Jorge

Publicado em 2008

IMPRESSO NO BRASIL - PRINTED IN BRAZIL

Sumário

Introdução
ONMYODÔ ZENCHI JUNISHI

A versão japonesa do Horóscopo oriental

O que costumamos chamar no Brasil de "Astrologia Chinesa" não é, na verdade, originária da China. Conforme o sinólogo Gérard Edde em seu livro *L'Astrologie Chinoise des Neuf Constellations Astrologie Traditionalle du Yi-King:* "No Ocidente, os signos astrológicos chineses começaram a aparecer de modo marcante. Todos sabem hoje que esses signos estão ligados ao ano de nascimento e que têm nomes de animais. Mas é menos conhecido o fato de que esses nomes de animais não constituem, de forma alguma, a verdadeira astrologia chinesa tradicional, já que foram importados pela China tardiamente, junto com o budismo, por volta de do século VII d.C."

"A verdadeira astrologia chinesa é a **Astrologia das Nove Constelações**", afirma Gérard Edde. Isso justifica a não citação da astrologia dos signos animais nos antigos registros oficiais japoneses: Segundo o *Nihon Shoki* (Registros do Japão, escrito entre 697 a 791), o *Ekikyô*, uma das cinco obras fundamentais do confucionismo, entrou no Japão no ano 513, trazido da Coréia.

A segunda obra discorre sobre a arte das adivinhações ou das previsões do destino, mas não menciona os doze animais-signos. Em outubro do ano 602, chegaram ao Japão os livros de calendário, de astrologia, de geografia do Tonkôhôjutsu (astrologia com base nos conceitos do yin-yang). Estas obras também não abordam os doze animais-signos. O Taoísmo foi adotado oficialmente no Japão pelo Código Legal Taihô do ano 702, como Onmyô-ryô ou Repartição Governamental de Adivinhações. Os documentos dessa Repartição também não discorrem sobre os animais-signos.

Os manuscritos secretos do **Shuguendô** (seita dos Yamabushi — ascetas da montanha sagrada) foram revelados recentemente em razão da aproximação do Terceiro Milênio pelos iniciados da filosofia **Zenchi Onmyodô.** De acordo com esses manuscritos, o zodíaco dos doze signos animais (Junishi) foi introduzido no Japão, trazido do Tibet, pelo xamã En no Gyoja (640-705) numa de suas viagens cósmicas: "o mestre penetrava todas as tardes numa nuvem de cinco cores e subia ao céu em companhia de outros magos"[1]. Estudiosos contemporâneos da magia tradicional japonesa discutem a possibilidade de que essas viagens tivessem sido em objetos voadores não identificados ou por viagem astral. Consta que En no Gyoja (ou En no Ubasoku, ou En no Ozunu, ou En no Shôkaku), "exilado na ilha de Izu, voava todas as noites para o monte Fuji, e lá, em uma gruta, praticava suas austeridades"[2]. Foi nesse monte sagrado que En no Gyoja, após canalizar ensinamentos da divindade **Zenchi On no Mikoto,** "ajaponesou" o zodíaco tibetano dos signos animais, acrescentando as influências energéticas dos deuses **Shintô** (religião original do Japão) e trocando alguns animais-símbolos, como por exemplo o Porco pelo **Javali,** o Gato pelo **Coelho,** a Cabra pelo **Carneiro** e o Búfalo pelo **Boi.**

O último registro que se tem de En no Gyoja é que "voou magicamente para o céu em 705 e apareceu, anos depois, rodeado por quinhentos tigres, a um monge budista nas montanhas da Coréia. Ele havia aprisionado o malvado *kami Hitokoto Nushi*"[3], seu arquiinimigo. Em algumas regiões do Japão, essa divindade malvada é conhecida pelo nome de *Ushitora no Konjin* (Divindade Malígna Boi-Tigre). Portanto, embora tenha a mesma raiz que o atualmente chamado **Horóscopo Chinês,** o **Onmyodô Zenchi Junishi,** também chamado de **Horóscopo Japonês,** para fazer as previsões (anuais, mensais ou semanais), leva em conta os seguintes aspectos:

---

[1] Soku-Nihonki, Crônica da Corte. Ano 697 a 791.

[2] Matsunaga (Yukei), Mikkyô no Rekishi (Kyoto, Henrinji-Shoten, 1969). Togano (Shun), Shingo-shu-Tokuhon, 3 vol. Koya-San, s.n.e., 1948.

[3] Kobo Daishi - *Chosaku-Zenshu* - Tokyô, Sanyibo - 1968. / Nagaoka (Kenshin) Mikkyo- Gaisetsu - Tokyô, Rokuayon, 1959.

1) A personalidade de cada signo e a sua compatibilidade com a do signo regente do ano e do mês.
2) A influência das fases da Lua sobre os signos por meio das lunações mensais.
3) O triângulo de Afinidades, os Companheiros de Estrada e a hora do nascimento.
4) A influência dos *kami* do panteão Shintô ou "Os Espíritos Luz — Guia dos Signos" (seres energéticos da 7ª Dimensão, como é denominado pela seita Onmyodô Zenchi)
5) A proteção energética dos Regentes da Sorte (divindades da Sorte e da Fortuna).
6) A influência dos cinco elementos da Natureza, as estações do ano e os pontos cardeais.
7) A energia vital *Ki*, personificada por duas divindades: **Izanami** e **Izanagui** ou **In** e **Yô** (**Yin** e **Yang** em chinês).

A Lenda sobre a Criação do Japão

Pela mitologia japonesa, existem três mundos: o Céu, com suas deidades, como *Amaterassu Omikami* (Augusta Deusa Sol), e com um relevo semelhante ao do Japão, atravessado por rios celestiais, largos e rasos; a Terra, as ilhas do Japão, com suas deidades e demônios, que é ligada aos outros mundos por portais e passagens secretas, como uma ponte arco-íris ou uma escada que a ligaria ao Céu (Ponte do Céu); e abaixo da Terra, a terra dos mortos e das trevas, reino da maioria dos demônios, local sem lei e sem ordem.

No entanto, no princípio de tudo não havia esta separação, estava tudo ligado, unido. Diz um mito do *Kojiki,* o mais antigo livro do Japão, que no princípio do mundo o Céu e a Terra se separaram e que, entre eles, surgiu *o Takama-no Hara* (Alta Planície Celeste), ou a "terra dos deuses". Ali nasceram numerosas divindades que passaram a habitar o solo sagrado.

A terra ainda não estava solidificada, era um pantanal de lodo onde cresceram os caniços. No meio daqueles caniços também nasceram outros deuses, entre eles, o casal **Izanagui** e **Izanami**, criadores do arquipélago japonês.

Certa feita, *Amatsugami* (Deus do Céu) deu a **Izanagui** uma arma enfeitada e confiou-lhe a tarefa de criar o Japão. Então, **Izanagui** e a esposa dirigiram-se para a Ponte do Céu e no meio dela pararam para observar a terra viscosa lá de baixo. Logo, o jovem marido esticou o braço e enfiou sua arma sagrada dentro daquela lama, remexendo-a. Quando a retirou, caíram algumas gotas de lama da ponta, que logo se cristalizaram em sal, que, por sua vez, transformou-se em uma ilha. Vendo a ilha que acabaram de criar, **Izanagui** e a esposa atravessaram a Ponte do Céu e desceram para lá, onde fizeram um acordo entre si para criar novas ilhas. Assim, deram origem ao *Ashi Hara no Mizuho no Kuni* (País dos Juncos e dos Campos das Espigas de Arroz) – hoje, o Japão.

A Lenda da Origem dos Nobres Animais-Signos

Origem dos signos – Amano Wakahiko

Consta nos anais da seita **Zenchi Onmyodô**, com base na mitologia japonesa de origem **Shintô**, que *Zenchi no Mikoto*, deus da Graça Divina ou da Energia Total, era a divindade que coordenava as ações da "Roda do Destino da Humanidade". Essa roda (ou círculo, ou elo) era ocupada por doze deuses que, sucessivamente, a cada ano, regiam o plano terrestre e o destino dos seres viventes.

Com o passar do tempo, verificou-se que os doze deuses não tinham paciência de esperar por doze longos anos até que chegasse novamente sua vez de reger a Terra, pois muitos não retornavam à Alta Planície Celeste após o período anual de regência, entregando-se aos prazeres humanos e abdicando assim sua imortalidade divina.

Portanto, os deuses fixavam residência definitiva no País dos Campos de Juncos e das Espigas de Arroz, o Japão. Isso acontecia porque o plano terrestre era cheio de imprevistos e aventuras ao passo que a vida perfeita da Alta Planície Celeste tornou-se monótona e não oferecia os desafios que os deuses guerreiros tanto amavam.

Zenchi no Mikoto resolveu então que deixaria a regência do ano por conta dos animais que viviam na terra e que de alguma forma contribuiriam para o bem da humanidade. Pediu então a **Ame no Wakahiko no Mikoto**, ou Divino Jovem Celeste, que naquele ano estava regendo a Terra e aqui residindo, que reunisse os onze animais mais interessantes da Terra no topo no Monte Fuji, na manhã do dia de Ano Novo. Somando-se a esses o cavalo alado que servia de montaria ao deus **Zenchi**, seria doze o total dos animais e todos seriam condecorados com o título de "Nobres Animais Signos", recebendo o direito de participar efetivamente do destino da humanidade.

Wakahiko convidou então o Rato, o Gato, o Boi, o Tigre, o Coelho, o Dragão, a Serpente, o Carneiro, o Macaco, o Galo e o Cachorro, pedindo que todos comparecessem sem falta no dia marcado. O Rato ficou muito feliz com o convite e foi contar imediatamente para seu amigo Gato. Este estava muito orgulhoso de ter sido convidado também, mas, ao mesmo tempo, preocupado, pois temia perder a hora por causa de seu hábito dorminhoco. Fez então o Rato prometer que o acordaria antes de nascer do sol, o primeiro sol do novo ano.

Apesar da euforia geral, na véspera de Ano Novo, enquanto o Coelho fazia *motitsuki,* ou seja, socava o arroz glutinoso no pilão para fazer *moti* (bolinho da sorte) para levar de lanche na subida ao Monte Fuji, o Rato começou a imaginar que ele poderia ficar de fora do título de nobreza, pois, em comparação com o Gato, não passava de um insignificante animal. Seu amigo tinha o andar garboso, a postura nobre, os pêlos brilhantes e uma incrível agilidade. Pensando que com todos esses requisitos o Gato receberia todos os elogios do deus **Zenchi no Mikoto**, o Rato resolveu de maneira egoísta que deixaria o bichano dormindo, assim eliminaria um concorrente e poderia garantir sua vaga ao título de nobreza.

Às sete horas da manhã do primeiro dia do Ano Novo, todos estavam enfileirados para o *yohaishiki* (ritual) e receberam com reverência o "Primeiro Sol do Ano". O deus **Zenchi no Mikoto**, com trajes brilhantes, barba e cabelos brancos e compridos, uma figura imponente e admirável, desceu do Céu montado num cavalo alado e observou minuciosamente todos os animais. Logo notou que só tinha onze animais mesmo incluindo o seu cavalo, e não doze conforme havia pedido. A esse respeito, interrogou o deus guerreiro **Wakahiko,** que, por sua vez, percebeu a ausência do Gato e saiu atrás do primeiro animal que encontrasse pela frente para trazer ao topo do Monte Fuji.

Enquanto **Jovem Celeste** descia em direção à aldeia, deparou-se com o Javali. O animal, assustado com o arco e flecha da divindade, saiu correndo em direção do topo do Monte Fuji. Fugindo esbaforido, o Javali chegou onde os outros animais estavam reunidos e juntou-se a eles para se esconder do guerreiro.

Enquanto isso, o Rato, temendo passar despercebido por causa do seu pequeno tamanho, subiu nas costas do Boi e começou a tocar uma flauta para chamar a atenção para si. Realmente **Zenchi no Mikoto** ficou encantado com esse animal invulgar — que, apesar de ser o menor de todos, mostrou-se muito astuto — e deu-lhe o primeiro lugar na Roda do Destino. Diplomado, o Rato recebeu um *tamá* — bola de cristal espiritual que pertenceu a *Ninigui no Mikoto*, (Augusto Neto Celeste) que contém as características do signo — e um lindo traje em seda pura. Assim condecorado, passou a ser chamado de **Nobre Rato** *(Ne no Mikoto).*

Em seguida, **Zenchi no Mikoto** deu a segunda colocação ao Boi, que, apesar de grande e forte, mostrou-se generoso deixando o Rato montar em suas costas. O Boi recebeu o *tamá* que pertenceu ao deus *Tachikara-ô no Kami*, (Deus da Força Física) e igualmente um rico traje em seda pura, passando a ser chamado de **Nobre Boi** *(Ushi no Mikoto).*

A valentia do Tigre valeu-lhe a terceira colocação. Ele recebeu o diploma de **Nobre Tigre** *(Tora no Mikoto),* o traje e o *tamá* que pertenceu a *Takehaya Suzano-ô no Mikoto* (Rebelde Deus Tempestade).

O Coelho, por seu pêlo branco e fino, ficou com o quarto lugar. Recebeu igualmente o traje de seda, o *tamá* que pertenceu a *Ookuni Nushi no Mikoto* (Divindade Grande Mestre da Terra), e a diplomação de **Nobre Coelho** *(U no Mikoto).*

O Dragão, com seu poder de comandar as águas, ficou em quinto. Recebeu o traje de seda, o *tamá* que pertenceu a *Shiyozushi no Kami* (Divindade das Águas e do Mar), e foi condecorado com o título de **Nobre Dragão** *(Tatsu no Mikoto).*

A Serpente ficou em sexto lugar, devido à pele brilhante e ao corpo sinuoso. Igualmente recebeu a honraria de **Nobre Serpente** *(Mi no Mikoto),* o traje de seda pura e o *tamá* que pertenceu à divindade *Kami Mussubi no Kami* (Deus dos Nascimentos Divinos).

O Cavalo, em sétimo devido ao seu porte elegante, recebeu o traje de seda pura, a bola de cristal contendo as características do signo que pertencia à divindade *Hachiman Kami* (Deus da Guerra), e foi-lhe outorgado o título de **Nobre Cavalo** *(Umá no Mikoto).*

O Carneiro ficou com a oitava colocação por causa de seus chifres fortes. Como os outros, recebeu o luxuoso traje, o *tamá* de *Tsukiyomi no Mikoto* (Deus Lua) e o diploma de **Nobre Carneiro** *(Hitsuji no Mikoto).*

O Macaco, pela agilidade e esperteza, ficou com o nono lugar. Por ser o mais parecido com os humanos, recebeu a bola de cristal de *Amaterassu Oomikami* (Augusta Deusa Sol), o traje e o título de **Nobre Macaco** *(Saru no Mikoto).*

O Galo, que tinha penas bonitas, ficou com o décimo lugar. Recebeu o *tamá* que pertenceu *a Ayakashikome no Kami* (Deus da Admirável Perfeição), o traje de seda e o título de **Nobre Galo** *(Tori no Mikoto).*

O Cachorro, vigilante e protetor, ficou com o décimo primeiro lugar. Como os demais, recebeu o traje de seda, o título de **Nobre Cachorro** *(Inu no Mikoto)* e o *tamá* que pertenceu a *Kunino Tokotachi no Kami* (Deus Eternamente Residente na Terra).

Por fim, o Javali, que chegou ofegante (por isso até hoje tem a respiração assim), ficou com o décimo segundo lugar em reconhecimento ao seu esforço. Desta forma, este animal ingenuamente recebeu o título de **Nobre Javali** *(Inoshishi no Mikoto),* sem mesmo saber o que estava acontecendo. Recebeu o último *tamá,* o de *Uhijimi no Kami* (Deus da Argila Terrestre) e um merecido traje de pura seda.

Terminada a cerimônia em que todos receberam a sagrada bola de cristal *(tamá)* contendo a característica dos signos, trajes finos em seda pura e o título de nobreza, o Gato chegou correndo ao topo do Monte Fuji. Implorou à divindade **Wakahiko** que deixasse falar com o deus **Zenchi no Mikoto**. Porém, era tarde demais. **Zenchi** já tinha retornado à Alta Planície Celeste. Quando o Gato viu o Nobre Rato todo chique e no primeiro lugar da fila, atirou-se sobre ele com intenção de acabar com sua raça, por não tê-lo acordado conforme prometera. É por isso que, ainda hoje, gatos e ratos não conseguem ser amigos.

星

Calendário e Medida do Tempo Tradicional Japonês

Ciclo de anos

O ciclo de anos pode ser chamado de *nengô* ou eras, ou ainda conforme o zodíaco tradicional de animais. A adoção do calendário Gregoriano, em 1873, não extinguiu o sistema *nengô*. No Japão, o tradicional convive harmoniosamente com o novo. O sistema *nengô* de contar o tempo teve início no ano 645.

Com a ascensão ao trono de um novo imperador, começa uma era que leva um nome genérico. Por exemplo, durante o século XX temos conhecido o final da era **Meiji,** com o imperador Mutsuhito; **Taishô,** com o imperador Yoshihito; **Showa,** com o imperador Hirohito; e estamos atualmente em **Heisei,** com o imperador Akihito.

Assim, *Oda Nobunaga* nasceu em 1534, que seria o terceiro ano de **Temmon**. 2008 corresponde ao vigésimo primeiro ano de **Heisei**. E na forma tradicional, sendo hoje 9 de junho, seria o nono dia do sexto mês.

O imperador tinha a prerrogativa de criar um novo *nengô* para comemorar um fato de grande relevância.

Recentes *nengô* são:			
Kyowa	1801–1804	**Bunkyu**	1861–1864
Bunkwa	1804–1818	**Genji**	1864–1865
Bunsei	1818–1830	**Keio**	1865–1868
Tempo	1830–1844	**Meiji**	1868–1912
Kokwa	1844–1848	**Taisho**	1912 – 25/12/1926
Kaei	1848–1854	**Showa**	25/12/1926 – 7/1/1989
Ansei	1854–1860	**Heisei**	7/1/1989 -
Man-en	1860–1861		

Regência diária

Durante o período de 24 horas, os nobres animais signos se revezam para governar, cabendo a cada um o espaço de duas horas. Na astrologia chinesa, este período é considerado o signo ascendente. Já no Horóscopo Japonês, o ascendente é determinado pelos 5 elementos, **In** e **Yô** (E e TO), totalizando 10 ascendentes.

Até a era **Meiji**, os japoneses determinavam as horas usando o domínio dos signos animais. Era comum os samurais marcarem encontros na "*hora do Tigre*" ou na "*hora do Cachorro*", e assim por diante.

Medida horária tradicional

O dia se divide em doze intervalos de tempo, que são nomeados com os animais do zodíaco japonês. Cada intervalo se divide, por sua vez, em dois, dando lugar à hora maior e à hora menor.

Das 23:01 à 01:00 – horas governadas pelo Rato.
Das 01:01 às 03:00 – horas governadas pelo Boi.
Das 03:01 às 05:00 – horas governadas pelo Tigre.
Das 05:01 às 07:00 – horas governadas pelo Coelho.
Das 07:01 às 09:00 – horas governadas pelo Dragão.
Das 09:01 às 11:00 – horas governadas pela Serpente.
Das 11:01 às 13:00 – horas governadas pelo Cavalo.
Das 13:01 às 15:00 – horas governadas pelo Carneiro.
Das 15:01 às 17:00 – horas governadas pelo Macaco.
Das 17:01 às 19:00 – horas governadas pelo Galo.
Das 19:01 às 21:00 – horas governadas pelo Cachorro.
Das 21:01 às 23:00 – horas governadas pelo Javali.

Os dez ascendentes

No Horóscopo Japonês, há dez ascendentes ou características baseadas em aspectos dos 5 elementos — madeira, fogo, terra, metal e água: **Kinoe, Kinoto, Hinoe, Hinoto, Tsuchinoe, Tsuchinoto, Kanoe, Kanoto, Mizunoe, Mizunoto**.

A combinação de doze animais mais os dez ascendentes davam ciclos de sessenta anos *(eto),* com as correspondentes características para os nascidos em cada um, que modificavam a mera pertinência a um signo animal. E se alguém pensa que isto é uma lenda, saiba que o ano de 1966 foi um ano de **Hinoe-Umá** (Cavalo de Fogo yang). Os japoneses diziam que uma menina **Hinoe-Umá** seria um fardo para seu futuro marido, chegando a atentar contra sua vida. Pois bem. Naquele ano, o índice de nascimento despencou e dentre as moças nascidas naquele ano, muitas ficaram para titia, visto que eram rejeitadas no *omiai* (apresentação para matrimônio).

A hora dos Signos

Cada duas horas no nosso relógio corresponde a uma hora na Roda do Destino dos Signos. Portanto, se você nasceu ao meio-dia, seu "ascendente" é o Cavalo e seu modo de ser recebe forte influência deste signo. Assim sendo, você se dará bem com as pessoas de Cavalo, qualquer que seja seu signo. No exemplo citado sobre signos opostos no Triângulo de Afinidades, veremos que Tigre e Macaco não se dão bem. Porém, se você é de Macaco e nasceu na hora do Tigre, ou vice-versa, verá que, contrariando as previsões gerais, esses dois signos se dão muito bem.

Os Cinco Elementos

A visão tradicional japonesa do mundo se baseia em parte no conceito chinês da oposição, da complementação de forças, **Yin** e **Yang** (*In* e *Yô* japonês) e nos cinco elementos, que vêm dos ensinamentos do Taoísmo. **Yin** representa o negativo ou o passivo, a Terra, a Lua, o frio, o molhado, o feminino, e assim por diante; enquanto o **Yang** representa o positivo, a força, o Céu, o Sol, o quente, o seco, o macho, e assim por diante. As duas forças trabalham juntas para criar os cinco elementos — a água, o fogo, a madeira, o metal e a terra. Os cinco elementos não são compreendidos como substâncias reais, mas sim como forças abstratas e como os principais símbolos.

Esses princípios vêm da filosofia da **Escola Naturalista Chinesa** (yin-yang e cinco elementos), que se acredita ter sido estabelecida por **Zou Yan** no quarto século a.C. No período **Han** (200 a.C. — 220 d.C), o conceito yin-yang foi adotado por todas as escolas de filosofias chinesas e incorporado num sistema de adoração.

Os cinco elementos em japonês são: **Ki** (Madeira), **Hi** (Fogo), **Tsuchi** (Terra), **Ka** (metal) e **Mizu** (água). Ao se acrescentar em cada elemento os sinais + ou – (yô e in), formaremos os ascendentes.

As Cinco Cores

Os cinco elementos são vistos em diferentes níveis: nos caminhos, nas estações, nas estrelas, na flora e fauna, nos sentidos e nas cores. Os elementos são forças que mantém uma às outras em equilíbrio. Assim, interagem entre si.

Eles são normalmente relacionados com: madeira, metal, fogo, água e terra. As "cinco cores" correspondem a esses elementos. A madeira é representada pelo verde, o metal pelo branco, o fogo pelo vermelho, a água pelo preto e a terra pelo amarelo. O branco, o amarelo e o vermelho são forças **Yang**, enquanto verde e preto são forças **Yin**. As cinco cores aparecem na cultura tradicional japonesa — na arte, na arquitetura e nas roupas. As cinco forças são encontradas em todos os espaços fechados a quatro paredes ou em cerca, e também nos cinco arrozes comidos na primeira lua cheia do ano.

O **verde** corresponde à madeira e representa o leste, a primavera, a bexiga e o fígado. O **branco** é o oposto do verde. Corresponde ao metal e representa o oeste, o outono e os pulmões. O **vermelho** corresponde ao fogo. Representa o sul, o verão, e o coração e o intestino delgado. O **preto** corresponde à água. Representa o norte, o inverno e os rins. **O amarelo** corresponde à terra. Representa o centro, o pior tempo do último verão, e o pâncreas e o baço.

Uma parte primordial do Horóscopo Japonês é o relacionamento entre os cinco elementos básicos, que compõem o universo: Metal, Água, Madeira, Fogo e Terra.

Do **Metal** conseguimos a **Água** – no caso, o metal é um recipiente que armazena a água da chuva.

Da **Água** conseguimos a **Madeira** – a chuva, o orvalho, faz a vida vegetal florescer.

Da **Madeira** obtemos o **Fogo** – a madeira serve como comburente para se obter o fogo.

Do **Fogo** conseguimos a **Terra** – simbolicamente, o que o fogo queima transforma-se em cinzas, que é parte da terra.

Da **Terra** conseguimos o **Metal** – todo metal é extraído da terra.

Outra parte se baseia, no plano cósmico, na interação das forças elementais. Por sua vez, estas forças agem nos cinco sentidos humanos.

A primeira percepção humana é a **audição**, que corresponde ao elemento **Éter**; a segunda é o **tato,** que corresponde ao elemento **Ar**; a terceira é a **visão,** que corresponde ao elemento **Fogo**; a quarta é o **paladar,** que corresponde ao elemento **Água**; e a quinta é o **olfato,** que corresponde ao elemento **Terra**.

O **Éter** corresponde ao que chamamos de vazio, de vácuo, de espaço. O **Ar** é a primeira manifestação móvel ou vibratória do **Éter**. O **Fogo** é o elemento expansivo transmutador, a energia cósmica sob seu modo impulsivo. A **Água** é um elemento receptivo, dissolvente e fecundante. A **Terra**, elemento receptivo, plástico, corresponde ao caráter receptivo da substância. A **Terra**, saído da **Água**, torna-se em seguida o receptáculo, a arca sólida, a substância em que os germens tomam corpo.

星

Os Meses e seus Simbolismos

Janeiro *(mutsuki):* Mês em que se põe de molho na água os primeiros grãos de arroz produzidos naquele ano, por ser o mês em que as pessoas se confraternizam para festejar o início do ano.

Fevereiro *(kisaragi):* Significa "época em que as plantas renascem".

Março *(yayoi):* Originou-se de *iyayoi* que traz a idéia de maior exuberância adquirida pelas plantas.

Abril *(Uzuki):* Mês em que floresce a *u no hana*, flor de uma espécie de saxífraga.

Maio *(satsuki):* Forma abreviada de *sanaezuki*. Mês em que se plantam as primeiras mudas de arroz.

Junho *(minazuki):* Por ser época de estiagem e falta de água, e também por ser época de irrigar as plantações de arroz.

Julho *(fumizuki):* Originou-se de *fufumizuki*, ou seja, mês em que os grãos de arroz começam a se formar. Também pelo fato de se porem os livros ao sol para evitar que sejam estragados por insetos.

Agosto *(hazuki):* Significa perder as folhas. Por ser época de *hohari*, ou seja, do desenvolvimento dos cachos de arroz.

Setembro *(nagatsuki):* Existem versões que o definem como forma abreviada de *inakaritsuki*, ou seja, mês da colheita de arroz, ou, ainda, por ser o mês em que a noite passa a ser mais longa.

Outubro *(kannazuki):* Mês em que, segundo a lenda, todos os Deuses se reuniam no Grande Templo de Izumo.

Novembro *(shimotsuki):* Forma abreviada de shimooritsuki, mês das geadas, ou ainda, forma abreviada de *shiteosamezuki*, que significa mês de depositar os grãos colhidos.

Dezembro *(shiwasu):* Pelo fato de os monges percorrerem várias localidades para realizar leituras de sutra. Pode ser ainda interpretado como *toshihatsuru*, ou seja, o findar do ano.

星

Junishi, os Signos do Horóscopo Japonês

Junishi é a denominação dada aos doze signos do Horóscopo Japonês. É um legado chinês. Os signos animais são os mesmos, com algumas variações. Por exemplo, no Horóscopo Japonês temos **Carneiro** em vez da **Cabra**, e sempre **Javali**, nunca o **Porco**. O animal dominante rege o ano desde o dia 1º de janeiro (*oshogatsu:* Ano Novo), mas o domínio astral começa sempre na primeira lunação do ano (*koshogatsu:* Pequeno Ano Novo). No caso de 2008, no dia 7 de fevereiro.

Como no Chinês, as polaridades **Yin** e **Yang** se alternam: para um ano negativo, o seguinte é positivo. Assim, os cinco elementos (madeira, fogo, terra, metal e água) combinam com estas duas polaridades (yin e yang). Esta combinação é conhecida como **Jikkan** (tempo) no Horóscopo Japonês. Se um ano for de elemento madeira-yang (*e* em japonês), o próximo será madeira-yin (*to* em japonês).

2008 será o ano do Rato de Terra Yang, ou seja *Nezumi no Toshi Tsuchinoe;* e o ano seguinte; 2009, será o ano do Boi de Terra Yin *(ushi no toshi tsuchinoe).*

Quando os doze signos japoneses passam pelos cinco elementos, completa-se um ciclo de 60 anos. Este ciclo de sessenta anos é chamado de **Eto**.

Uma pessoa que completa 60 anos, está retornando ao seu signo de origem (signo + elemento). Os japoneses chamam esta data de **kanreki** (começar de novo). Uma data para se comemorar. O aniversariante é vestido com roupas de criança (vestimentas vermelhas) e homenageado com uma festa.

		Jikkan	
KI	**Madeira**	Ki no E	Grande irmão da Madeira
		Ki no To	Jovem irmão da Madeira
HI	**Fogo**	Hi no E	Grande irmão do Fogo
		Hi no To	Jovem irmão do Fogo
TSUCHI	**Terra**	Tsuchi no E	Grande irmão da Terra
		Tsuchi no To	Jovem irmão da Terra
KA	**Metal**	Ka no E	Grande irmão do Metal
		Ka no To	Jovem irmão do Metal
MIZU	**Água**	Mizu no E	Grande irmão da Água
		Mizu no To	Jovem irmão da Água

星

Saiba qual é o seu Signo no Onmyodô Zenchi Junishi

No **Onmyodô Zenchi Junishi** (também conhecido como **Horóscopo Japonês**), o signo animal é determinado pelo ano de nascimento da pessoa, iniciando sempre no dia 1° de janeiro, o Ano Novo Solar, que os nipônicos chamam de *Oshogatsu.* Nesse aspecto, existe uma diferença com o **Horóscopo Chinês,** cuja contagem fundamenta-se no Ano Novo Lunar (12 meses e 29 dias). Os japoneses chamam a primeira lunação do ano de *Koshogatsu* (Pequeno Ano Novo) e nesse dia reverenciam a Lua, pois começa a regência do **Nobre Animal-Signo** na Roda do Destino, que no ano de 2008, iniciou no dia 31 de dezembro de 2007 com a Primeira Lunação de 2008, quando a Augusta Deusa Sol *(Amaterassu Oomikami)* passou a iluminar a Casa do Boi.

Isso significa que o horóscopo **Onmyodô Zenchi Junishi** (Horóscopo Japonês) também neste ponto diferencia do Horóscopo Chinês, pois, além dos animais simbólicos dos anos, existem os animais regentes do mês e suas divindades protetoras, como poderão constatar nas páginas de previsões mensais deste livro. Outra diferença do *Horóscopo Chinês* está nos animais-signos. Onde no chinês usa: Búfalo, Cabra, Porco; no japonês usa-se: Boi, Carneiro e Javali.

Um detalhe muito importante para você saber se está lendo **Horóscopo Japonês** ou **Horóscopo Chinês** é observar a palavra **ANO,** que no japonês sempre vem junto com o animal-signo. Por exemplo, é comum no ocidente pessoas dizerem "Sou do signo de Galo" ou "Sou nativo do Cachorro". No Japão se diz: "Sou do Ano do Galo" ou "Sou nativo do Ano do Cachorro". Então no Horóscopo Japonês a palavra **ANO** *(toshi* ou *doshi)* vem sempre junto com o signo.

Para saber a que signo você pertence no **Horóscopo Japonês,** procure o ano em que você nasceu na tabela a seguir:

Pessoas Nascidas no Ano do:										
Rato	1900	1912	1924	1936	1948	1960	1972	1984	1996	2008
Boi	1901	1913	1925	1937	1949	1961	1973	1985	1997	2009
Tigre	1902	1914	1926	1938	1950	1962	1974	1986	1998	2010
Coelho	1903	1915	1927	1939	1951	1963	1975	1987	1999	2011
Dragão	1904	1916	1928	1940	1952	1964	1976	1988	2000	2012
Serpente	1905	1917	1929	1941	1953	1965	1977	1989	2001	2013
Cavalo	1906	1918	1930	1942	1954	1966	1978	1990	2002	2014

Carneiro	1907	1919	1931	1943	1955	1967	1979	1991	2003	2015
Macaco	1908	1920	1932	1944	1956	1968	1980	1992	2004	2016
Galo	1909	1921	1933	1945	1957	1969	1981	1993	2005	2017
Cachorro	1910	1922	1934	1946	1958	1970	1982	1994	2006	2018
Javali	1911	1923	1935	1947	1959	1971	1983	1995	2007	2019

星

Os Eternos Namorados do Horóscopo Japonês

Oriente... Japão... Um país que nos parece estranho, maravilhoso. Outra civilizção! Seguramente. Outro mundo? Quiçá... O alicerce da Astrologia Japonesa veio da China.

Unidas as duas, astrologia e Japão, submergem nos ainda mais profundamente no abstrato, nas perguntas que permanecem sem resposta! Melhor informados, o Ciclo dos Doze Animais parece mais familiar para nós, os ocidentais.

Mas, em quê? Uma sombra de mistério segue planando, todavia... e a Astrologia Japonesa resulta tão difícil de captar como uma volta de incenso.

Sem dúvida, não será inútil delinear que os princípios básicos da filosofia japonesa é radicalmente diferente do que percebem os olhos ocidentais.

Na base de todas as coisas está o **Tao** (China). Este termo que podemos traduzir como "caminho" representa o Universo em constante movimento. Dele se desprende o **taichi**, o Grande Único, o primeiro princípio que se expressa mediante o **taichi**, o Fundamento Supremo. Encontramos a primeira manifestação do **Yin** e do **Yang** (In e Yô, em japonês) no Fundamento Supremo.

O **Yin** é o símbolo da Lua, do feminino, do frio, do escuro e do oculto. O **Yang** representa o Sol, o masculino, o quente e o luminoso. O Yin e o Yang se completam e se produzem mutuamente. Os chineses explicam a formação do Universo por estes dois princípios.

A este princípio dualista se lhe acrescenta outro sistema de classificação: os Cinco Elementos, que também poderíamos traduzir por Cinco Agentes (este termo, sem embargo menos utilizado, indica melhor sua vocação dinâmica). Trata-se da Madeira, do Fogo, da Terra, do Metal e da Água.

Podemos então classificar todas as partes que compõem o Universo e a Natureza em grupos de cinco: cinco pontos cardeais, cinco estações, cinco notas musicais, cinco cores, cinco odores, cinco sabores, cinco planetas, etc.

Neste marco, vê-se o Ser Humano como totalmente integrado à harmonia universal: é um microcosmo no macrocosmo.

Nada podia ilustrar melhor este estado de espírito como o princípio taoísta do *wuwi* a "Não-Ação": não é que seja necessário permanecer passivo, senão, ao contrário, saber ser ativo, mas sem contradizer jamais a ordem universal.

A mais bela imagem para ilustrar este princípio nos parece a do filósofo taoísta que, tendo caído acidentalmente numa torrente, logrou sobreviver ao deixar-se levar pela maré sem nunca intentar lutar.

Compreendemos então por que a Astrologia Chinesa, assim como a Japonesa, é tão diferente da nossa. Trata-se não somente de outros métodos, como também de outro estado de espírito.

Possivelmente esta seja uma das causas pela qual os sinólogos todavia se perguntem se realmente existe uma Astrologia Chinesa.

Para responder a esta pergunta, deveríamos pôr-nos de acordo previamente sobre o significado do termo "astrologia". Em efeito, podemos falar que "astrologia" é uma ciência dos astros, mas podemos conhecer nosso destino consultando, por exemplo, um calendário lunar diário, no que se tem os astros em muito pouca consideração. Senão melhor um sistema de caracteres cíclicos? Se a Lua e o Sol vivem respectivamente sob a forma do **Yin** e do **Yang**, os planetas (Júpiter, Mercúrio, Marte, etc.), em nossos dias, são pouco utilizados, ao passo que, na Antigüidade, seu emprego era primordial.

Ademais, o termo "astrologia" é impróprio quando se trata de assinalar umas observações ou cálculos de ordem astronômica, já que, tanto na cultura antiga como em outras partes do mundo, a margem entre estas duas ciências é às vezes débil e amiúde inexistente. Optamos então por utilizar um e outro termo alternativamente.

Haveria de pensar em inventar-se um neologismo: a utilização da palavra "astronologia" que, embora se apresente algo sonora e chocante, resultaria sem embargo em uma grande ajuda.

Mas como chamar senão de uma ciência única se os estudos cartesianos dos usuários de nossa época a dividem em dois campos rigidamente opostos?

Em resumo, se colocarmos a Astrologia Chinesa ou Japonesa em paralelo com a nossa, resultará difícil o falar de "astrologia"; "horóscopos" seria sem dúvida mais exato.

Mas, por que querer comparar o incomparável? Para que buscar sempre referências? A astrologia ocidental é uma coisa, a astrologia oriental, outra, e isso é tudo. Vive com sua própria identidade: está claro que existe.

O Yin e o Yang (In e Yô)

Tudo o que existe e não existe é **Yin** ou **Yang**. A vida está composta por estes dois princípios que, às vezes, tarda-se em compreender, até poder integrá-los a nossa vida quotidiana.

A metade dos signos é **Yin** (feminino, noturno) e a outra metade é **Yang** (masculino, diurno).

Os animais **Yin** são o Boi, o Coelho, a Serpente, o Carneiro, o Galo e o Javali.

Os animais **Yang** são o Rato, o Tigre, o Dragão, o Cavalo, o Macaco, o Cachorro e alguns incluem o Macaco como signo duplo (Yin-Yang).

Tem-se que compreender que tanto o **Yin** como o **Yang** são princípios, e não algo absoluto. Por isso, homens e mulheres têm os dois princípios, e, segundo nossa astrologia energética, irá nos prevalecer um ou outro, independentemente de nosso sexo.

O **Yin** (Energia *Izanami)* simboliza a parte feminina de nós; a noite, o mistério, a gestação, a lua, a terra que alimenta, a imobilidade, o baixo, o Norte, o frio, a mulher, o inconsciente.

O **Yang** (Energia *Izanagui)* simboliza o dia, a claridade, a luz, o sol, a parte exterior de nós, o movimento, o alto, o Sul, o calor, a energia, o homem, o consciente.

O **Yang** necessita do **Yin**, assim como a noite necessita do dia. A vida está feita de contrastes, de oposições, de movimento constante, de sombra e de luz.

O **Yin** e o **Yang** estão ligados entre eles, e não é pela força; é o jogo indissociável das metamorfoses de nossas contradições eternas. Pares opostos, o **Yin** e o **Yang** se fazem um; estão unidos, se complementam. É o exemplo perfeito da harmonização de duas oposições. Cada um possui ao outro.

Um excesso de **Yin** ou de **Yang** pode conduzir ao estresse. Se há excesso, deve ser mesurado para se poder progredir sem romper o equilíbrio.

Para a psicologia chinesa, é difícil pensar na felicidade individual. É feliz aquele que conhece o suficiente para manter um equilíbrio satisfatório em seu meio, sua família e suas próprias competências terrestres e celestes.

Sentado à margem de um rio, Confúcio declarou um dia: "É assim que tudo passa. Como neste rio, sem descanso, dia e noite".

Na tradição popular chinesa, o mundo é comparável a um rio, na qual a costa iluminada é **Yang**, e a costa sombreada é **Yin**.

Como reconhecer a sua alma gêmea

O povo oriental, principalmente o japonês, é essencialmente machista. Isto ainda nos dias de hoje. Embora tenha conquistado mais espaço, a mulher, no mercado de trabalho, embora desempenhe a mesma função do homem, ganha bem menos.

Não há, assim, um conceito como o nosso de alma gêmea. O japonês sempre considerou a mulher inferior. Até há pouco tempo, a esposa tinha que caminhar um passo atrás do homem. Ela tinha que ser um modelo de fidelidade; já o homem não: podia ter muitas concubinas. Legado dos daimios, no tempo do Japão feudal. Os daimios, senhores feudais, tinham dezenas de concubinas, um verdadeiro harém.

O modelo básico de casamento japonês é o *miyai-kekkon,* ou seja, casamento por apresentação. Uma futura noiva era apresentada a um futuro noivo. Se ambos concordassem em se encontrar, o encontro era promovido pelos familiares, na presença deles. Havia sempre um *nakodo,* ou intermediário. Com o consentimento dos dois, progredia o namoro, depois o noivado e por fim o casamento. No noivado, o noivo levava um dote simbólico para a casa da noiva.

Os japoneses acreditavam que o amor nascia com a convivência. Todavia, os familiares e o *nakodo* observavam detalhadamente o mapa astral do futuro casal, de acordo com o **Horóscopo Japonês**. Verificavam se havia compatibilidade ou não. Caso não houvesse, a apresentação era suspensa, até encontrar o par ideal. Aqui, a alma gêmea é definida como par ideal.

Convém esclarecer que os japoneses também casam por amor, como todos os povos. Porque o amor é universal para todos. No entanto, muitos casais que se casam por amor, após um tempo, se separam. Os casados por meio do "miyai-kekkon" raramente se divorciam.

Método de procura

1. De acordo com o Horóscopo Japonês, os pares são procurados de acordo com o seu **Yin** e **Yang**. Os signos **Yin** devem procurar os signos **Yang** para serem seus pares.

Signos Yin: Boi, Coelho, Serpente, Carneiro, Galo e Javali.

Signos Yang: Rato, Tigre, Dragão, Cavalo, Macaco e Cachorro.

Os animais Yin são o Boi, o Coelho, a Serpente, o Carneiro, o Galo e o Javali. (Já não está sendo dito acima?)

No entanto, signos anteriores e posteriores são rejeitados. Exemplo: se um é Rato descarta-se o Javali e o Boi. Casas próximas significam encrencas.

2. Verifica-se se o ano do nascimento do noivo foi **Yin** ou **Yang**. No caso de **Yin**, o ano de nascimento da noiva deve ser **Yang**, para haver a harmonia.
3. Os Elementos devem combinar, se houver possibilidade, mas não é uma regra fixa. No Astral Japonês, temos cinco Elementos, que são: Água, Madeira, Fogo, Terra e Metal. Se o noivo é de *Madeira*, deve procurar um par também de *Madeira*.

   Cada dois anos é regido por um Elemento, com a diferença de ser **Yang** um ano e **Yin** o outro ano, para cada um anular a influência do outro e se harmonizar.

星

Compatibilidade e Afinidade entre os Signos

Na prática, não existe muita diferença entre afinidade e compatibilidade. Os termos são colocados no sentido de identificar a origem do bom relacionamento entre os signos. Entende-se por *afinidade* aqueles que estão no mesmo grupo por serem os pontos determinantes do **Triângulo de Afinidades**. Já o termo *compatibilidade* é usado em signos que têm traços de personalidade comuns ou pólos de atração complementares. Existem ainda os *signos ascendentes,* determinados pelo horário de nascimento. Estes três segmentos contribuem na formação de um grupo chamado *companheiros de estrada da vida,* que cada signo tem em vários campos de relacionamento pessoal: matrimônio, família, sociedade empresarial, grupo de trabalho, diretório estudantil e político, diretoria de clubes, equipes esportivas, etc. No Extremo Oriente, até para garantir o sucesso de uma peça de teatro, muitas vezes os atores são escolhidos pelos signos que são companheiros de estrada do diretor.

Nobre Rato

O nativo do **Ano do Rato** geralmente tem muitos amigos, isso porque é muito fiel e tem esse encanto inerente ao signo. É franco e honesto, mas age de uma forma suave para não chocar quem os cerca. Gosta de festa e reuniões movimentadas. Trata os amigos e parentes de uma forma especial e não se importa em dividir com eles o fruto de seu esforço. Seu afeto pelas pessoas apenas se supera pelo seu amor pelo dinheiro. Os **Ratos** nascidos à noite, como os ratos noturnos, são mais inquietos e ativos, enquanto os nascidos durante o dia são mais calmos.

Compatibilidade dos nascidos no Ano do Rato com os nascidos no Ano de:

Rato: 90%. Muita harmonia com algumas disputas.
Boi: 100%. Compatibilidade excelente. Prazer sexual e acúmulo de riqueza.
Tigre: 35%. Não muito boa, mas toleram-se por muito tempo.
Coelho: 45%. Relações amigáveis. Se os dois cederem, é possível a convivência.
Dragão: 100%. Excelente nível de compatibilidade. Muita harmonia.
Serpente: 60%. Boa compatibilidade. Respeito mútuo e compreensão.
Cavalo: 20%. Conflito de personalidade. Difícil convivência.
Carneiro: 30%. Alguma antipatia. Pouco interesse em comum.
Macaco: 90%. Altamente compatível. Relacionamento tranqüilo.
Galo: 30%. Nível de compatibilidade medíocre. Não se dão nada bem.
Cachorro: 50%. Nível de compatibilidade satisfatório.
Javali: 70%. Boa Compatibilidade. Objetivos comuns.

Nobre Boi

O signo do **Boi** representa a prosperidade, a paciência e muita vontade de trabalhar. O nativo deste signo é uma pessoa decidida, que apesar de ouvir as pessoas, dificilmente mudarão de opinião sobre as coisas. Infelizmente são obstinados, e são pessoas mais preconceituosas que as outras. De caráter firme, conservador e leal, dão-se bem nos cargos de responsabilidade. O nativo do **Ano do Boi** geralmente tem uma natureza introvertida, mas são extremamente resolutas.

Compatibilidade dos nascidos no Ano do Boi com os nascidos no ano de:

Rato: 100%. Muito compatível. Prosperidade e felicidade.
Boi: 60%. Compreensão e respeito mútuo. Relacionamento bom.
Tigre: 20%. Extrema incompatibilidade. Diferenças ferrenhas.
Coelho: 70%. Compatíveis. Relacionamentos sólidos.
Dragão: 45%. Compatíveis. Sem grandes lutas.
Serpente: 90%. Boa Compatibilidade. Muita harmonia.
Cavalo: 30%. Compatibilidade medíocre. Falta de comunicação.
Carneiro: 30%. Difícil. Sem tolerância recíproca.
Macaco: 60%. Compatibilidade aceitável. Bom relacionamento.
Galo: 100%. Excelente. Melhor combinação com o Boi.
Cachorro: 45%. Combinação não muito boa. Pouco interesse em comum.
Javali: 60%. Boa compatibilidade. Respeito mútuo.

Nobre Tigre

O **Tigre** simboliza o poder, a paixão e a audácia. Seus nativos inspiram admiração e ao mesmo tempo temor. De personalidade vivaz e impulsiva, as pessoas nascidas no **Ano do Tigre** adoram ser o centro das atenções. Às vezes eles tomam decisões precipitadas, mas isso se deve basicamente a sua natureza desconfiada e impaciente. Todo **Tigre** é um humanitário, envolve-se intensamente e dá tudo de si quando está empenhado num projeto. Pode-se dizer que é um otimista em busca de novos desafios.

Compatibilidade dos nascidos no Ano do Tigre
com os nascidos no ano de:

Rato: 35%. Pouca compatibilidade. Sem muitos interesses comuns.
Boi 20%. Incompatíveis. Grande rivalidade. Convivência muito difícil.
Tigre: 30%. Dificuldade de comunicação. Intolerância mútua.
Coelho: 60%. Compatibilidade relativa. Respeito mútuo.
Dragão: 55%. Boa compatibilidade. Cooperação e respeito.
Serpente: 20%. Incompatível. Desconfiança mútua.
Cavalo: 100%. Excelente compatibilidade. Compreensão recíproca.
Carneiro: 60%. Compatibilidade média. Sem confrontos diretos.
Macaco: 30%. Rivalidade. Relacionamento difícil.
Galo: 30%. Difícil. Relacionamento frio. Pouco interesse em comum.
Cachorro: 95%. Excelente compatibilidade. Muito sucesso e prosperidade.
Javali: 70%. Um bom parceiro para o Tigre. Muito interesse em comum.

Nobre Coelho

O **Coelho** é o signo mais afortunado do Horóscopo Zenchi, pois ele é símbolo da longevidade. O **Coelho** representa a graciosidade, boas maneiras, sensatez, bondade e sensibilidade. O nativo deste signo é um diplomata por natureza, um político nato, mas leva uma vida calma valorizando a paz e a tranqüilidade. Como um bom afortunado, ele terá muito sucesso nos seus negócios e ascenderão rapidamente em qualquer carreira que escolher. O **Coelho** confia muito no seu próprio julgamento e é o signo mais próximo da felicidade.

Compatibilidade dos nascidos no Ano do Coelho com os nascidos no ano de:

Rato: 40%. Compatíveis, mas com reservas.
Boi: 60%. Compatibilidade boa. Respeito mútuo.
Tigre: 60%. Compatíveis.Trabalham bem juntos.
Coelho: 70%. Muito interesse em comum. Relacionamento tranqüilo.
Dragão: 60%. Compatíveis, mas com alguns choques de personalidade.
Serpente: 60%. Compatibilidade boa, mas sem laços profundos.
Cavalo: 30%. Incompatível. Relação sem nada em comum.
Carneiro: 100%. Excelente nível de compatibilidade. União muito próspera.
Macaco: 40%. Não muito compatível. Rivalidade constante.
Galo: 25%. Altamente incompatível. Muita discórdia.
Cachorro: 75%. Compatível. Compreensão mútua.
Javali: 80%. Muito compatível. Vibração afim.

Nobre Dragão

O nativo do **Ano do Dragão** é uma pessoa cheia de força e vitalidade. Apesar de ser egoísta, excêntrico, dogmático, extravagante, exigente e irracional, tem uma legião fiel de admiradores que o reverenciam. Ele tende a intimidar naturalmente todos aqueles que se atrevem a desafiá-lo, e pode destruir sem muitos remorsos aqueles que cruzarem seu caminho. Mas, apesar disso, também tende a defender ferozmente os seus.

Compatibilidade dos nascidos no Ano do Dragão com os nascidos no ano de:

Rato: 100%. Excelente combinação. Juntos alcançarão o sucesso.
Boi: 40%. Respeito mútuo. Convivência depende da boa vontade do Boi.
Tigre: 50%. Compatibilidade moderada. Alguns choques e falta de compreensão.
Coelho: 60%. Compatíveis até certo ponto. Tolerância mútua.
Dragão: 75%. Compatibilidade razoável. Trabalham bem juntos.
Serpente: 90%. Boa Compatibilidade. Felicidade mútua.
Cavalo: 60%. Compatível. Respeito mútuo.
Carneiro: 40%. Compatibilidade moderada e fria. Haverá simpatia se houver interesses comuns.
Macaco: 100%. Excelente combinação no amor e nos negócios. Sucesso e felicidade mútua.
Galo: 80%. Boa combinação. Felicidade e prosperidade.
Cachorro: 20%. Incompatibilidade e conflitos. Não conseguem resolver seus problemas.
Javali: 70%. Compatibilidade razoável. Sem grandes diferenças.

Nobre Serpente

Os nativos do **Ano da Serpente** são pensadores profundos. Talvez devido a isso não se expressem bem com os outros e prefira confiar na sua própria sabedoria inata. A **Serpente** é um signo cármico; por isso, deve se cuidar, pois sua vida pode acabar em triunfo ou tragédia: só depende de suas ações passadas. As pessoas que nasceram sob o signo da **Serpente** odeiam futilidade e preferem se entregar à própria filosofia. Na maioria das vezes, a filosofia deles é realmente a mais acertada.

Compatibilidade dos nascidos no Ano da Serpente com os nascidos no ano de:

Rato: 60%. Compatível. União satisfatória. Respeito mútuo.
Boi: 90%. Boa compatibilidade. Possibilidade de laços permanentes.
Tigre: 20%. Incompatíveis. Suspeitas mútuas.
Coelho: 60%. Compatíveis. Laços harmoniosos.
Dragão: 90%. Muito compatível. Simpatia mútua.
Serpente: 30%. Difícil. Desconfiança mútua.
Cavalo: 40%. Não muito compatíveis. Relações distantes.
Carneiro: 60%. Compatibilidade razoável. Boa apenas quando conveniente.
Macaco: 45%. Não muito compatível. Sem comunicação.
Galo: 100%. Compatibilidade excelente. União bem-sucedida.
Cachorro: 55%. Compatíveis. Sem muitos conflitos.
Javali: 25%. Incompatíveis. Conflitos constantes.

Nobre Cavalo

O nativo do **Ano do Cavalo** geralmente é muito popular, principalmente pela sua jovialidade. Tem a natureza mutável, por isso se apaixona e desapaixona rapidamente. Um aventureiro nato, valoriza acima de tudo sua liberdade. Esse seu amor pela liberdade provavelmente o tira de casa cedo. Confiante e impetuoso encoleriza-se com facilidade. É muito exigente, mas isso não diminui em nada seu bom humor com a vida. Dotado de um extremo poder de persuasão, gosta de que as coisas girem em torno dele.

Compatibilidade dos nascidos no Ano do Cavalo com os nascidos no ano de:

Rato: 20%. Altamente incompatíveis. Muitas animosidades.
Boi: 30%. Incompatíveis. Laços não muito estreitos.
Tigre: 100%. Excelente compatibilidade. Felicidade no amor e nos negócios.
Coelho: 30%. Incompatível. Ausência de cooperação.
Dragão: 60%. Compatíveis, mas sem exageros.
Serpente: 50%. Não muito compatível. Dificuldade de comunicação.
Cavalo: 70%. Boa compatibilidade. Formam um bom par.
Carneiro: 70%. Boa compatibilidade. Afinidade mútua.
Macaco: 50%. Não muito compatíveis, a não ser que movidos por interesses comuns.
Galo: 40%. Não muito compatíveis. Choques de personalidade.
Cachorro: 90%. Excelente combinação. Afinidade e compreensão.
Javali: 50%. Compatibilidade moderada. Alguns interesses comuns.

Nobre Carneiro

O **Carneiro** é o signo mais feminino do Horóscopo Zenchi. É integro, sincero e se emociona com facilidade. Tem tendências a ser uma pessoa gentil e compassiva e perdoa com grande facilidade. Tudo isso e seu coração bondoso fazem com que a sorte sorria para os nativos do **Ano do Carneiro**. Apesar de todas as qualidades, eles não suportam muita disciplina ou críticas e acham muito difícil trabalhar sob pressão.

Compatibilidade dos nascidos no Ano do Carneiro com os nascidos no ano de:

Rato: 30%. Incompatíveis. Pequenas animosidades.
Boi 30%. Indiferença. Não há cooperação.
Tigre: 60%. Compatibilidade mediana. Sem confrontos graves.
Coelho: 100%. Excelente compatibilidade. Sucesso e prosperidade.
Dragão: 45%. Pouca compatibilidade. Relações moderadas.
Serpente: 60%. Compatíveis quando conveniente.
Cavalo: 70%. Boa compatibilidade. União feliz.
Carneiro: 85%. Boa compatibilidade. Laços favoráveis.
Macaco: 45%. Compatibilidade moderada. Sem atração.
Galo: 30%. Falhas de comunicação e reservas.Tolerância moderada.
Cachorro: 30%. Incompatível. Relacionamento difícil.
Javali: 80%. Compatível. Compreensão e apoio.

Nobre Macaco

O **Macaco** é o mais criativo do Onmyodô Zenchi Junishi.Um improvisador e motivador com complexo de grandeza, capaz de atrair a todos com seu carisma e astúcia incomparáveis. Resolve os problemas com uma facilidade inerente a ele e persegue o sucesso até alcançá-lo. Nas múltiplas personalidades do **Macaco,** o que mais se destaca é a confiança. Ele se julga capaz de passar todo mundo para trás.

Compatibilidade dos nascidos no Ano do Macaco com os nascidos no ano de:

Rato: 100%. Muito compatível. Amor e contentamento.
Boi: 60%. Compatibilidade moderada. Muitas barreiras.
Tigre: 25%. Incompatíveis. Incompreensão e suspeitas.
Coelho: 45%. Compatibilidade moderada. Rivalidade.
Dragão: 100%. Excelente união. Amor e compreensão recíproca.
Serpente: 40%. Nada especial. Compatibilidade afetada por suspeitas mútuas.
Cavalo: 60%. Compatibilidade boa, se um aceitar o outro.
Carneiro: 55%. Compatibilidade abalada pela falta de compreensão mútua.
Macaco: 100%. Compatíveis no trabalho e no casamento. Muito criativos.
Galo: 30%. Difícil. Para o gosto do Macaco, Galo é muito interesseiro e puxa-saco.
Cachorro: 60%. Compatíveis. Amigáveis e com respeito mútuo. Sem rivalidades.
Javali: 80%. Boa compatibilidade no amor e nos negócios.

Nobre Galo

O **Galo** é o herói incompreendido do Onmyodô Zenchi. Julga-se mal compreendido por todos os outros signos. Exteriormente é confiante e agressivo, mas por dentro não é assim tão seguro de si. Existem dois tipos de galos: os faladores inflamados e os observadores perspicazes. Ambos adoram gabar suas qualidades para todos que os cercam. O **Galo** é um perito em expressar-se, adora discutir e, se puder, tentará converter o mundo inteiro ao seu modo de pensar, pois sempre julga estar certo.

Compatibilidade dos nascidos no Ano do Galo com os nascidos no ano de:

Rato: 30%. Incompatível. No mínimo vão se tolerar.
Boi: 100%. Excelente união. Sucesso juntos.
Tigre: 30%. Incompatíveis. Pequenos choques que esfriam a relação.
Coelho: 20%. Incompatíveis. Discórdia e falta de compreensão.
Dragão: 80%. Compatíveis. União próspera e feliz.
Serpente: 100%. Excelente união. Compreensão e confiança mútua.
Cavalo: 40%. Compatibilidade difícil. Barreiras de personalidade a transpor.
Carneiro: 35%. Reservas dificultam o relacionamento. Tolerância moderada.
Macaco: 30%. Compatíveis até certo ponto. Tolerância ajuda quando há interesses comuns.
Galo: 30%. Incompatíveis. Choques e lutas interferem no relacionamento.
Cachorro: 35%. Compatibilidade mediana. Ressentimento oculto abala a relação.
Javali: 45%. Compatíveis, mas a personalidade de ambos atrapalha um pouco.

Nobre Cachorro

O **Cachorro** é o signo que se faz amar naturalmente (afinal quem resiste a um cãozinho balançando o rabo), principalmente quando é honesto, inteligente e leal. No geral são muito atraentes e vigorosos, e não conseguem ignorar um pedido de socorro de quem quer que seja. Às vezes protegem os interesses alheios mais ferozmente que seus próprios interesses. Um **Cachorro** raramente abandona o lar, e quando o faz, é porque as coisas realmente vão mal.

Compatibilidade dos nascidos no Ano do Cachorro com os nascidos no ano de:

Rato: 60%. Compatível. Respeito mútuo.
Boi: 40%. Modesta compatibilidade. Sem comunicação.
Tigre: 100%. Excelente compatibilidade. Sucesso e prosperidade no amor e negócios.
Coelho: 80%. Boa compatibilidade. Afinidade e confiança.
Dragão: 20%. Incompatíveis ao extremo. Desconfiança e incompreensão.
Serpente: 50%. Compatíveis. Muitos interesses comuns.
Cavalo: 95%. Boa compatibilidade. Felicidade e sucesso.
Carneiro: 30%. Incompatíveis. Haverá no máximo tolerância. Não trabalham bem juntos.
Macaco: 65%. Boa compatibilidade. Cooperação mútua.
Galo: 35%. Compatibilidade moderada. Alguns choques.
Cachorro: 70%. Compatíveis. Relação amigável.
Javali: 80%. Compatíveis. Relacionamento agradável.

Nobre Javali

O **Javali** é o sujeito tipiçamente bonzinho, que busca a harmonia e tenta evitar qualquer tipo de discussão. Quando isso não é possível, com certeza não guardam ressentimentos. Por essas e outras, o **Javali** terá sempre amizades duradouras e espera que os outros tolerem suas fraquezas com a mesmo condescendência que agem com os outros.

É fácil confiar numa pessoa tão bondosa. E é exatamente essa ingenuidade crédula que o faz vítima dos amigos.

Compatibilidade dos nascidos no Ano do Javali com os nascidos no ano de:

Rato: 80%. Compatíveis. Relacionamento pacífico. Partilham interesses comuns.
Boi: 60%. Compatíveis de forma moderada. Sem vínculos permanentes.
Tigre: 75%. Compatíveis. Trabalham bem juntos.
Coelho: 85%. Compatíveis. Possibilidades de sucesso. Sem conflitos.
Dragão: 80%. Compatíveis até certo ponto. Cooperação mútua.
Serpente: 25%. Incompatíveis. Conflitos permanentes.
Cavalo: 50%. Compatibilidade moderada. Sem atração especial.
Carneiro: 80%. Compatível. Compreensão mútua. União feliz.
Macaco: 75%. Compatíveis, mas com união delicada.
Galo: 50%. Compatibilidade moderada. Cooperação quando necessário.
Cachorro: 80%. Compatível. Respeito mútuo.
Javali: 90%. Compatíveis. Trabalham bem juntos.

星

O Triângulo de Afinidades

O estudo sobre afinidade, compatibilidade e incompatibilidade é um campo fértil e fascinante para os amantes de estratégia política, militar e empresarial. Existem exemplos clássicos que serve para dar idéia de quanto esse assunto era cultivado no Japão feudal. Consta nos antigos manuscritos da seita **Shuguendô** que o feudatário Tokugawa Ieyassu, tinha a intenção de dominar o Japão, porém havia outros senhores com o mesmo objetivo e maior força de combate. Ieyassu, consultando os astrólogos da corte, descobriu que era de vital importância a tomada de um ponto estratégico pertencente a monges guerreiros comandado por um nativo do **Ano do Tigre**, e aquele era um **Ano do Tigre**.

Ieyassu, sendo nativo do **Ano do Dragão**, dificilmente conseguiria realizar seu objetivo, pois, assim como o **Dragão**, o **Tigre** é corajoso, impetuoso e costuma tomar decisões agitadas, e jamais permitiria que o brilho das escamas do **Dragão** superasse o brilho de seus pêlos. Ieyassu então se aliou a um general chamado Toyotomi Hideyoshi, cujo apelido era *Saru* (Macaco), pois sabia que na Roda do Destino dos signos o único animal-signo capaz de desafiar o **Tigre** era o **Macaco**. Esquivo, endiabrado e muito vivo, o **Macaco** nunca se cansaria de importunar o **Tigre**, pisando-lhe o rabo com seu humor sarcástico. Assim, Hideyoshi venceu a batalha, provando que a incomparável malícia audaciosa do Macaco era excessiva para o sério **Tigre**. Hideyoshi subiu ao poder em 1584, como Ministro Supremo, sendo sucedido mais tarde por Tokugawa Ieyassu, que, sem ter enfrentado o **Tigre**, tornou-se *Shogum* (generalíssimo) e sua família permaneceu por quase três séculos no poder. Ieyassu, mais que ninguém, soube aplicar tanto na guerra como na paz as combinações dos Companheiros de Estrada e do Triângulo de Afinidades.

Um belo exemplo de como os samurais usavam estrategicamente em batalhas as combinações dos signos é a gravura de Utagawa Kuniyoshi, de 1848, da série Taiheiki, que mostra o guerreiro Sakurai Takichi Kiyokazu em plena batalha empunhando um *naginata* (alabarda) e tendo nas costas uma bandeira de guerra com onze círculos negros com desenhos dos animais-signos. Os signos estão cercando o ideograma que significa "líder", certamente referindo-se a ele, Sakurai, que era nativo do **Ano da Serpente** (o artista destacou este signo no alto da bandeira). Nota-se que os signos não estão na ordem tradicional, mas em formação estratégica de compatibilidade em relação ao signo do **Ano da Serpente**.

As Combinações do Triângulo de Afinidades

O Triângulo de Afinidades é formado por três signos na rosa-dos-ventos que determinam um triângulo eqüilátero. Sendo esse triângulo formado por traços de comprimentos iguais, produzem as melhores e as mais constantes uniões entre os signos pela equivalência de forças e de personalidade.

O primeiro triângulo é formado pelos **Realizadores Positivos** — o **Rato**, o **Dragão** e o **Macaco**. São signos orientados para a ação e o progresso, que gostam de tratar das questões com iniciativa e inovação. Colocando-se em movimento por meio dos seus próprios impulsos, darão início à ação, manterão seus caminhos livres da incerteza e da hesitação, tomando a dianteira sem qualquer temor. Insaciáveis e impacientes quando são detidos por obstáculos ou quando se vêem sem nada para fazer, são governados pela ambição e por uma energia dinâmica. Juntos, o **Rato**, o **Dragão** e o **Macaco** formam o *Kangae no Michi*, ou Caminho das Idéias, uma vez que possuem um "jeito de fazer" comum e podem apreciar a maneira recíproca de pensar. Podem se associar em qualquer categoria, com excelentes resultados.

O segundo Triângulo de Afinidades é formado pelos **Conservadores** — o **Boi**, a **Serpente** e o **Galo**. Batalhadores leais e dedicados, que se esforçam por alcançar grandes alturas e vencer mediante perseverança e inquebrantável determinação. Os três são firmes em suas opiniões e dados à reflexão e ao planejamento sistemático. Confiam na sua própria avaliação de fatos e números e dão pouco crédito às evidências fornecidas por outros. É provável que sigam mais os ditames da sua cabeça do que do seu coração. Lentos e seguros nos movimentos, gostam de agir com independência. Invariavelmente, procurarão um ao outro e poderão se casar entre si ou misturar-se com muito sucesso.

realizadores positivos

conservadores

O terceiro Triângulo de Afinidades é formado pelos **Humanitários** — o **Tigre**, o **Cavalo** e o **Cachorro**. Esses signos procuram servir a humanidade, promover a compreensão universal e intensificar a comunicação. São talhados para os contatos pessoais e desenvolverão for-

humanitários

tes laços com seus semelhantes. Por serem essencialmente honestos, francos e motivados pelo idealismo, relacionam-se facilmente em suas intenções. Esse trio age mais por impulso, dando atenção à sua consciência interior. Os três seguem sua própria orientação. Suas personalidades decididas e agressivas inspiram os outros, levando-os à ação. Extrovertidos, enérgicos e desafiadores da injustiça e da adversidade, sempre harmonizam.

O quarto Triângulo de Afinidades é formado pelos **Intuitivos** — o **Coelho**, o **Carneiro** e o **Javali**. Preocupam-se principalmente com seus sentidos e com aquilo que podem apreciar por meio deles. São expressivos, emocionais e eloqüentes em suas expressões estéticas e artísticas. Distinguem-se nas artes mais nobres e são mais diplomáticos e compassivos. Geralmente são dotados de natureza mais calma do que a dos outros signos da roda-do-destino. Dependentes de outros para estímulo e liderança, são flexíveis porque estão simpaticamente sintonizados com as vibrações do ambiente que os rodeia. Estes signos são atraídos pelo belo e pelos aspectos mais elevados do amor e exaltarão as virtudes

intuitivos

da coexistência pacífica com seus semelhantes. Sem dúvida, estes três animais serão excelente companhia um para o outro e partilharão basicamente dos mesmos pontos de vista.

Signos incompatíveis

São considerados signos incompatíveis aqueles que estão diretamente opostos na rosa-dos-ventos. Se você imaginar que o *círculo dos signos* é a Lua e que o Sol ilumina com mais intensidade o centro da parte visível por nós — onde a cada mês (lunação) um animal-emblemático recebe maior intensidade de energia solar — verá que no centro da face oculta, outro animal-signo estará em completa escuridão. Isto significa que uma linha reta passando pelo centro da rosa-dos-ventos encontra em cada ponta os signos conflitantes.

O maior adversário do **Tigre**, diretamente oposto a ele, é o **Macaco**. O **Coelho** jamais poderá encarar o **Galo**, que por sua vez ficará igualmente exasperado com a reserva do **Coelho**. O **Dragão** e o **Cachorro** acharão muito difícil conviver pacificamente. A **Serpente** e o **Javali** não se tolerarão, preferindo cada um seguir seu caminho. **Rato** encontrará seus piores conflitos com o **Cavalo**, e vice-versa. O **boi** tem como principal rival o **Carneiro**.

星

Os Deuses da Sorte e da Fortuna
Os 7 Deuses da Felicidade

Hotei

É o deus da generosidade humana. Geralmente é representado com uma enorme barriga e roupa caindo pelos ombros. Seu abdômen avantajado não simboliza a gula. Pelo contrario, é símbolo da satisfação. Para os japoneses, o *hara* (ventre) representa o coração e a personalidade. Portanto, o vasto *hara* de Hotei representa grandiosidade de espírito. Dizem que Hotei tem recurso interior para todos que queiram atingir a serenidade completa e a sabedoria búdica. Hotei gosta muito de sumô. Por isso, muitas vezes é cultuado como uma espécie de deus do esporte. Também é deus das crianças e da saúde.

SORTE: Apreciar uma pintura ou ter uma estatueta de Hotei espanta as preocupações.

Fukurokuju

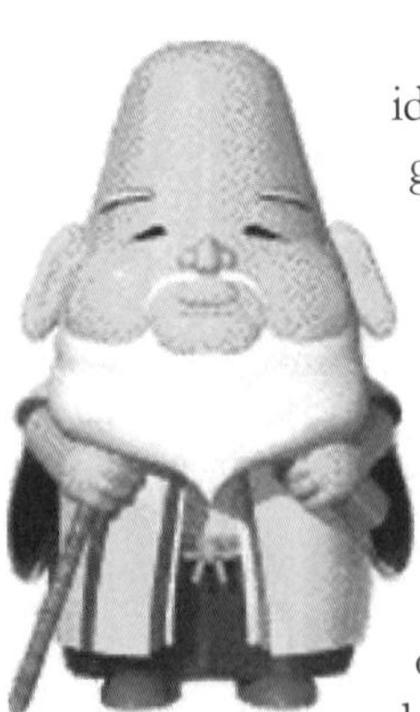

Simboliza a popularidade. Seu nome é composto pelos ideogramas *fuku* (felicidade, sorte), *roku* (riqueza) e *ju* (vida longa). Ele é o patrono dos que desejam uma vida longa e feliz. Tem uma cabeça comprida e um corpo pequeno. Existe certa semelhança física com Jurojin, pois assim como ele, tem uma barba branca que representa sabedoria. Mas a sabedoria de Fukurokuju é a de quem viveu por longos anos, um saber popular daquele que aprendeu na universidade da vida. Os japoneses respeitam muito esse tipo de conhecimento, pois representa a cultura que os avós transmitem para os netos, e os anciões, às gerações mais novas da comunidade. A sabedoria de Jurojin, por sua vez, é acompanhada de uma aura mística e geralmente se transmite aos iniciados.

SORTE: Quem ganhar uma estatueta ou pintura de Fukurokuju tende a ficar popular e tem garantia de longevidade. Passar a mão na careca dele, melhora a inteligência.

Ebisu

É o deus da sinceridade. Representa honestidade e labor. Ele é o protetor dos pescadores, navegantes e comerciantes. Geralmente é representado na figura do pescador, pois sempre está com a cumbuca e uma vara de pescar. Na cumbuca sempre traz um *tai* (peixe vermelho). Dizem que Ebisu não dá o peixe, mas ensina a pescar. Assim, toda a sua filosofia é baseada na profissão que vai desde saber colocar a isca, cevar a possa, esperar o momento oportuno, saber remar na direção certa e só puxar o peixe quando tiver certeza de que está fisgado. Ebisu é deus da fartura e da pesca.

SORTE: Ter a figura de Ebisu em casa ou no estabelecimento comercial garante sucesso nos negócios.

Daikoku

É o senhor da fortuna, o deus da produção. Ele é o protetor da agricultura e representa também o bom humor. Geralmente é retratado com enorme saco ou sacas de arroz e traz na mão um martelo de madeira. Dizem que o saco de Daikoku não tem fundo. De lá podem sair muitas coisas para proporcionar alegria aos mortais. Já o martelo, a cada batida faz surgir moedas de ouro. Simbolicamente, a martelada representa trabalho. Como Daikoku é o mais alegre dos deuses e representa a fortuna, lembra muito bem o ditado: "rico ri à toa".

SORTE: A imagem de Daikoku, tanto em forma de estatueta ou de pintura, garante progresso profissional e enriquecimento ligado ao trabalho.

Jurojin

É o deus da sabedoria e longevidade. Ele é representado com uma longa barba branca, trazendo na mão um cetro *(saku)* sagrado ou um bastão em que está pendurado um pergaminho *(maquimono)* contendo as escritas da sabedoria mundial. Jurojin é também considerado um deus da ecologia, porque geralmente é retratado junto de uma garça tipo grou *(tsuru)*, uma tartaruga ou um veado. Esses animais são na verdade símbolos de longa vida. Conta a crença popular que Jurojin gosta muito de *sakê* (vinho de arroz), porém nunca fica embriagado. Por isso, já diziam nos tempos dos samurais que "a bebida combina muito com a sabedoria, porém, quando a dose de *sakê* é maior que a dose de raciocínio, a sabedoria intuitiva vai por água abaixo". Às vezes, Jurojin é representado com um pote de *sakê,* e só permite que a morte se aproxime quando a pessoa está preparada para evoluir espiritualmente.

SORTE: Apreciar uma pintura de Jurojin diariamente traz sabedoria e longa vida.

Bishamon

É o deus da dignidade e da riqueza. Por ser um dos quatro guardiões do budismo, usa trajes de guerra e segura uma lança. Embora chamado guardião do tesouro, este não deve ser interpretado como bem material. O tesouro, no caso, são os ensinamentos do Buda. Bishamon é representado também segurando nas mãos um pagode em miniatura, que é o templo das orações. Ele é o promotor dos missionários das palavras de Buda, e nesse sentido tem atribuição de guerreiro. Não deve ser confundido com o deus da guerra, Hachiman, esse sim, o protetor dos samurais.

SORTE: Ter a figura de Bishamon em casa afugenta ladrões e preserva os bens das famílias.

Benten

É a única mulher do grupo dos Sete Deuses da Sorte (Fortuna e Felicidade). Simboliza a amabilidade e protege as artes e a beleza feminina. Ela é muito associada às águas do lago, do rio e do mar. É representada por uma mulher jovem com instrumento musical *(biwa)* de cordas, ou cavalgando um dragão marinho. Nos contos épicos japoneses, muitos samurais lendários, deparam com Benten em momentos difíceis e dela recebem orientações.

SORTE: Possuir uma pintura ou estatueta de Benten garante saúde, beleza e desenvolve talentos artísticos.

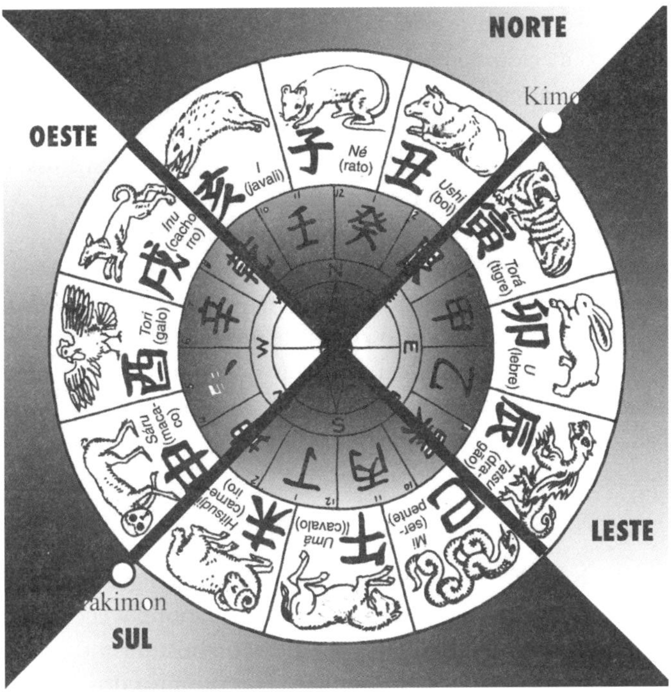

Posição dos signos na Roda do Destino

Energias que qualificam a personalidade dos signos

Consta nos antigos escritos da seita Zenchi que a divindade **Zenchi no Mikoto**, escolheu 12 deuses do panteão Shintô e, nomeando-os "Espíritos de Luz Protetores do Zodíaco", encarregou-os de emitirem energias cósmicas aos nativos dos animais-signos. Essas divindades simbólicas são, na verdade, seres energéticos habitantes da 7ª dimensão, que regem a simbólica **Roda do Destino** (rosa-dos-ventos dos signos) e o respectivo animal do Ano.

Antigamente, o Horóscopo Shugendô não era identificado por animais simbólicos, e sim pelos Espíritos de Luz, designados pela divindade Zenchi no Mikoto para proteger os seres humanos. Naquele tempo, religião e arte divinatória se confundiam. Eram doze Espíritos de Luz chamados de *kami* (deuses) pelos japoneses, que regiam as pessoas conforme o ano do nascimento.

No início dos anos 700, **En no Gyoja** (o mago de En), numa das suas viagens astrais, trouxe, do Tibet para o Japão, os conhecimentos sobre o *Zodíaco dos Doze Signos Animais*. Comparando os dados deste horóscopo com os do Horóscopo Shuguendô, o mago encontrou vários pontos em comum e fundiu as duas sabedorias, criando o **Zenchi Junishi.** Anos depois, no período Heian (794 a 1192), outro mago chamado Abe no Seimei aperfeiçoou este horóscopo, passando a denominá-lo **Onmyodô Zenchi Junishi** (também conhecido como Horóscopo Japonês).

Durante muitos anos, até se acostumarem com as denominações dos animais-signos, as pessoas continuaram dizendo da forma antiga, por exemplo: "Sou protegido por Tenchi Kane no Kami". Mais tarde passaram a dizer a mesma coisa, com palavras de fácil memorização: "Sou nativo do Ano Rato". E assim, os nomes dos deuses foram aos poucos sendo substituídos pelos nomes dos animais.

Portanto, achamos interessante e curioso resgatar os nomes dos deuses que constavam do antigo horóscopo dos ascetas da montanha (*Yamabushi*), e que são considerados no atual **Onmyodô Zenchi Junishi** (Horóscopo Zenchi) como os "Espíritos de Luz Protetores" ou regentes dos signos. As características que regem essas divindades influenciam moldando a personalidade dos nativos de cada signo.

Nobre Rato (Ne no Mikoto)

Ninigui no Mikoto (Augusto Neto Celeste).

Energia que atua sobre: a economia, a minúcia, a avidez, a ordem, o oportunismo e o mercantilismo.

Espírito de Luz protetor dos nativos do **Ano do Rato**.

Mitologia: *Ninigui* é neto da Augusta Deusa-Sol (*Amaterassu Oomikami*), enviado para iniciar uma dinastia celeste na Terra. Chegou trazendo os três tesouros divinos: o Espelho Sagrado, a Espada Sagrada e a Jóia Sagrada. Hábil negociador, ao invés de guerrear com os primitivos habitantes locais, casou-se com *Konohana Sakuya Hime* (Princesa Florescer ou Deusa da Primavera), uma divindade terrestre, e reinou com tranqüilidade o Japão antigo.

Protetor da Sorte : *Tenchi Kane no Kami* (Divindade do Ouro do Céu e da Terra).

Nobre Boi (Ushi no Mikoto)

Tachikara-ô no Kami (Deus da Força Física).

Energia que influencia : o labor, a perseverança, o encarniçamento, a força física e a resistência. Espírito de Luz protetor dos nativos do **Ano do Boi**.

Mitologia: *Tachikara-ô* é a divindade que removeu *Ameno Iwaya*, a rocha que tapava a "gruta celeste" (ou buraco negro sideral) quando a Deusa Sol (*Amaterassu*) nela se escondeu. Portanto é um deus que em momento crítico da humanidade colaborou para que o sol voltasse a iluminar a Terra.

Protetor da Sorte: *Hotei* (Deus da Perseverança).

Nobre Tigre (Tora no Mikoto)

Suzano-ô no Mikoto (Deus Tempestade).

Energia que rege : a vitalidade, a autoridade, o magnetismo, o prestígio, a segurança e a inércia. Espírito de Luz protetor dos nativos do **Ano do Tigre.**

Mitologia: *Suzano-ô*, também conhecido como Deus Tempestade é irmão da Deusa Sol (*Amaterassu*) e Deus Lua (*Tsukiyomi*). Divindade que se rebelou na Alta Planície Celeste (*Takama no Hara*) e, exilado, veio habitar a Terra, onde matou uma cobra de 8 cabeças (*Yamata no Oroshi*), simbolizando o despertar da consciência na Terra.

Protetor da Sorte: *Yamano Tachihiko no Mikoto* (Deus da Caça e da Montanha).

Nobre Coelho (U no Mikoto)

Ookuni Nushi no Mikoto (Divindade Grande Mestre da Terra).

Energia que tem sobre sua atuação: a calma, o equilíbrio, a reflexão, a sabedoria, a discrição e a profundidade. Espírito de luz protetor dos nativos do **Ano do Coelho.**

Mitologia: *Ookuni Nushi*, uma das divindades terrestres, genro do Deus Tempestade (*Suzano-ô*), citado como o patrono da Medicina em função da famosa lenda do *Coelho Branco de Inaba*, é um personagem mitológico que passa por várias provações. No início da civilização japonesa, *Ookuni Nushi* é uma das figuras mais importantes do país.

Protetor da Sorte: *Daikoku* (Deus da Fartura).

NOBRE DRAGÃO (TATSU NO MIKOTO)

Shiyozushi no Kami (Divindade das Águas e do Mar).

Energia que favorece : a virtuosidade, a extravagância, a imprevisibilidade e a originalidade. Espírito de Luz protetor dos nativos do **Ano do Dragão.**

Mitologia: O deus *Shiyozushi* é muitas vezes chamado de Rei Dragão, o senhor do mundo submarino. Na história mitológica, ele é pai de *Toyotama Hime* (Deusa da Alma Luxuriante) e genro de *Yamano Sachihiko no Mikoto* (Deus da Montanha e da Caça) e bisavô de *Jimmu Tennô*, o primeiro imperador do Japão.

Protetor da Sorte: *Ebisu* (Deus da Pesca e dos Ensinamentos).

NOBRE SERPENTE (MI NO MIKOTO)

Kami Mussubi no Kami (Deus dos Nascimentos Divinos).

Energia que atua sobre: a prudência, o cálculo, o maquiavelismo, o hermetismo e a previdência. Espírito de Luz protetor dos nativos do **Ano da Serpente**.

Mitologia: *Kami Mussubi* faz parte do chamado *Koto Amatsu Kami*, a primeira geração divina, ou seja, os deuses primordiais da mitologia japonesa. Ele foi o terceiro soberano de *Takama no Hara* (Alta Planície Celeste). É considerado o "elo da energia cósmica".

Protetora da Sorte: Toyotama Hime (Deusa da Alma Luxuriante).

NOBRE CAVALO (UMÁ NO MIKOTO)

Hachiman Kami (Deus da Guerra).

Energia que rege: a mobilidade, a tenacidade, a rapidez, o caráter aventuroso e a oscilação.

Espírito de Luz que protege os nativos do **Ano do Cavalo.**

Mitologia: *Hachiman-san* é o deus guerreiro do *Shintô* (religião original do Japão). Ele é associado ao Imperador Ojin, o 15° soberano japonês, filho da Imperatriz *Jingo*. Conforme a história japonesa, *Ojin* ficou em gestação por 3 anos no ventre da sua mãe, quando ela invadiu a Coréia, dois séculos antes de Cristo.

Protetor da Sorte: *Yamato Takeru no Mikoto* (Solitário Príncipe Guerreiro).

Nobre Carneiro (Hitsuji no Mikoto)

Tsukiyomi no Mikoto (Deus Lua).

Energia que atua sobre: a sensualidade, a arte, o sonho, a contemplação, a dependência e o amadorismo.

Espírito de Luz que protege os nativos do **Ano do Carneiro.**

Mitologia: *Tsukiyomi*, o Deus Lua, é filho da dualidade criadora, *Izanami no Mikoto* e *Izanagui no Mikoto*, energias conhecidas na filosofia Zenchi como *In* e *Yô* (Yin e Yang, em chinês). Ele é irmão do meio da Deusa Sol (*Amaterassu*) e do Deus Tempestade (*Suzano-ô*).

Protetora da Sorte: *Benten* (Deusa das Artes e Protetora do Sexo Feminino).

Nobre Macaco (Saru no Mikoto)

Amaterassu Oomikami (Augusta Deusa Sol).

Energia que influência: a habilidade, a inteligência, a flexibilidade, a diplomacia, a adaptabilidade e o pragmatismo.

Espírito de Luz que protege os nativos do **Ano do Macaco.**

Mitologia: *Amaterassu Oomikami*, que literalmente significa Grande Augusta que Ilumina o Céu, é a principal deusa dos japoneses, porque nela está a origem da família imperial. Ela é filha da dualidade criadora *Izanami* e *Izanagui*.

Protetor da Sorte: *Jurojin* (Deus da Sabedoria e da Longevidade).

Nobre Galo (Tori no Mikoto)

Ayakashikome no Kami (Deus da Admirável Perfeição).

Energia que rege: a contabilidade, o heroísmo, o quixotismo, a utopia e a coragem. Espírito de Luz que protege os nativos do **Ano do Galo.**

Mitologia: *Ayakashikome* é divindade pertencente ao *Yami Yoshichidai*, ou seja, à segunda geração de deuses. Dentro desse contexto, ele faz parte dos cinco pares divinos, sendo parte complementar da divindade *Omodaru no Kami* (Divindade da Fisionomia Elaborada ou Aspecto Perfeito).

Protetor da Sorte: *Fukurokuju* (Deus da Longevidade).

NOBRE CACHORRO (INU NO MIKOTO)

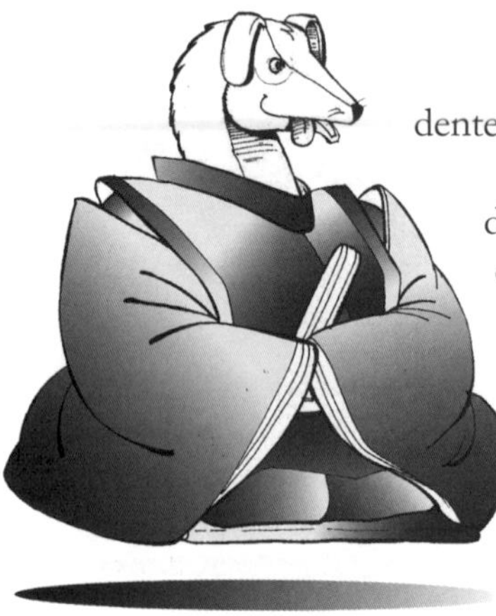

Kunino Tokotachi no Kami (Deus Eternamente Residente na Terra).

Energia que governa: a fidelidade, a constância, o devotamento, a consciência, a rotina, a vigilância. Espírito de Luz que protege os nativos do **Ano do Cachorro.**

Mitologia: *Kunino Tokotachi* é primeira divindade do *Yami Yoshichidai* (segunda geração de deuses, composta por duas divindades e mais cinco pares divinos). Faz parte das forças componentes da criação do Universo e considerado o primeiro guardião da Terra.

Protetor da Sorte: *Bishamon* (Deus Guardião do Tesouro).

NOBRE JAVALI (INOSHISHI NO MIKOTO)

Uhijimi no Kami (Deus da Argila Terrestre).

Energia que rege: o epicurismo, o materialismo, o pacifismo, humorismo e os segredos. Espírito de Luz que protege os nativos do **Ano do Javali.**

Mitologia: *Uhijimi* é a primeira divindade dos cinco pares de casais divinos do grupo de deuses *Yami Yoshichidai* (segunda geração de deuses). Sua contraparte é *Suhajini no Kami* (Senhora do Lodo da Terra). Desse casal teria originado a primeira espiga de arroz, e, por isso, o Japão foi chamado inicialmente de *Mizuho no Kuni.*

Protetor da Sorte: *Ameno Uzume no Mikoto* (Deusa da Arte e da Sedução).

O Signo do Ano do Rato (Nezumidoshi)

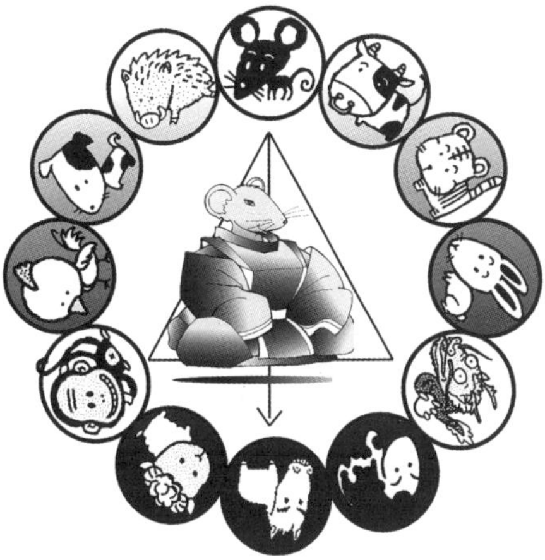

Só com os desgostos e mágoas aprendemos o que não está escrito nos livros.
(Provérbio japonês)

Rato de Madeira	(+)	1924
Rato de Fogo	(+)	1936
Rato de Terra	(+)	1948
Rato de Metal	(+)	1960
Rato de Água	(+)	1972
Rato de Madeira	(+)	1984
Rato de Fogo	(+)	1996

Magias Naturais

Astro regente: Saturno.
Nome do Rato em japonês: Ne (de nezumi).
Ordem de colocação: primeiro.
Posição: norte.
Estação: Verão
Horas governadas pelo Rato: das 23:01 à 1:00.
Pedras de sorte: topázio, carbúnculo e rubi.
Erva: arnica.
Perfume: camomila.
Cores: todos os tons suaves.
Flor: crisântemo.
Número de sorte: 3.
Dia propício da semana: quinta-feira.
Parte do corpo: a cabeça.
Tipo de animal: de pele lisa.
Força Espiritual: *Ninigui no Mikoto* (Augusto Neto Celeste).
Elemento fixo: Hi (Fogo).
Direção do seu signo: sul.
Polaridade: Yang (Energia Izanagui).
Domicílio Astral: Suzaku (ou Hinotori — Pássaro de Fogo — Fênix).
Pensamento: *Tamerunara wakagi no uchi* — Endireite o galho torto enquanto a planta é nova.

Características Principais

As pessoas nascidas sob este signo se caracterizam pela capacidade executiva e presteza de decisão, autocontrole e habilidade de dirigir os outros, quando se trata de pensar e agir rapidamente.

Sua disposição é audaz, ativa e generosa; gostam de fazer o bem e são geralmente fidedignas; simpáticas e francas, são tão impulsivas e geniosas que comumente dizem a primeira coisa que lhes passa pelo pensamento, sem consideração às conseqüências resultantes. O hábito de hostilizarem os outros pelo modo claro e explícito com que falam e a tendência de representarem as coisas pela forma exata em que as vêm, sem indagar, seja ou não correta a conclusão apressada a que chegaram, é a principal fonte dos males de que padecem.

São possuidoras do dom da profecia e dotadas de intuição tão poderosa que parecem saber precisamente o que mais convém fazer-se nas emergências da vida, e raramente erram quando seguem a voz da inspiração.

São sanguíneos e vão aos extremos em tudo, e conquanto tenham físico robusto, freqüentemente prejudicam a esplêndida constituição orgânica excedendo-se no zelo do trabalho e despendendo imensa quantidade de força nervosa na execução dos projetos em mão. Quando um abalo de saúde os impossibilita de prosseguir, ficam descontentes e acham defeito em tudo e em todos.

Detestam tudo quanto é grosseiro, torpe, sensual; comprazem-se em vestir-se bem e gostam de manter relações com pessoas finas e inteligentes.

Todos os indivíduos do **Ano do Rato** são francos e honestos; odeiam tudo quanto seja secreto. Não podem tolerar oposição alguma, e são muito combativos. O gênio facilmente excitável que possuem leva-os a falarem rapidamente aos entes mais próximos e caros, mas não são rancorosos, sua ira tende a ser de curta duração.

São fiéis e amorosos nas relações domésticas. Interessam-se pela sorte dos pobres e necessitados e procuram lhes dar, além de conforto e moral, auxílio material mais substancioso.

O nato do **Ano do Rato** possui grande habilidade mecânica, e, graças ao prazer que demonstra em consertar, endireitar e corrigir defeitos no trabalho dos outros e nas invenções alheias, recebe o apelido de "pau para toda obra".

Sua habilidade literária é considerável, com acentuada inclinação para fazer um perfil vigoroso e forte do lado humorístico da vida. Ama a arte, a poesia e o belo na natureza; entusiasma-se por todos os desportos e jogos; aprecia a música e a dança; e conversa com espírito e brilho.

Alguns dos melhores músicos e atores se encontram neste signo. Em regra, porém, as natos do **Ano do Rato** dão preferência ao trabalho que reclama a utilização da energia física e da capacidade de execução.

Deficiências

É tão pronunciado nas pessoas do **Ano do Rato** o dom da profecia e da intuição, que costumam dizer: "Eu bem lhe disse!", frase essa sumamente irritante para outros ouvirem. Expõem-se demasiadamente a crer que sejam invariavelmente corretas as conclusões que fazem apressadamente, e gabam-se de ser francas e loquazes. Devido a usarem modos positivos e diretos, não admitem que ninguém possa fazer segredo das coisas. As suas perguntas são tão diretas, e tão sutis as suposições, que a pessoa interrogada se vê na contingência de revelar o pensamento íntimo ou refugiar-se na mentira. Esta, para o nato do **Ano do Rato**, é pecado imperdoável, embora raramente se compenetra de que é ele freqüentemente o culpado desse defeito nos outros.

São indivíduos extremamente nervosos, geniosos e ansiosos de ajudar os outros; pecam por excesso de zelo no trabalho, e irritam-se desnecessariamente quando interrompidos ou forçados a mudar de método. Preocupam-se muitíssimo com os serviços que ficaram por terminar, e prejudicam-se física e mentalmente com sua desmedida atividade.

Sugestões

Precisam, antes de mais nada, aprender a importância do controle de si mesmo e da discrição no emprego da força. Não se deveriam dar assim tão desabridamente a um só ramo de vocação, porque, quando o insucesso os visitar, o que possivelmente poderá acontecer na meia-idade, não se achando preparados para adaptar-se a condições novas, irão se tornar inteiramente desamparados e poderão se entregar ao desespero.

Devem corrigir o vício de referir-se aos outros desdenhosamente, chamando-os de preguiçosos e vadios ou lhes dizendo verdades, duras a pretexto de ser isso para seu benefício.

A lição que lhes cabe saber é reconhecer as próprias fraquezas e procurar vencê-las. Terão, então, suficiente trabalho, consigo mesmo, para não lhes sobrar tempo de apontar defeitos alheios.

As pessoas do **Ano do Rato** têm uma natureza tão cordial e genial que atraem naturalmente muitos amigos. Todavia, por serem tão amiúde mal compreendidas, deveriam ter apenas poucos amigos íntimos. Nunca cessam de lamentar a perda de um amigo, fazendo-o às vezes com tal intensidade e por tanto tempo, que a depressão lhes repercute na saúde, abalando-as seriamente.

Afinidades e Casamento

As uniões convenientes se fazem com natos do próprio signo ou, ainda, com os do **Ano do Macaco** ou do **Ano do Dragão**. Não se aconselha, no entanto, o casamento a esses indivíduos, a não ser depois de terem aprendido o governo de si mesmo, no que concerne ao gênio impetuoso e à tendência de espatifar tudo por causa de ninharias.

O consórcio com o nativo do **Ano do Cavalo** garantiria a mais duradoura felicidade se as duas naturezas aprendessem, antes, a controlar a desmedida atividade mental e corporal. **Javali** e **Boi** satisfariam a natureza do **Rato**, que sentiria os efeitos benéficos da influência de um deles.

HOMEM DO ANO DO RATO COM MULHER DO ANO DO:

- **Rato:** Apoio e elevação na escala social, podendo até conquistar a glória.
- **Boi:** Aumento das posses materiais ou da aquisição por meio de negócios e empreendimentos bem-feitos.
- **Tigre:** Amizade leal e duradoura e realização de viagens felizes.
- **Coelho:** Feliz convivência familiar.
- **Dragão:** Amor ardente e os momentos mais felizes de sua vida.
- **Serpente:** Apoio e a laboriosidade produtiva das nativas desse signo.
- **Cavalo:** Associação de interesses. Quanto ao amor, haverá forte atração física e até mesmo intelectual, mas logo poderão surgir alguns atritos devido a opiniões divergentes.

- **Carneiro:** Prosperidade de ambas as partes. Mas Carneiro será sempre o signo mais beneficiado.
- **Macaco:** Realização de seus mais caros sonhos de amor.
- **Galo:** Projeção social, promoções ou possibilidade de tornar-se mais conhecido.
- **Cachorro:** Amizade sincera e muito valiosa no decurso de sua vida.
- **Javali:** para ganhar toda a confiança das nativas desse signo, fazem por elas o que estiver ao seu alcance. Mas, também, elas poderão sofrer algum prejuízo por culpa deles, se não surgirem preocupações de outra natureza.

As Crianças do Ano do Rato

As crianças nascidas nesse signo são como plantas delicadas e sensíveis: encolhem-se perante palavra ríspida ou olhar crispado. Trabalham infatigavelmente, fazem muitas coisas espontaneamente, e o único prêmio que esperam é uma palavra carinhosa ou um afago.

Quando descobrem que os seus esforços de agradar não estão sendo apreciados, tornam-se rebeldes e intratáveis, movidas principalmente pelo desapontamento. As finas sensibilidades e a profunda espiritualidade destas crianças freqüentemente se estiolam ante a indiferença e frieza de pais irrefletidos, e professores, que, com receio de "estragar" os filhos, abstêm-se de lhes expressar qualquer louvor.

Os filhos do **Ano do Rato** são irrequietos e ativos, e se não se virem sempre ocupados, não tardarão a meter-se em traquinagens, pelo simples desejo de fazer alguma coisa.

Aconselha-se lhes permitir escolherem, até certo ponto, as ocupações, e lhes consentir utilizarem o natural espírito de independência, visto que, mais tarde, quando não se sentirem forçados ou conduzidos por vontade estranha, escolherão melhor o trabalho para a vida. Tratam os companheiros de folguedos com bondade e altruísmo, e mostram gostar muito dos animais. São muito empáticos e animados por sincero desejo de aliviar a dor do próximo, nunca se sentindo tão felizes como quando têm qualquer coisa pela qual se "afligir".

São muito geniosas essas crianças, e muitas vezes reforçam as suas palavras ásperas com tapas e socos. Entretanto, pode-se acalmar sua fúria instantaneamente com uma palavra meiga, que as faz arrepender-se sinceramente do seu procedimento.

Os filhos do **Ano do Rato** são, ainda, vivos e capazes nos estudos, trabalhando com paciência e perseverança. Não se mudam facilmente, embora tenham muita boa-fé e geralmente confiem nas pessoas. Quando perdem a confiança em alguém, nunca mais esse indivíduo se reabilita perante eles.

Vocação

Mulheres

As mulheres deste signo amam a vida doméstica e social; são boas donas de casa, ordeiras e metódicas, econômicas sem serem mesquinhas. Estão sempre atarefadas e não perdem tempo com ociosos.

São cuidadosas e laboriosas no trabalho que executam, seja ele qual for, e prestam muita atenção aos detalhes. Não gostam de deixar nenhum serviço pela metade, e, quando a isso se vêm pressionadas, irritam-se grandemente. Sabem guardar segredos e vivem por demais ativas nos próprios deveres para intrometer-se na vida alheia ou indagar sobre o que fazem os outros.

Conversam animadamente, apreciam as alegrias sociais e os desportos ao ar livre. O seu gênio exaspera-se facilmente, porém não contém maldade; raramente se esquecem de uma injúria recebida.

Uma ocupação bem definida é coisa importantíssima às mulheres do **Ano do Rato,** pois as inclinações de tal forma as impelem à vida ativa, que se desesperam e impacientam quando forçadas a levar vida ociosa.

Têm competência para ocupar posições de responsabilidade e para dirigir o serviço dos outros. Tornam-se exímias estenógrafas, datilógrafas e contadoras, ou modistas, costureiras, musicistas, escritoras e professoras de ética. Geralmente saem bem-sucedidas quando só contam consigo mesmas no ganho da subsistência.

Homens

Os homens deste signo são grandes economistas no emprego do tempo ou do dinheiro, mas profligam impensadamente suas energias físicas. O seu maior mal é a demasiada aplicação ao trabalho. O êxito geralmente os acompanha até o meio da idade madura, quando, então, comumente se vêm a braços com os problemas domésticos e os infortúnios comerciais. São precavidos contra a ameaça do mal, e geralmente se preparam para o seu "dia chuvoso".

Nas conversações, ressentem-se de brilhantismo e tato.

O constrangimento impacienta-os, assim como as demoras, que odeiam, e satisfazem com presteza os seus compromissos. São pessoas com quem se pode contar, mas, devido à agudeza da faculdade de previsão, tornam-se confusas e desanimadas, quando impedidas de pôr em execução os seus métodos ou levar a efeito as suas convicções. É notável a rapidez com que se apoderam das vantagens de todas as oportunidades, sucedendo muitas vezes que, enquanto os outros estão pensando, organizando métodos ou resolvendo dificuldades, eles já se acham em plena ação, a caminho de novos empreendimentos, cujos projetos tiveram tempo de serem levados ao aperfeiçoamento. Os homens do **Ano do Rato** raramente perdem a orientação, mesmo no seio das regiões inexploradas, nem ficam desconcertados sob o império de grande excitação. São indivíduos que se devem chamar nas horas de emergência, por isso que o seu conselho se pode geralmente seguir. Quando não se apresenta nenhuma necessidade especial para atividade, tornam-se melancólicos, desinteressantes e até indolentes.

Tomam vivo interesse pelos negócios públicos, são bons oradores, mas lhes falta habilidade diplomática. Têm grande inclinação para viagens e nunca se satisfazem com a rotina. Têm sorte nas aplicações de capital e nas especulações de imóveis. Possuem grande simpatia pelos cavalos e pelo gado, poderiam ter êxito nas criações bovinas e também na qualidade de médicos veterinários. As influências que dominam as características morais e mentais dos indivíduos nascidos sob esse signo parecem todas indicar que seriam grandes homens de negócio. No clero e nas profissões liberais elevam-se a grandes alturas, e recebem o amor e respeito dos semelhantes.

São os melhores comandantes do mundo. Sua mentalidade é tão decidida, pronta e correta que saem triunfantes, mesmo a despeito dos grandes obstáculos.

Os homens do **Ano do Rato** são prosaicos e ordenados nos métodos de negociar, mas revelam o gosto pelo belo e pela ornamentação, cercando-se de obras de arte e de bibelôs. Apreciam a floricultura e o ajardinamento paisagista, podendo encontrar muito êxito quando voltam suas atividades nessa direção. Também são bem-sucedidos no comércio de tesouros artísticos e de curiosidades. Muitos artistas e escritores pertencem ao signo.

Na vida comercial, embora não viessem a concordar na tocante aos métodos, **Rato** e **Javali** formariam sociedade promissora de bons lucros. **Rato** iria se zangar e ficaria impaciente sob o governo arbitrário, as delongas e obrigações impostas pelo sócio, mas este lhe impediria a ação precipitada cuja tendência é chegar a conclusões precipitadas.

Entre **Rato** e **Boi** existiria a máxima boa vontade e compreensão dos motivos recíprocos. Conduziriam o negócio sobre base sólida, e nenhum empreendimento seria demasiado grande que não o pudessem enfrentar. Nas pesquisas científicas, **Rato** deveria unir-se a **Dragão**, **Macaco** ou **Cavalo**.

Atividades e Profissões do Nativo do Ano do Rato

Atividades físicas: piloto de avião, corredor, astronauta, esquiador, pára-quedista, jogador de futebol, ciclista, automobilista, aeromoça/comissário, jardineiro.

Atividades comerciais e sociais: jóquei, explorador, agricultor, fazendeiro, criador de animais, guia turístico.

Atividades intelectuais: filósofo, psicólogo, pesquisador, teólogo, escritor, diplomata, padre, juiz, intérprete, professor, inventor, fotógrafo, pintor.

Influência Astral

Saturno é o astro que reina neste signo, dotando os seus súditos com altas qualidades mentais, notável poder de discernimento, e grande sentimento de justiça. Confere habilidade executiva em assuntos militares, previsão, sagacidade comercial e industrial.

Na disposição moral, são geniosos, virtuosos, honrados e justos. Quando erram, geralmente o fazem para o lado da justiça.

Saturno dá corpo alto, bem formado, testa alta, nariz bem feito, cútis clara rosada, olhos cor de nogueira e cabelos castanhos. As doenças que acometem os natos são as do fígado, estômago, reumatismo e fraqueza pulmonar.

Celebridades do Ano do Rato

Luis Buñuel, cineasta espanhol; Richard Gere, ator; Ayrton Senna, piloto da Fórmula 1, tricampeão; Jorge Amado, romancista; Wolfgang Amadeus Mozart, compositor austríaco, autor de 650 composições e pianista incomparável; Gerard Depardieu, ator francês; Bela Lugosi (ator americano do cinema mudo); George Washington (presidente dos Estados Unidos); Louis Armstrong (astronauta americano), Jimmy Carter (presidente dos Estados Unidos); Gene Kelly, ator americano; Maradona, jogador de futebol argentino.

Samurais, Fundadores de Religiões e Outras Celebridades do Ano do Rato no Japão

Go-Daigo Tenno (Terra), Ihara Saikaku (Madeira), Go-Toba Tenno (Metal), Ichikawa Danjuro (Metal), Miyakoji Bungoonojo (Metal), Kodama Gentaro (Água), Shiki (Fogo). Mitsu Miyamoto (Metal), Sayo Kitamura (Metal), Nitta Kuniteru (Terra), Kurozumi Munetada (Metal).

Presságios Para o Ano do Rato

Rato

O ano do **Rato** deverá ser, para o nativo desse signo, muito favorável, em todos os sentidos. Sua aparência o fará motivo de comentários elogiosos, assim como o seu interior estará agitado, em ebulição, exigindo ações, realizações positivas, novos empreendimentos. No que se relaciona ao amor em família, o nativo do **Ano do Rato** viverá um novo e considerável impulso, com as forças energéticas do astral agindo para o lado benéfico. Os nativos do **Ano do Rato** que estejam ligados à radiofonia, desenho ou artes cênicas estarão em alta. No seu ano, o mês mais positivo para **Rato** deverá ser junho, com especial preponderância de progresso espiritual e profissional às terças-feiras. A marcante combatividade do nativo desse signo o levará, nesse período astral, ao mais alto degrau de sua existência.

A mulher nascida sob o signo do **Ano do Rato** viverá, no seu ano, um tempo de muitas realizações positivas, encontrando e dando amor, recebendo dos seus o reconhecimento pela sua permanente e incansável dedicação.

Boi

O nativo do **Ano do Boi** viverá, no ano do **Rato**, um dos melhores períodos de sua vida. As forças positivas do astral estarão agindo com todo o vigor e lhe trazendo tudo de bom que a sorte possa dar. Será, também, e especialmente, o ano da fortuna para o nativo desse signo, que estará em alta em todas as longitudes e latitudes. O nativo do **Ano do Boi** será muito fecundo nesse ano. Na família, poderão surgir novos herdeiros. No campo profissional, haverá um progresso marcante, destacando-se as realizações que tenham relação com a agricultura ou a engenharia, atividades às quais aquele que nasce sob o signo do **Ano do Boi** sente-se atraído e, nelas, mostra-se excepcionalmente capaz. O período deverá ser muito favorável à aquisição de bens materiais, e a sexualidade do nativo desse signo irá se firmar definitivamente na vida, se for adulto.

A mulher nascida no **Ano do Boi** viverá, no ano do **Rato**, um tempo de realizações pessoais marcantes. Sua família viverá as glórias da paz e do amor. Sua beleza e sua personalidade terão um brilho notável.

Tigre

Outro signo a ser favorecido pelas forças positivas do astral, no ano do **Rato**, será o **Tigre**, que viverá um período de ótimas realizações, porque os bons fados trarão muita união para a família, e o amor entre todos será notável. Os amigos, antigos e recentes, serão de muita valia, nunca se furtando a uma ajuda no momento necessário. A inteligência do nativo do **Ano do Tigre** se fará muito acentuada, as idéias surgirão de forma clara e as palavras fluirão com facilidade. A adaptabilidade será um fator de progresso, porque o nativo desse signo terá segurança para atirar-se a novos empreendimentos, que, é certo, resultarão em positivo. E, como **Tigre** vem à luz espiritualmente preparado para o comando, os militares nascidos sob esse signo estarão em ascensão no ano do **Rato**, sendo que agosto, seu mês favorável, tem muito a ver com as coisas das casernas.

A mulher nascida no **Ano do Tigre**, costumeiramente radiante, segura e decidida, no ano do **Rato** será muito favorecida na vida em família e no seu círculo social. Sua lealdade natural será ainda mais reconhecida.

Coelho

O nativo do **Ano do Coelho** receberá das forças astrais uma ajuda excepcional no ano do **Rato**, com muito amor em família, progresso profissional e aquisição de bens materiais. Esse período estará trazendo para **Coelho** muita ligação com seus ancestrais — sentindo a necessidade de reencontros e de visitas aos troncos mais antigos da família — e o fortalecimento do amor para com pais e avós. E, quando a primavera chegar, já em finais de setembro, muita coisa boa acontecerá na vida do nativo desse signo. Os que estão ligados à diplomacia, ou a escala maior, serão muito bem sucedidos em sua carreira. E os que se dedicam às coisas da publicidade colherão sucesso em suas criações. O comerciante que nasceu sob o signo do **Ano do Coelho** também conseguirá, na primavera, ver seu esforço colher resultados acima do esperado. O período será também excepcional para a realização de sonhos há muito acalentados.

A mulher que nasceu sob o signo do **Ano do Coelho**, por ser algo tímida e indecisa, sentir-se-á um tanto diferente no ano do **Rato**, pois seu interior ganhará forças para tentar uma mudança de comportamento. E, com isso, a família será muito beneficiada.

Dragão

Quando chegar o mês de outubro, no ano do **Rato**, o nativo do signo do **Ano do Dragão** estará passando pelo seu melhor período da vida, porque viverá um tempo de muito amor, em todos os sentidos. Mesmo aqueles que mantenham ligações extraconjugais viverão momentos de felicidade total e sentir-se-ão recompensados pelo amor que oferecerem. A potencialidade sexual do nativo desse signo, seja de que sexo for, estará no mais alto ponto de sua validade. E, no campo profissional, o ano do **Rato** trará para o filho do **Ano do Dragão** muitas realizações positivas, assim como um tempo de muitos prazeres espirituais e carnais. Como **Dragão** tem muito a ver com as letras e outras artes, os escritores estarão vivendo, nesse período astral, uma etapa coroada de sucesso absoluto, o que também deverá acontecer com os atores. Mas, no total, o ano do **Rato** será marcante para o nativo do **Ano do Dragão** em tudo que se refira ao amor e à roda dos prazeres.

A mulher nascida nesse signo, no **Ano do Dragão**, uma amante impulsiva e espontânea, será envolvida por um clima de felicidade total no ano do **Rato**. Se ainda em fase adolescente, a nativa desse signo será o centro das atenções e motivo de cortejos e declarações amorosas.

Serpente

Em princípio, o ano do **Rato** será muito favorável ao nativo do signo do **Ano da Serpente**, quanto ao que se relacione com fortuna, bens materiais, sucesso no trabalho e ganhos consideráveis no jogo de capitais. Porém, esse período astral terá muito a ver com a saúde, com o nativo do **Ano da Serpente** podendo ser vítima de alguns males que lhe trarão problemas até certo ponto graves. Os atletas nascidos sob esse signo poderão ser vítimas constantes de distensões musculares, assim como os que vivam uma vida sem exercícios físicos poderão ser atacados por perturbações digestivas, problemas de ordem circulatória e ferimentos de cicatrização difícil. Já no final do ano do **Rato**, o nativo do **Ano da Serpente** estará se livrando de tudo que lhe possa fazer mal ao físico. E, então, poderá readquirir a sua natural vitalidade e confiança em si. O melhor período, no ano do **Rato**, para o nativo do **Ano da Serpente**, deverá ser por volta do mês de novembro, que é quando a **Serpente** está em tempo de desova.

A mulher que nasceu sob o signo do **Ano da Serpente** é, por natureza, muito ligada à luxúria, aos prazeres carnais. Por isso, no ano do **Rato**, ela estará vivendo um tempo de muita atividade sexual, buscando a satisfação física em todos os momentos. E saberá retribuir o prazer recebido.

Cavalo

Para quem nasceu sob o signo do **Ano do Cavalo**, o ano do **Rato** não deverá ser nada favorável. Aliás, o nativo desse signo deve "torcer" para que o ano termine depressa. Afinal, esse lhe será um período negro, de muitas oposições, tanto na vida familiar quanto no campo profissional. É certo, porém, que o mês de dezembro não será de todo nefasto, pois as forças negativas estarão se afastando definitivamente. Antes disso, no entanto, o nativo do **Ano do Cavalo** passará por maus bocados no ano do **Rato**. Os amigos estarão distantes, e até alguns deles mostrarão a outra face, passando ao rol dos traidores. Os planos serão entravados por forças negativas a todo instante. A família poderá se desmoronar, com um casal chegando à separação, ou ao divórcio. Enfim, esse período astral, para os que nasceram no **Ano do Cavalo**, será só de decepções, desprazeres e insucessos.

A mulher nascida sob o signo do **Ano do Cavalo**, no ano do **Rato** terá sérios aborrecimentos com a pessoa amada, que se mostrará traidora, desleal, com duas caras. Porém, quando o período astral estiver chegando ao fim, tudo começará a melhorar e o amor voltará com toda força.

Carneiro

No ano do **Rato**, logo nos primeiros dias, tudo parecerá estar muito bem para o nativo do **Ano do Carneiro**. No entanto, logo as forças funestas estarão agindo, trazendo toda sorte de aborrecimentos, não estando fora de possibilidade a morte de parente próximo. Esse período astral deverá ser bastante negro para quem nasceu sob o signo da determinação. E, por isso, sua vida exigirá um grande espírito de luta, muita força de vontade e coragem para enfrentar os percalços que se apresentarão com certeza. Como o nativo do **Ano do Carneiro** está, por natureza, ligado à indústria e ao comércio, é bom que as orações sejam usadas como escudo contra os prejuízos que poderão advir. O lar do nativo do **Ano do Carneiro** estará sempre, no ano do **Rato**, sob nuvens espessas, com a felicidade muito abalada. As asas da morte estarão pairando sobre os nativos desse signo.

A mulher nascida no **Ano do Carneiro**, sempre tão dedicada aos seus, será a vítima principal do *Enma-o* (Deus do Submundo), que estará sempre lhe querendo tomar um ente querido. E somente a sua grande religiosidade é que lhe servirá de proteção contra as sombras da figura ceifadora de vidas.

Macaco

Os religiosos nascidos sob o signo do **Ano do Macaco** receberão muita força positiva do astral, no ano do **Rato**, que lhes será excepcionalmente favorável. Todos os nativos desse signo estarão em ascensão espiritual, com as idéias claras e muito propícias ao entendimento. Suas mensagens atingirão sempre o alvo e farão adeptos. Esse período astral, aliás, será marcante para aqueles que estejam ligados às coisas da alma, em todos os sentidos. Na vida social, o nativo do **Ano do Macaco** estará em escalada, usufruindo a admiração de todos os de seu círculo de amizades e de convivência. Os paranormais, desse signo conseguirão antever acontecimentos e fatos futuros, quase como se esses já tivessem acontecido. E será, também, um tempo muito favorável para viagens, sejam elas de negócios ou de lazer. No campo profissional, tudo andará bem e os lucros chegarão com certeza aos comerciantes.

A mulher que nasceu sob o signo do **Ano do Macaco**, que veio ao mundo destinada ao amor, terá, logo no início do ano do **Rato**, em fevereiro, um tempo de muitas realizações pessoais positivas. Seu interior será ainda muito mais vibrante do que comumente é. E, com isso, seu lar será o grande beneficiado.

Galo

No ano do **Rato**, o nativo do **Ano do Galo** estará vivendo o seu melhor tempo de exaltação. Se, por acaso, estiver liderando movimentos comunitários, mesmo em escala menor, verá suas idéias aceitas e seguidas. Não deverão surgir contestações às suas verdades. Para os que estejam exercendo profissões liberais, no comércio ou na literatura, é certo que o sucesso chegará em grau notável. Os que estejam ligados à vida militar, ou ao serviço público, serão promovidos, mercê de suas qualidades pessoais.

Embora o outono seja, por tradição, uma estação triste, ainda assim será benéfico para o nativo do **Ano do Galo**. E quase todo bom momento deverá acontecer às quartas-feiras, o dia que lhe será completamente favorável. Sabendo-se que o nativo do **Ano do Galo** está sob a regência de Vênus, será sempre bom que ele use roupas em que exista o amarelo, o vermelho ou o verde. Nos adereços, a turmalina ajudará a trazer forças energéticas positivas.

A mulher nascida no **Ano do Galo**, sempre afetuosa e correta, embora não muito atraída pelas paixões turbulentas, viverá, no ano do **Rato**, uma boa fase romântica. Se for solteira, é quase certo que encontrará, nesse período astral, a pessoa sonhada.

Cachorro

Eis que o destino reserva um bom tempo para o nativo do **Ano do Cachorro**, quanto à sua espiritualidade, no ano do **Rato**. Quando abril estiver chegando, com ele também estarão vindo as forças positivas do astral, com muito amor, admiração por parte dos amigos e ascensão no meio social e no campo profissional. Como **Cachorro** é um signo que tem muito a ver com as artes, em geral, é certo que os artistas serão os grandes beneficiados com a boa fase da faixa zodiacal em que nasceram. Porém, o sucesso virá bem mais depressa para os cantores. Haverá, por esse tempo, muito mais firmeza no caráter do nativo do **Ano do Cachorro**. Quando o ano estiver pela metade, o nativo desse signo sentirá uma necessidade quase incontrolável de crescer, de ir em frente em novos projetos. A família, por esse tempo, será movida por ajuda mútua, cada qual levando o outro para mais além.

A mulher nascida no signo do **Ano do Cachorro**, que não é muito fácil de entregar-se ao amor, ainda assim, no ano do **Rato**, sentirá a necessidade de abrir-se um pouco mais, ceder mais. E, por isso, viverá bons momentos.

Javali

Dificuldades, privações, traições, conspirações. Tudo isso surgirá para o nativo do **Ano do Javali** no ano do **Rato**. A vida profissional poderá ser considerada como um verdadeiro lixo, não indo em frente e só colhendo insucessos. O espírito estará algo confuso e sem forças para lutar contra as energias perniciosas. As más companhias tomarão o lugar dos amigos e o amor cederá lugar à agonia da solidão. No trabalho liberal, tudo ficará estagnado até quase o final do ano. A família viverá um tempo de desencontros e desacertos totais. Por isso, é preciso que o nativo do **Ano do Javali** recorra às suas reservas de força espiritual, buscando salvar-se da catástrofe total que lhe deverá ser o ano do **Rato**. Porém, como é um forte por natureza, que não recua diante dos entraves e perigos, o nativo desse signo deverá firmar o pensamento e seguir rumo ao que almeja, porque, logo que o ano terminar, virá um período excepcional, de muitas glórias e satisfações.

A mulher que nasce sob o signo do **Ano do Javali** é, de nascença, voltada aos prazeres, às paixões dignas das maiores tragédias passionais. Mas, no ano do **Rato**, deverá manter-se meio longe dos perigos do amor, porque, se agir em contrário, é mais do que certo que levará uma violenta traulitada na cabeça.

O Signo do Ano do Boi (Ushidoshi)

Até uma jornada de mil milhas começa com o primeiro passo.
(Provérbio japonês)

Boi de Madeira	(-)	1925
Boi de Fogo	(-)	1937
Boi de Terra	(-)	1949
Boi de Metal	(-)	1961
Boi de Água	(-)	1973
Boi de Madeira	(-)	1985
Boi de Fogo	(-)	1997

Magias Naturais

Astro regente: Marte.
Nome do Boi em japonês: Ushi.
Ordem de colocação: segundo.
Posição: norte-nordeste.
Estação: verão.
Horas governadas pelo Boi: 1:01 às 3:00.
Cor: cores escuras.
Pedra de sorte: ônix-preto.
Perfume: jasmim.
Flor: cravo.
Número de sorte: 8
Dia propício da semana: sábado.
Parte mais sensível do corpo: garganta.
Tipo de animal: aves.
Força espiritual: Tachikara-ô no Kami (Deus da Força Física).
Direção: sul.
Polaridade: Yin (Energia Izanami).
Elemento fixo: Hi (Fogo).
Domicilio Astral: Suzaku (ou Hinotori — Pássaro de Fogo — Fênix).
Pensamento: Ki o mite mori o mizu — Ver a árvore, mas não a floresta.

Características Principais

O distintivo mais notável das pessoas nascidas sob este signo é a ambição pelas realizações do intelecto. São altaneiras, confiantes em si mesmas e excessivamente práticas; mas são também grandes idealistas, e colocam o seu padrão de excelência num nível desmedidamente elevado — de sorte que, como são difíceis de contentar-se, raramente se satisfazem com o que não se aproxime da perfeição. Embora magníficos economistas, e quase nunca deixem de equilibrar os orçamentos, é-lhes muitíssimo difícil economizarem em pequenas coisas, posto que os gostos pessoais sejam demasiado luxuosos.

As pessoas do **Ano do Boi** são frias, calmas e comedidas; não apreciam demonstrações, salvo quando provenham daqueles que realmente amem. Todavia, ficam sentidas quando a elas é negado um aplauso bem-merecido, ou quando seus esforços não encontram a apreciação que esperavam. Em assuntos de amor e amizades, dão a impressão de serem muito inconstantes, entretanto são muito leais e sinceras. Não se afeiçoam senão a poucos, e são propensas a ver no objeto dos seus afetos todo atributo de bondade e nobreza, mas, visto que seu ideal dificilmente se concretiza, essa tendência lhes traz muita amargura.

Embora sejam naturalmente ativas, não são muito prestativas. Na execução dos seus projetos, trabalham com zelo que não esmorece nunca, e com vigorosa determinação de vencer todo obstáculo que se puser em seu caminho. Raramente pedem conselhos ou auxílio, e quando o destino faz pesar sobre elas o seu antagonismo, suportam, estoicamente e com grande fortaleza de ânimo, as maiores vicissitudes. Grande paciência, perseverança e atividade permitem-lhes sobrepujar muitas privações, e freqüentemente dominam as circunstâncias adversas pela pura força da sua concentração mental.

Quando se interessam seriamente por um empreendimento, como esposar uma causa ingrata ou levar à vitória uma esperança perdida, toda a combatividade da sua natureza se desperta. Para as pessoas do **Ano do Boi,** tudo se resume numa luta cerebral. São mais organizadoras que batalhadoras; vencem porque se aproveitam rapidamente dos pontos fracos que divisam nas forças opostas, e porque se recusam terminantemente a receitar a hipótese de uma derrota.

Sustentam obstinadamente as suas idéias sobre o bem e o mal. Ressentem-se da intromissão de estranhos na sua vida e nunca intervêm ou se insinuam em negócios alheios. Possuem uma natureza de elevada moral e grande consideração para com o dever. A não ser em matéria de crença religiosa, são inclinadas a apoiar, mais ou menos estreitamente, a opinião pública prevalente. Quanto à religião, reservam-se o direito de pensar para si mesmas, e raramente aceitam um argumento que não possa ser demonstrado logicamente. Na literatura, preferem as obras de filosofia e de ciência. Sentem-se animadas pelo espírito de publicidade e gozam de um gosto natural pela política. São dotadas de poderoso instinto comercial e são, por isso, naturalmente, os organizadores das grandes empresas.

No diálogo, mostram-se vivazes, sutis e espirituosas, mas, quando lhes contestam um argumento, tornam-se intransigentes e afirmam o seu ponto de vista de maneira ríspida e positiva. Quando conseguem dominar a presunção, que por vezes as torna desajeitadas e constrangidas, as pessoas do **Ano do Boi** demonstram uma facilidade e liberdade de expressão que imediatamente criam para elas um ambiente de simpatia, e lhes conquistam muitas amizades.

Sua memória é excelente; sabem contar histórias, e são profundos pensadores. Amam a solidão, e muitas vezes se entregam a um acesso de desalento e pusilanimidade, inexplicável se não se conhecesse a influência de Marte nesse signo.

Deficiências

Os natos do **Ano do Boi** são demasiadamente sensíveis e desconfiados, e, por isso, estão sempre à espera de alguma ofensa. Raríssimas vezes fazem represálias, mesmo quando profundamente magoados, mas tornam-se frios e duros, embora, se bem que perdoam, nunca se esquecem. Quando se decepcionam com algum ente caro, perdem todo o interesse pela vida e, às vezes, até a própria saúde. Mostram-se indiferentes para com a convivência de outros, refugiando-se numa vida solitária e cheia de meditações lúgubres. São geralmente vítimas do excesso de trabalho. Concentram-se egoisticamente nas suas ocupações e nos seus deveres, esquecendo-se de tudo e de todos até o momento em que terminam a tarefa que se impuseram.

Quando lhes chamam a atenção para esta falha do caráter, que se deve taxar de egoísmo, se bem que às vezes se qualifique de intensidade, sentem-se machucados, desanimam e lamentam-se de que não saibam trabalhar de outra maneira. Tiram partido de tudo que as cerca, e subsistem de absolutamente quase nada, quando, por gesto desatinado ou revés da sorte, se vêem sem recursos: assumem, então, ares de teimosa soberania que decididamente gelam toda tentativa de socorro.

Sugestões

As pessoas do **Ano do Boi** devem reprimir a tendência de ir aos extremos. Pelo fato de arruinarem os seus melhores poderes, devido ao zelo excessivo com que se entregam aos deveres, seria conveniente que fossem menos pródigas das energias, e trabalhassem com mais critério, se quisessem evitar a prostração que sucede ao desempenho dos encargos. Perseverança e continuidade são belos atributos, mas, como todo mal invertido, essas qualidades podem degenerar-se em obstinação e rotina. O pecado de acabar é, às vezes, tão deplorável como a negligência das obrigações. Essas pessoas deveriam cultivar uma forma de "esquecimento", que, no seu caso, seria muito mais desejável do que uma ótima memória. Precisam descartar-se do hábito de introspecção, e dar menos valor à opinião e ao aplauso do mundo.

Quando ocupam posições de autoridade, devem esforçar-se por subjugar a tendência de importância e arrogância no trato com os outros, e lembrar-se de que o bom organizador ou gerente não é nenhum déspota que governa pela força bruta, mas o indivíduo que dirige e manda porque seus métodos produzem os melhores resultados.

A missão dos natos do **Ano do Boi** é vencerem obstáculos, dominarem suas fraquezas e não serem dominados por elas. E para conseguirem isso, devem olhar para cima e para fora do seu íntimo, medir suas deficiências e tratar de eliminá-las, ao invés de lamentar-se, como é seu costume.

Afinidades e Casamento

Aqueles que procurarem uma natureza branda e maleável, não a encontrarão na disposição do **Boi**. As mulheres deste signo, embora esposas amorosas e devotadas, são firmes e positivas nas opiniões, e geralmente acham a vida doméstica uma esfera muito acanhada para as suas habilidades.

Geralmente não são felizes no matrimônio, salvo quando se consorciam com pessoas que saibam respeitar a individualidade do caráter alheio. Pedem mais justiça e aplauso do que carinho e demonstrações de afeto. Poucas são as pessoas a que dedicam amizade, e delas são muito ciumentas, não tolerando rivais nem mesmo nas relações banais da sociedade.

Homem do Ano do Boi com mulher do Ano do:

- **Rato**: Não é aconselhável. Ela tentará infernizar a vida dele com seus caprichos e ciúmes infundados.
- **Boi:** Realização mútua, com ressalva no campo sexual, em que deverá haver maior harmonia.
- **Tigre:** Acúmulo de riquezas. Ela será "mão-de-vaca" e guardará os bens do marido.
- **Coelho:** Profunda amizade. Uma união feliz, porque a mulher será mais amiga e companheira.
- **Dragão:** Família ordeira e unida. A base fundamental dessa união será a unidade familiar.
- **Serpente:** Realização dos mais caros sonhos de amor. O amor estará presente nessa gostosa vida a dois.
- **Cavalo:** Vida longa e saudável. O relacionamento será marcado pela saúde e pela longevidade.
- **Carneiro:** Atração física irresistível. Viverão brigando e acertando as diferenças na cama.
- **Macaco:** Não é aconselhável. Sempre é pagamento do carma e ambos podem sofrer.
- **Galo:** Vida dignificante. A mulher de **Galo** elevará o nativo do **Ano do Boi** às alturas.
- **Cachorro:** Exaltação da personalidade. Ambos brilharão na sociedade e serão felizes.
- **Javali:** Destaque profissional. Ela lhe ajudará muito na sua profissão com abnegação.

As Crianças do Ano do Boi

Os pequeninos do **Ano do Boi**, graças à habilidade inata de governar, são predispostos a tomar atitudes de soberba e arrogância, quando dão instruções aos companheiros de brinquedos e empregados da casa.

Essas crianças, embora naturalmente produtivas, não mostram boa vontade em prestar serviço aos outros, e é preciso que aprendam que prestimosidade não é necessariamente servilidade, e que os favores que voluntariamente se prestam implicam uma liberdade perfeita. Quando tiverem compreendido esta lição, irão tornar-se muito prestativas e eficientes. Entretanto não se deve permitir, tanto quanto possível, organizarem os seus próprios projetos.Porém, uma vez bem terminado o seu trabalho, não se recomenda o regateio de louvores.

Necessitam de grande soma de animação para despertarem a ambição adormecida, pois a inclinação das pessoas nascidas nesse signo é tirar todo o partido da situação que no momento se ofereça. Quando os indivíduos do **Ano do Boi** tiverem recebido boa educação, irão mostrar-se, durante toda a vida, contentes de fazer trabalhos manuais a troco de módica remuneração. Em razão de pertencerem principalmente ao mundo comercial, todos os filhos do **Ano do Boi** deveriam receber uma educação prática de comércio, e exercitar-se proficuamente na arte de ganhar a subsistência, embora não houvesse outra preocupação a não ser o enrobustecimento do caráter.

Maior erro não se poderia cometer na orientação de crianças sob o **Ano do Boi** que ridicularizá-las ou falar delas com escárnio, pela sua falta de ambição, pois, sendo muito sensíveis e, de fato, deficientes no juízo de si mesmas, não obstante o hábito de se imporem, chamá-las de lerdas ou estúpidas será, com efeito, moldá-las nesse feitio.

O sarcasmo é artigo de luxo para se aplicar entre pessoas iguais; nunca, porém, deverá ser usado com crianças e subordinados. Por isso, somente poderia provocar resposta impertinente e causar desânimo na criança, fazendo-a desistir do intento de ser agradável.

Quando aos filhos do **Ano do Boi** faltar continuidade de ação, procure-se a causa no seu interesse, que, devido a orientação faltosa, não foi ainda despertado completamente.

Amam o trabalho, e, quando recebem uma tarefa à qual se imprima senso de responsabilidade, entregam-se a ela, removendo todos os obstáculos, não fosse senão para provarem a si próprios que se mantiveram à altura do que deles fora esperado. Tais crianças são estudiosas por natureza, e dotadas de paciência e perseverança inesgotáveis, como se poderá facilmente constatar, observando-as seguirem às suas inclinações, tanto no trabalho como na diversão.

Felizmente, para os homens e as mulheres do futuro, passou-se o tempo em que os pais e professores imaginavam que uma mente de criança se pudesse obter por encomenda. Começa-se a compreender a importância de se desenvolver e auxiliar a formação de uma personalidade, e a aprender a sabedoria de imprimir aos processos de treinamento um caráter propício ao desabrochar espontâneo das mentes juvenis e ao seu progresso no caminho da maturidade.

Vocação

Mulheres

As mulheres desse signo são excelentes donas de casa, e economistas discretas. São fiéis e devotadas às suas relações domésticas. Sem serem explícitas, são muito sinceras e leais àqueles que amam. Em geral, são tidas como frias e insensíveis, quando, no entanto, isso não é verdade: são extremamente sensíveis e conscienciosas. Porém, falta-lhes o amor próprio. E é isso que faz com que ocultem a sua natureza intensa e ardente sob uma crosta de gelo, difícil de romper-se. Mas quando se convencem de que realmente são amadas e compreendidas, abrem-se na expansão da sua jovialidade e afeição.

Quando não as aflija alguma desordem nervosa, motivada por excesso de trabalho ou aborrecimentos por causa de banalidades, a sua bondade de coração e a sua paciência se exibem acima das circunstâncias mais enervantes. São muito independentes e não gostam de que ninguém se intrometa no seu sistema de governar a casa, ou de trabalhar. Não dão ouvidos a sugestões que lhes fazem nem as adotam sem primeiramente as ter ponderado e comparado com as suas idéias próprias a respeito.

Esta qualidade se evidencia na nitidez e ordem do seu procedimento, na finura de gosto no trajar-se e na primorosa adornação do lar. São inclinadas à hospitalidade e sabem entreter visitas. São, porém, sujeitas a acessos de tristeza, dos quais muito custa reanimá-las, ocasiões estas em que parecem perder todo o entusiasmo pela vida.

Tais crises de abatimento são causadas pela influência do planeta Marte. Com efeito, raro é encontrar-se pessoa desse signo que não seja acometida de momentos de displicência, sem nenhum motivo razoável aparente.

Na qualidade de professoras, as mulheres do **Ano do Boi** revelam acentuada capacidade e autêntico amor ao trabalho. Aplicam-se em despertar o zelo das crianças, e a disciplina que usam é um poema ao sentimento da honra. Muitas escritoras, atrizes de renome e declamadoras nasceram sob esse signo. O verdadeiro gênio e a indômita tenacidade da mulher do **Ano do Boi** raramente se tornam patentes em toda a sua magnitude, enquanto não se veja lançada na dependência exclusiva da sua própria iniciativa ou numa posição de grande responsabilidade.

Homens

Os homens do **Ano do Boi** pertencem principalmente ao mundo comercial. São rapidíssimos em segurar as oportunidades que surgem no caminho, e nunca falham em ver o lado lucrativo de todos os projetos.

Possuem singular competência para gerir grandes empresas. Por isso, gozam simultaneamente da capacidade de pensar e agir. Porém, um erro que comete o indivíduo do **Ano do Boi**, ocorre quando, ocupando posição de autoridade, dá demasiada atenção aos detalhes de um trabalho, pois restringe dessa forma a sua força executiva e o seu poder de exercer influência de controle sobre os auxiliares. Para a execução deste serviço, deve escolher empregados nascidos sob o **Ano do Coelho** ou **da Serpente**, que são pessoas que naturalmente se prestam a servir aos outros, e são muitos fiéis no desempenho das instruções recebidas. Se, entre os empregados, houver outro do seu tipo, deverá simplesmente apontar-lhe o que há a fazer, deixando a seu cargo o método de execução a usar-se, visto que semelhante auxiliar somente manifestará as suas verdadeiras habilidades quando sentir sobre os ombros o peso de alguma responsabilidade, ao passo que sofrendo constante intervenção e orientação alheias, nunca dará o seu máximo de rendimento, e provavelmente se tornará desanimado e magoado ante uma opressão inadvertida.

Os indivíduos do **Ano do Boi** são também muito eficientes na gerência de grandes instituições e hotéis. Mostram grande tato e paciência no trato com criados, e, embora prefiram mandar, não se recusam a realizar trabalhos manuais, quando surge necessidade para isso, e nunca ficam desorientados quando se despede um empregado de confiança.

Na política e na vida pública, são positivos e até dogmáticos nas opiniões, e muito se salientam na defesa dos interesses de um partido. Entre os comandantes militares e navais bem-sucedidos encontram-se natos do **Ano do Boi**, cujo êxito, todavia, prende-se mais às habilidades de dirigir do que a qualquer disposição bélica da sua natureza.

Muitos escritores, novelistas e estadistas notáveis nasceram sob este signo. Na profissão legal, são excelentes estrategistas, e gastam muito tempo na elaboração das suas minutas, detalhe algum sendo demasiado fútil para não lhes merecer atenção. Como autores e oradores, desenvolvem grande magnetismo pessoal, o que é especialmente verdade para aqueles que nasceram sobre a Cúspide.

Este signo conta com alguns músicos e artistas, mas, como regra geral, o lado prático da natureza do nato do **Ano do Boi** é mais forte do que o artístico e, por conseguinte, os indivíduos se voltam naturalmente a classes de atividades que exijam raciocínio ponderado e orientação sistemática laboriosa.

São bons financeiros e sabem habitualmente descobrir um meio de equilibrar a receita e a despesa.

A sociedade formada entre **Boi** e **Rato**, se, por uma educação esmerada, ambos se achassem preparados a ocupar cargos elevados no mundo comercial, deveria resultar numa grande firma percebendo grandes lucros: a sua sagacidade combinada lhes permitiria alcançar os mais atraentes resultados. **Boi** deveria deixar a cargo do **Rato** a preocupação dos detalhes, e entregar-se especialmente aos planos que cobrissem os interesses comerciais da sociedade.

Boi e **Tigre** trabalhariam juntos em boa harmonia, mas não alçariam vôo tão alto nos seus projetos de negócios. **Serpente** e **Galo** cooperariam eficazmente com a natureza de **Boi.** Embora sejam agradáveis as relações entre **Boi** e **Carneiro**, o espírito conservador deste último tenderia a obstruir os melhores esforços do primeiro.

Atividades e Profissões do Nativo do Ano do Boi

Atividades físicas: alpinista, nadador, esquiador, mergulhador, marinheiro.

Atividades comerciais e sociais: pastor de ovelhas, pescador, peixeiro, comerciante de peles, industrial de produtos de lã, açougueiro.

Atividades intelectuais e artísticas: geólogo, antropólogo, filósofo, inventor, ortopedista, dentista, dermatologista, político, estadista, flautista.

Influência Astral

A influência de Marte nesse signo é excessivamente difícil de se vencer. As pessoas nascidas sob os seus eflúvios encontram habitualmente muita oposição, e sobem com grande dificuldade pela escada do êxito. Governa as faculdades de reflexão, e produz indivíduos estudiosos, científicos, e raciocínios robustos. Estabiliza e fortalece a mentalidade, dá modos austeros e ríspidos, grande amor à justiça, sagacidade comercial, economia e tenacidade.

As influências maléficas desse planeta poderão ser vencidas pelos **Bois** que domarem a sua natureza desconfiada e mal-humorada. Cumpre-lhes compenetrarem-se de que o materialismo e o amor das coisas exteriores serão a sua ruína, e, portanto, devem olhar além das limitações pessoais. A influência astral atua sobre a vida humana seguindo um curso descendente e procurando expressar-se pelos sentimentos animais; se quiser, então, garantir-se verdadeiro êxito em qualquer direção, forçoso será a todo transe subjugá-la.

A ação de Marte sobre a saúde é sempre lenta e insidiosa: solapa a vitalidade, preside aos distúrbios crônicos, causa melancolia, indigestão, prostração nervosa e reumatismo. Sua potência máxima se faz sentir de sete em sete anos.

Celebridades do Ano do Boi

Angélica, atriz e apresentadora; Napoleão Bonaparte, general e estadista francês; Francisco Cuoco, ator; Adolf Hitler, ditador da Alemanha, trágica figura que provocou a II Grande Guerra; Vincent van Gogh, pintor impressionista holandês; Vital Brasil, médico brasileiro, descobridor do soro antiofídico; Cassio Gabus Mendes, ator; Antônio Fagundes, ator; Jeremy Irons, ator inglês; Carlos Ponti, diretor de cinema italiano; Gerard Ford (presidente dos Estados Unidos); Fidel Castro, ditador cubano; Gary Cooper, ator americano.

Samurais, Fundadores de Religiões e Outras Celebridades do Ano do Boi no Japão

Hatori Hanzo (Metal), Mori Terumoto (Água), Kobayakawa Hideaki (Fogo), Imagawa Sadayo (Madeira), Nita Yoshisada (Metal), Ikeda Teramasa (Água), Minamoto no Noriyoshi (Água), Kikaku (Metal), Honem (Água), Otomo no Tabito (Madeira), Sugawara no Michizane (Madeira), Ryuzoji Takanobu (Terra), Utamaru (Madeira), Oshio Heihachiro (Água). Nagamatsu Nissen (Fogo), Naganuma Myoko (Terra), Kotama Okada (Metal), Misora Hibari (Fogo), Kubo Kakutaro (Metal), Ito Rokurobei (Terra), Yukio Mishima (Madeira).

Presságios Para o Ano do Boi

Rato

Para se viver bem em sociedade, cada cidadão deve pagar as suas taxas e impostos. No astral é a mesma coisa. Em determinados anos, você paga os tributos do carma. O ano do **Boi** para o nativo do **Ano do Rato** é justamente o período para ele pagar a sua dívida astral. Todavia, tudo perfeitamente suportável, dentro dos limites. Apenas será necessário muita dose de abnegação, espírito munido de muito otimismo, paciência e determinação. Assim, muitas derrotas podem ser transformadas em vitórias, outras em experiências vividas.

Muitos altos e baixos nos negócios. Empreendimentos emperrados e desavenças com sócios em questões de dinheiro. O Rato deve agir com muita calma e tato. Evitar ao máximo as pessoas negativistas e estar sempre ao lado de pessoas alegres e otimistas.

Sempre que tiver oportunidade, estar em contato com a natureza, principalmente com árvores, que têm o poder de restaurar a energia do *ki* (força vital) e sugar as negatividades. No amor, muitas lágrimas e momentos de adeus. Em cada encontro estará presente a separação. As desavenças familiares acontecerão a partir do quase nada.

A mulher nascida sob o signo do **Ano do Rato,** se trabalha, sofrerá muitas cantadas por partes de superiores hierárquicos. Deve manter firme a sua decisão para não ceder e se tornar vulgar. O reconhecimento da sua capacidade virá com certeza.

Boi

O **Boi** entra no seu ano especial muito à vontade, satisfeito com o mundo e consigo mesmo. Tudo estará lhe correndo bem. Dinheiro no bolso e na poupança, sem miséria e gozando de muita vitalidade. Sucesso estrondoso com o sexo oposto. Nas festas e reuniões, será sempre o centro das atenções. Seu espírito desfrutará de um tempo de muito brilho e o reconhecimento de suas qualidades será certo e sincero.

O nativo que estiver na liderança, ou na posição de mestre, pode contar com o sucesso garantido. Os profissionais ligados à medicina e às pesquisas chegarão a resultados excelentes. Quem estiver atuando na política, numa posição antagônica ao regime vigente, será muito aplaudido pela classe menos favorecida. Os comerciantes e os fabricantes que trabalham com a moda e com produtos de beleza terão um ano com muitos lucros. Um ano astral ideal para a emancipação profissional.

As horas íntimas serão muito enriquecedoras, e o Boi poderá curti-las intensamente. Junho é ótimo para um amor ardente e sincero; agosto é reservado para amor-paixão ou conquista difícil. Sua sexualidade não falhará, se não cometer abusos e alimentar-se nas horas certas.

A mulher nascida sob o signo do **Ano do Boi** colherá bons frutos, se for uma profissional liberal ou secretária trabalhando junto à chefia.

E, no lar, uma harmonia perfeita. Sua casa terá sempre um ar de limpeza e felicidade total. Se tiver um jardim, as flores terão mais cor e perfume.

Tigre

Comandante nato que veio ao mundo com uma vontade férrea, um fortíssimo desejo de vencer sempre, e portador de uma peculiar sinceridade, o nativo do **Ano do Tigre** entra no ano do **Boi** com as velas enfunadas e seu barco cortando todas as ondas contrárias. Esse ano astral trata tudo de bom que a sorte reserva para o **Tigre.** Haverá uma aura de segurança envolvendo o nativo em um grau que os outros notarão com clareza.

Autoconfiança estimulada, o **Tigre** seguirá confiante e crente na liderança, segurando firmemente o timão da vida. Na família, tudo andará em ordem para o **Tigre,** com o amor reforçando a união entre pais e filhos. Será, também, um ótimo ano para novos empreendimentos, aproveitando a ajuda das forças energéticas positivas.

Daikoku e *Ebisu* abrem o seu Portal da Morada da Fortuna propiciando ganhos inesperados e muitos lucros. Compra e venda de bens materiais favorecidos. Muita sorte nos jogos. Todavia, não se iluda com jogos. Jogo só dá camisa para o banqueiro.

A mulher nascida sob o signo do **Ano do Tigre** — uma verdadeira tigresa, devido a sua combatividade, a ser uma mãe dedicada, à ardência no amor — estará vivendo momentos excepcionais, em tudo e por tudo. Aquela que trabalha terá a capacidade profissional reconhecida. Mesmo a mulher assalariada conseguirá júbilos e independência econômica.

Coelho

O **Coelho** chegará ao ano do **Boi** em plena capacidade espiritual, com uma vida social muito ativa e a vida profissional em franca ascensão. Os amigos estarão sempre dispostos a compreender as razões do Coelho, ainda que estas estejam um pouco fora da realidade. Boas amizades estarão impulsionando o nativo sempre para o alto.

Os artistas do signo viverão um bom tempo, com a fama chegando de braços abertos, para ficar de vez. É o reconhecimento do público. O pensamento do nativo estará buscando verdades há muito procuradas. E, como sempre, a primavera lhe será a estação mais favorável, quando surgirão fatores que enaltecerão o espírito. Alias, será, com certeza, um bom tempo para o amor. Um amor/amizade que dura muito mais que amor/paixão. O companheirismo estará presente em tudo.

Viagens curtas ou longas favorecidas. Todos os tipos de compras de bens também. O assalariado será beneficiado com a estabilidade de emprego e com um sensível aumento em seus ganhos em razão de uma atividade extra. Quem está pensando em fazer carreira solo, é chegada a hora.

A mulher nascida sob o signo do **Ano do Coelho,** mística nata, nesse ano estará muito ligada a seitas, ao esoterismo, o que lhe fará muito bem ao espírito e irá ajuda-lá a manter a segurança e a união familiar. Se for uma profissional liberal, colherá bons lucros e bens materiais consideráveis em valor. Uma sexualidade aflorada e no ponto.

Dragão

O **Dragão** trouxe ao mundo a exaltação da fatalidade, a força de uma atividade intensa e a energia devassadora de *Hachiman* (Deus da Guerra). Um indivíduo sempre disposto a enfrentar qualquer coisa, mesmo a morte, com a ousadia e a coragem de *Shiyoshushi-no kami* (Deus das Águas e do Mar). O nativo possui uma tendência às decisões repentinas e definitivas. Uma personalidade fortíssima.

No ano do **Boi,** o **Dragão** não andará botando fogo pela boca e comendo indefesas criaturas. O amor estará dentro da fera, fazendo com que a sua família permaneça unida e envolta pelas energias positivas.

Haverá, também, muita união entre pais e filhos, com estes perenemente voltados para aqueles, como que num reencontro espiritual. Sendo o **Dragão** um ser que não se abate diante das adversidades, ele estará buscando a realização dos seus sonhos, passando por cima de todos os entraves, usando como lança a sua eterna força de vontade. E o sucesso, em tudo, chegará de forma inexorável. Ganhos consideráveis nos negócios e bastante sorte nos jogos.

A mulher nascida no **Ano do Dragão,** que tem uma personalidade muito parecida com a do homem, também terá um tempo muito bom no ano do Boi, com sua vida social em ascendência. Em março, Cupido já estará apontando sua seta para a nativa, se ela for solteira. Ela estará sempre pronta para demonstrar o seu lado mais ardente e apaixonado.

Serpente

A **Serpente** é o primeiro signo da primavera, cheio de encantos e de personalidade. No ano do **Boi,** ela tem a possibilidade de viver uma felicidade completa, porque *Haruyama no Kasumi no Mikoto* (Príncipe da Névoa da Montanha da Primavera) abre o seu Portal da Morada da Felicidade, beneficiando em muito a sua vida pessoal e realçando o amor. A **Serpente** e o seu par poderão viver intensamente os momentos de sensualidade e entrega total, fortalecendo os vínculos de amor, companheirismo e cumplicidade.

As configurações astrológicas estarão favorecendo o desempenho da **Serpente** no trabalho. A capacidade de tomar iniciativas e ser firme nas decisões estará acentuada. Sua situação financeira tenderá a melhorar e se estabilizar; as transações comerciais estarão favorecidas e correrão com maior lucratividade para o nativo. Pessoas novas poderão aumentar o seu círculo de amizades e ampliar seus pontos de vista, fazendo-a crescer interiormente. Os que estejam em profissões liberais colherão lucros acima da média.

A mulher nascida sob o signo do **Ano da Serpente,** que é muito inclinada à paixão profunda, no ano do **Boi** estará totalmente voltada para o amor. O seu companheiro irá se complementar em todos os momentos. Com os filhos, se os tiver, será de uma dedicação notável. Na vida social, será admirada e muito elogiada por seus dotes pessoais. Sua sexualidade atenderá aos apelos da mente e do corpo.

Cavalo

Um ano normal, com altos e baixos balanceados. As atividades comerciais estarão favorecidas e o **Cavalo** terá sucesso em quase todos os empreendimentos financeiros, se agir com senso de justiça e ponderação.

Conte com o estímulo emocional e a compreensão de seus parentes. No ano do **Boi,** o **Cavalo** deve prestar muita atenção em sua saúde e procurar a assistência médica ao primeiro sintoma de enfermidade, não tentando a autocura em hipótese alguma. O ano é excelente para tratamento de saúde em geral. A cirurgia plástica é favorecida. Para não comprometer a saúde e a boa disposição, será importante relaxar sempre que possível, restaurando as energias perdidas, principalmente no trabalho. Praticar algum tipo de exercício físico sob a orientação médica.

Júpiter acentua sua natural curiosidade e favorece tudo o que contribui para ampliar seu conhecimento. As leituras e conversas com amigos que compartilham as mesmas idéias serão enriquecedoras.

O ano é muito apropriado para o **Cavalo** demonstrar a paixão que sente pelo seu par. Suas inibições serão superadas.

A mulher do signo do **Ano do Cavalo** não deverá abusar da comida e principalmente da bebida alcoólica, para transcorrer o ano sem dificuldades.

Conseguirá ter a vida amorosa plena e receberá muitos elogios do ser amado. Todavia, deverá medir bem as palavras, porque poderá ser mal interpretada e causar sérios conflitos.

Carneiro

O nativo do **Ano do Carneiro** vai enfrentar uma série de contrariedades no ano do **Boi.** Porém, tudo dentro dos seus limites. A chuva cai e firma o solo, diz um provérbio japonês. O **Carneiro** é como um diamante bruto que será lapidado pelas provações e irá se tornar, realmente, uma jóia linda.

No entanto, o ano é muito bom para a vida afetiva e sentimental.

Se o **Carneiro** ainda não tem par, é possível que uma relação de amizade bastante antiga se transforme em algo mais sério e profundo. O relacionamento do **Carneiro** tende a melhorar a cada dia que passa. A vibração positiva de Júpiter permitirá que o nativo expresse seus sentimentos com maior liberdade.

Nesse ano, talvez não possa contar com contatos profissionais satisfatórios; há uma tendência de dispersão ou dificuldade para o nativo expor os seus pontos de vista. De fato, é um daqueles anos em que o **Carneiro** parece estar nadando contra a corrente; por todos os lados só existem obstáculos.

A mulher de signo do **Ano do Carneiro** não viverá, no ano do **Boi,** por certo, um período muito válido. Haverá rusgas entre os familiares, desavenças com os pais, desencontros de idéias e falta de disposição para suportar até as mais simples traquinagens dos filhos. A mulher do signo que trabalha tende a ser perseguida sexualmente pelos colegas e chefes. O conselho útil é que não ceda e mantenha o seu profissionalismo.

Macaco

Humano, de bondade profunda, que granjeia simpatias com facilidade. Gosta de levar vida luxuosa. Encanta-se com a riqueza. Cheio de esperança, está sempre procurando chegar ao futuro. Assim é o nativo do **Ano do Macaco.** Porém, necessitando de ajuda, procura contar consigo mesmo sem recorrer aos outros. Por isso, no ano do **Boi,** o nativo do **Ano do Macaco** estará envolvido numa série de contrariedades e notícias desagradáveis.

Mas a vida é uma sucessão de bons e maus momentos. O círculo yin-yang descreve bem esse fato. Um contém o outro em germe; nada é totalmente bom ou completamente ruim; todo homem tem uma parcela feminina e toda mulher, uma parcela masculina. O **Macaco** conseguirá superar todos os contratempos do ano mantendo a confiança em si mesmo e alimentando o otimismo em todas as ocasiões tristes.

Nesse ano, o **Macaco** deve ter o máximo de cuidado como pedestre ou motorista. Fique longe das pessoas pessimistas e negativistas. Procure estar em casa, na maioria das vezes, ao final do expediente, atendendo às necessidades da família, pois ela apreciará bastante a sua presença e a sua atenção.

A mulher do signo do **Ano do Macaco,** sempre sensível e leal, deverá ter muita coragem para suportar todos os dramas familiares, preparando o espírito para superar os obstáculos. Com certeza, ela vai encontrar a sua verdadeira felicidade amorosa no final do ano.

Galo

A estrela da sorte parece estar brilhando sobre a cabeça do **Galo** no ano do **Boi.** Ele conseguirá encontrar as soluções mais adequadas para resolver os problemas. Seu espírito estará iluminado pelo *Akiyama no Shitabi no Mikoto* (Príncipe da Montanha Rubra de Outono), que lhe concede determinação e força de vontade para destruir qualquer obstáculo que se interponha em seu caminho.

É um bom momento para procurar seus amigos influentes e discutir com eles planos de longo alcance, embora tudo tenha de ser mantido em segredo. O **Galo** terá ótimas idéias para ganhar dinheiro numa atividade extra. Para quem é assalariado, haverá ótimas oportunidades durante o ano para agradar e causar boa impressão aos seus chefes.

Vênus, seu regente, ajuda o nativo a levar seus projetos adiante com inteligência e flexibilidade. A concentração de energia permite que os trabalhos sejam frutíferos e lucrativos.

Os momentos a dois vão ser intensos e maravilhosos. **Galo** e a pessoa amada vão trocar confidências, fazer revelações e conversar francamente sobre suas necessidades e preferências. Um ano extremamente bom para a vida afetiva e sentimental do **Galo**.

A mulher do signo do **Ano do Galo** viverá um tempo de muita iluminação interior, entregando-se às causas comunitárias. Sua família estará sempre unida, gerando muita compreensão e calor humano. No amor, ela irá encontrar o seu caminho para a felicidade completa.

Cachorro

O ano do **Boi** será muito positivo para o nativo do **Ano do Cachorro,** que estará, nesse ano astral, vivendo um tempo de grandes realizações. Os profissionais liberais estarão na plenitude de suas forças espirituais e mentais, com isso colhendo resultados altamente marcantes em suas atividades. Aliás, o ano será de êxitos contínuos.

Os atletas, em especial, serão sempre vitoriosos, se manterem o treino constante. Outono será a melhor estação do ano. Nesta época, tanto a família quanto a profissão estarão em destaque. O desprendimento do **Cachorro,** nesse período, será notável. Ele estará mais aberto do que nunca a conhecimentos novos. Poderá ter chance de associar-se a um amigo e realizar um empreendimento mais criativo e que teve de ser deixado de lado por falta de oportunidade.

Novas oportunidades profissionais se abrirão e o **Cachorro** poderá escolher a que mais lhe convir; decida ponderadamente e não deixe que a interferência de leigos prejudique sua escolha. O ano é ótimo para compra de bens, viagens e tratamentos de saúde. Para os estudantes, um ano de muita assimilação e sucesso.

A mulher do signo do **Ano do Cachorro,** que é de personalidade marcante, no ano do **Boi,** viverá um tempo de muitas satisfações espirituais. Seu interior estará vibrante, adquirindo as vibrações positivas de Vênus. No lar, desfrutará de momentos de carinho e prazer total.

JAVALI

O ciumento **Javali** quando chegar o momento da verdade, no ano do **Boi,** deixará de ser tão apegado às suas coisas. No amor, será um pouco complacente, perdoando e entendendo os deslizes do companheiro. E isso porque o ano astral lhe estará trazendo um pouco mais de calma e conhecimento da razão.

No campo profissional, o sucesso virá até com certa facilidade. Os amigos sempre darão aquela "mãozinha" na hora de emergência. No comércio, se **Javali** for um negociante por conta própria, os lucros virão com certeza. Também será um tempo muito bom para o nativo definir o que quer "ser na vida", se ainda está estudando. As esperanças de chegar a uma determinada meta se tornarão realidade se o **Javali** se esforçar. Haverá um profundo espírito de combatividade, que, a todo instante, colocará o **Javali** nas alturas.

O nativo terá oportunidade de impulsionar positivamente seu lado profissional, implantando seus projetos, que atrairão a atenção e o reconhecimento de seus superiores.

A mulher do signo do **Ano do Javali,** de natureza vivaz, obstinada, inteligente, segura e sedutora, no ano do **Boi,** estará em plena vibração positiva. A todo momento a sua sexualidade exigirá ação. Por isso, se for solteira, é certo que viverá muitas aventuras, das quais, aliás, só guardará boas recordações. A mulher casada também sentirá e terá boas conjunções carnais.

星

O Signo do Ano do Tigre (Toradoshi)

Na alma isenta de qualquer pensamento ou excitação, nem mesmo o tigre encontra onde fincar as garras.
(Antiga máxima japonesa)

Tigre de Fogo	(+)	1926
Tigre de Terra	(+)	1938
Tigre de Metal	(+)	1950
Tigre de Água	(+)	1962
Tigre de Madeira	(+)	1974
Tigre de Fogo	(+)	1986
Tigre de Terra	(+)	1998

Magias Naturais

Astro regente: Marte.
Nome do Tigre em japonês: Torá.
Ordem de colocação: terceiro.
Posição: leste-nordeste.
Estação: verão.
Cor: prata.
Horas: 3:01 às 5:00.
Pedra: pérola negra.
Perfume: canela.
Flor: orquídea.
Número de sorte: 4.
Dia propício da semana: sábado.
Parte mais sensível do corpo: braços.
Tipo de animal: aves.
Força espiritual: Takehaya Suzano-o no Mikoto (Rebelde Deus Tempestade).
Direção: sul.
Polaridade: Yang.
Elemento fixo: Hi (Fogo).
Domicilio Astral: Suzaku (Ou Hinotori — Pássaro de Fogo — Fênix).
Pensamento: Yanagi ni kaze to ukenagasu — Saber lidar com o oponente em vez de desafiá-lo (assim como o salgueiro, cujos ramos se flexionam com a força do vento).

Características Principais

As pessoas pertencentes a este signo são naturalmente dotadas de grandes possibilidades, mas precisam comumente de grande estímulo que as force a entrar em ação. Quando surgem as grandes ocasiões e se acordam inteiramente, revelam maravilhosa intensidade de propósito; e, uma vez persuadidas de que a posição que tomaram ou que os métodos que adaptaram são corretos, não haverá força de argumentação nem sedução que as façam arredar do ponto de vista em que se colocaram.

São ardorosos estudantes da natureza humana e não se deixam facilmente enganar pelas aparências, embora afaguem um sentimento genuinamente fraternal para com toda a humanidade e um desejo de aliviar a carga que a oprime. Para darem os benefícios da sua simpatia exigem primeiramente uma exposição clara da necessidade imperiosa do momento.

Suas opiniões são radicais, e sempre se afastam dos princípios de crença estabelecidos, os quais seguidamente comentam. Tudo quanto não possa demonstrar-se logicamente é alvo do seu ceticismo; o seu raciocínio se baseia exclusivamente no intelecto e, por meio de um prisma materialista. Reprime a imaginação e a intuição, procurando sempre explicar-se o sobrenatural pela maneira totalmente rotineira e muitíssimo humana.

A disposição dos nascidos sob **Tigre** é delicada e bem-humorada; sua maneira sincera e afável. Guardam o máximo respeito pelas opiniões alheias. Gostam de vestir-se bem e com cores vistosas, sempre ansiosos de se apresentar na última moda e de associar-se aos que se acham em lugares de destaque na sociedade. Possuem excelente memória, causam sucesso nos salões, e, devido ao grande tato que lhes é peculiar, adaptam-se facilmente a qualquer circunstância ou ambiente. São propensos a se apoquentar com ninharias, entretanto enfrentam as maiores dificuldades com fortaleza de ânimo.

São geralmente afortunados no trato com as pessoas, e muito curiosos de saber tudo. Por serem muito amigos do estudo, conseguem aproveitar-se da sua habilidade e tiram dela o máximo partido, colhendo as mais variadas informações de todas as fontes disponíveis. Como todos os natos do **Ano do Tigre** têm disposição mental irrequieta, correm o risco de se tornar precipitados e profligar energias, procurando fazer muitas coisas ao mesmo tempo. Até que aprendam a conter-se devidamente, irão tornar-se fracos e vacilantes, dominados por apetites e desejos, e arrastados pelos conselhos dos amigos.

Os homens desse signo são conhecidos como grandes "camaradões"; raramente antagonizam os sentimentos alheios e concordam com todos só com o fim de manter a boa cordialidade, embora, em se tratando de assuntos mais sérios, obstinem-se tenazmente no seu ponto de vista. Gastam livremente dinheiro na satisfação dos caprichos, entretanto sempre insistem em receber por ele um valor eqüitativo e compensador. São bons amigos e maus inimigos, tudo pagando na mesma moeda e sendo traidores daqueles que os traíram. Sabem argumentar bem. Todavia, quando encontram contendores, mostram-se atrevidos e irônicos.

Seu temperamento é excessivamente nervoso, e quase todos os seus males se originam de desordens do sistema. Quando incentivados, são muito ativos. Porém, habitualmente são remissos e dados à procrastinação. Apóiam as pesquisas literárias e cientificas, posto que, embora naturalmente inclinados ao comércio, ressintam-se da falta da determinação e da sagacidade necessárias aos grandes projetos financeiros.

Deficiências

Impelidos pelo grande desejo de popularidade, os indivíduos do **Ano do Tigre** adquirem o hábito de fazer promessas impossíveis e empreendimentos irrealizáveis. Uma consideração mais cuidadosa lhes poupará, nesse sentido, muito aborrecimento desnecessário e muita perda de vitalidade. A não ser que procedam completamente instigados pelas exigências que o caso requerira, sua vida é ondulante e incerta, instável como a água. São continuamente levados, ora pelos conselhos e opiniões dos outros, ora pelas influências ao sabor do momento, de nada lhes valendo qualquer oposição ou admoestação.

Dão extrema importância à aparência pessoal e não medirão sacrifícios para satisfazer o desejo de possuir trajes alinhados. Deixam-se a tal ponto controlar pela ambição de apresentar-se bem aos olhos dos outros que chegam freqüentemente a faltar com a verdade e a exagerar a sua própria importância, como também a dos seus amigos, na ânsia de criar uma impressão favorável. Desbaratam pela vacilação todos os seus esforços e sufocam a sua natureza mais elevada com o materialismo dogmático, sendo, por esse motivo, raramente capazes de progredir, um passo que seja, em qualquer linha de pensamento em que os fatos não sejam demonstráveis aos sentidos.

Sugestões

As pessoas do **Ano do Tigre** deveriam esforçar-se por fortalecer o caráter, cultivando firmeza e congruência em todas as coisas, e lembrando-se de que nada ficará bem feito se não houver uma sinceridade de propósito. A confiança em si mesmo é uma absoluta necessidade a todo homem ou mulher do **Ano do Tigre** que pretender alcançar êxito na vida. Se bem que naturalmente possuídos de uma mente fina e de magnífica força de vontade, são muito indolentes e pouco pressurosos de pôr em movimento os seus esforços, preferindo abrigar-se na dependência dos outros, mesmo nas coisas mais insignificantes. Quanto maior a sua cultura intelectual, mais difícil será lhes despertar o senso de responsabilidade moral, pois a sua pertinácia lhes fecha os olhos e a mente ao lado ideal e espiritual da vida e arrasta-os cegamente a seguirem as limitações do intelecto humano.

Precisam cultivar a própria força e os dons naturais que possuem, ao invés de imitar os exemplos dos outros. Toda pessoa tem o seu trabalho traçado de antemão, e de pouco lhe valerá consentir que outro indivíduo o execute em seu lugar, não importa se de modo mais eficaz. Todos se encontram neste mundo com o propósito de desenvolver o caráter, e a ninguém assiste o direito moral de fugir da responsabilidade de coisas intencionadas à sua instrução e disciplina, lançando-as sobre ombros alheios. O mundo está cheio de dias de juízo, e "quem se poupa a si mesmo não poderá deixar de tornar-se desprezível aos olhos dos outros como aos seus próprios".

Afinidades e Casamento

As pessoas do **Ano do Tigre** encontrarão os melhores amigos e associados entre os nascidos sob o **Ano do Macaco**. A liga dessas duas naturezas seria muito harmoniosa, a fraqueza de uma se compensando pela robustez da outra. A aliança entre **Tigre** e **Rato** ou **Carneiro** proporcionaria ao nato muita felicidade e garantia dos interesses, tanto no mundo social como no comercial. Há também atração poderosa e duradoura entre os indivíduos de **Tigre**, **Cavalo** e **Cachorro**.

Homem do Ano do Tigre com mulher do Ano do:

- **Rato:** Favorável. Não procure repetir apenas aquilo que você já conhece. Novidade será fundamental. Sexualidade boa.
- **Boi:** Ciúmes infundados de ambas as partes. Envolvimento perigoso e violento. Muita atração física.
- **Tigre:** Favorável, um sendo espelho para o outro. Procure não refletir demasiadamente o defeito alheio.
- **Coelho:** O relacionamento será muito útil e proveitoso se cada um respeitar a individualidade do outro.
- **Dragão:** Sempre será um par harmonioso para contatos íntimos e delírios múltiplos. Muita camaradagem.
- **Serpente:** Toda a sociedade se curvará diante deste par romântico e unido. Unidade familiar excelente.
- **Cavalo:** Realmente é um amor do outro mundo, esbanjando sensualidade e vigor sexual. Romantismo.
- **Carneiro:** Estará sempre ao seu lado oferecendo a mão amiga em qualquer situação, na alegria ou na tristeza.
- **Macaco:** Os opostos se atraem e viverão puro sexo com a fogosidade de Marte e a comunicação de Mercúrio.
- **Galo:** Amor estranho e misterioso. Atração física descontrolada: na rua escura, no canto da escadaria ou em qualquer lugar.
- **Cachorro:** Elevará o **Tigre** às alturas, que ouvirá zumbidos e verá estrelas de tanto prazer. Sexualidade aflorada.
- **Javali:** Neste relacionamento os votos de fidelidade serão mantidos para a felicidade do casal.

As Crianças do Ano do Tigre

As crianças desse signo são muito irrequietas, nervosas e sensíveis. Têm demasiado apreço pelo aplauso dos outros, e o grande desejo de agradar as leva freqüentemente a relatarem os fatos erradamente, o que lhes resulta sérios embaraços. São facilmente desviadas por aqueles com quem convivem, e não raro se vêm persuadidas a agir contrariamente às suas próprias convicções sobre o que é bem, ou o que é mal. O espírito de confiança em si mesmas deve-lhes ser inculcado, e desde a mais tenra idade deveriam ser induzidas a decidir por si mesmas todas as questões que lhes digam respeito. Especialmente na educação das crianças do **Ano do Tigre,** o autocontrole deveria tomar o lugar do controle paterno.

Essas pequenas criaturas são muito leais às suas amizades, e pretendem usar de fidelidade em todos os seus deveres. Entretanto, o hábito de procrastinar e faltar ao cumprimento de promessas é extremamente difícil de se vencer, embora, visto serem facilmente influenciáveis, se possa, sem muito trabalho, ensinar-lhes a virtude da pontualidade e a importância do cumprimento das promessas. Muito prejudicial ao desenvolvimento dessas crianças nervosas é ralhar constantemente e encontrar faltas a todo instante. Devem ser levadas com a máxima paciência e firmeza, pois, apesar de não lhes causar tédio ou constrangimento, a saúde exige vida simples e tranqüila, associada àqueles cuja disposição seja também calma e sossegada. Uma voz alta ou entoação aguda, como os barulhos súbitos ou qualquer fator de perturbação, afligem-nas com a mesma intensidade que uma dor física. O seu modo de proceder é modesto e retraído. Têm boa memória, e, como gostam de fazer perguntas, conseguem aprender muitas coisas.

Vocação

Mulheres

As mulheres do **Ano do Tigre** são muito fiéis e dedicadas à vida doméstica e às amizades; quando, porém, abusam da sua confiança, são dadas a se tornarem pérfidas e cruéis. Amam excessivamente a vida social, as cerimônias públicas e as reuniões, e sempre desejam aparecer despertando atenção, e vestidas de acordo com o último figurino. São bondosas e afáveis para com todos, todavia preferem cultivar a amizade de pessoas de posição e destaque social. Apreciam todas as boas coisas da vida, sabem entreter e contam com que as entretenham da mesma forma.

Sabem conversar animadamente e com espírito e suas maneiras são desembaraçadas e graciosas. Dão ouvido simpático ao que os outros dizem, e geralmente conquistam admiração e respeito pela sensatez dos seus comentários e pela presteza com que compreendem as coisas. São muito ativas, no entanto raramente perdem tempo com pessoas que de uma forma ou de outra não lhes possam ser úteis.

Dotadas de físico robusto e belo, e de grande resistência orgânica, são pessoas inteiramente capazes e em quem se pode confiar, no que quer que seriamente deliberem empreender. Freqüentemente tomam muito interesse pelas questões que agitam o momento, e quando estendem a esfera da sua utilidade, procurando melhorar as condições da sociedade, revelam grande poder e habilidade em modular a opinião dos outros.

Parecem impelidas pela natureza a exercer o magistério, quer público, quer particular. Fazem-se excelentes oradoras, escritoras, musicistas, atrizes e líderes sociais. Possuem considerável capacidade de criar novidades, são ótimas compradoras, vendedoras e contabilistas.

Homens

A sagacidade mental dos homens do **Ano do Tigre** torna-os aptos a exercerem magistralmente qualquer profissão ou comércio. Adaptam-se muito bem à carreira literária e às indagações científicas. Como escritores ou advogados, preparam os ensaios e as minutas com muita precisão, e demonstram fino gosto na escolha da linguagem. No mundo das ciências e invenções, uma vez que alguma idéia crie raízes sólidas, trabalham com enorme persistência e fixidez de propósito. Entretanto, preferem ordinariamente dar incremento às invenções alheias a desenvolver as próprias.

São naturais comerciantes, sempre indagando do valor e do preço das coisas. Têm muita sorte nos empréstimos de dinheiro e nas especulações de imóveis e terrenos. Fiscalizam muito de perto os seus interesses em todas as transações comerciais, estudam instintivamente o caráter e os gostos das pessoas com que lidam, e geralmente conseguem que a sua vontade prevaleça, embora aparentemente cedendo aos desejos dos outros. São inclinados a mortificar-se por pequenas coisas, e, a não ser que se associem a espíritos aventureiros, estarão sujeitos a se apegar a negócios e atividades menos importantes.

Como estadistas e políticos, observam a opinião geral e consideram o cargo público como um "posto de confiança popular", e raramente empregam o seu poder para oprimir os outros. Em matéria de reformas, são de uma morosidade que exaspera; em compensação, quando, depois de pesar cuidadosamente todos os processos de realização, os indivíduos do **Ano do Tigre**, sentindo-se seguros, se decidem a adotar certas medidas para o bem público, nada os demoverá do seu curso até que os resultados práticos se tenham feito sentir. Quando empenhada num trabalho utilitário, a mente torna-se muito ativa, pois gostam de pensar e agir para benefício dos outros.

As pessoas do **Ano do Tigre** representam o espírito intelectual e científico da época: quando têm em mão algum assunto de psicologia, tentam reduzir os fenômenos a demonstrações práticas, mas, quando não conseguem fazer isso, desprezam a questão como sendo um disparate. Na qualidade de empregados comerciais, dão conta do serviço com uma precisão laboriosa, e procedem de maneira sossegada e modesta. A sua personalidade jovial lhes conquista muita atenção e favores nos postos de compra e venda das casas de comércio.

Na vida comercial, **Tigre** deveria procurar associar-se a pessoas nascidas sob **Boi** ou **Rato**, visto que, sendo capazes de controlar grandes empresas e planos financeiros, iriam dar-lhe mais força e determinação de caráter. Nas pesquisas científicas, conviria unir-se a **Coelho** ou **Dragão** — o gênio inventivo de um e outro sendo incentivado reciprocamente, e os hábitos comedidos do **Tigre** cerceando a impetuosidade do **Dragão**. Uma sociedade com pessoas do mesmo signo ou do **Cavalo** e **Cachorro** não lhe traria vantagens, devido à natureza desassossegada desses signos. A associação com os tipos do **Ano do Macaco**, entretanto, poderia serlhe agradável e útil.

Atividades e Profissões do Nativo do Ano do Tigre

Atividades físicas: pára-quedista, piloto de avião, esquiador, ciclista, astronauta, nadador, corredor, tenista.

Atividades comerciais e sociais: pescador, criador de animais, agente de viagens, ceramista, florista, jardineiro, telegrafista, aeromoça/comissário de bordo, técnico de TV.

Atividades intelectuais e artísticas: escritor, estudioso de ufologia, filósofo, pintor vanguardista, inventor, literato, juiz.

Influência Astral

Marte nesse signo faculta presteza de raciocínio e bom senso. Todavia, freqüentemente impõe obstáculos à carreira dos natos do **Ano do Tigre**, imprimindo-lhes extrema atividade aos movimentos físicos e grande tensão ao estado de saúde, bem como à capacidade de resistência e ao sistema nervoso, o que torna essas pessoas desordenadas, inconstantes e incertas.

A influência de Saturno nesse signo é favorável à estabilidade das pessoas, dá um caráter mais positivo, cauteloso e econômico, e facilita a aquisição de habilidade executiva e financeira.

Os indivíduos nascidos sob o **Ano do Tigre** são geralmente dotados de corpo robusto, compleição sadia, olhos expressivos e fisionomia comumente muito bela, especialmente as mulheres.

As moléstias que os afligem são principalmente afecções nervosas, e lhes é necessário rodearem-se de pessoas calmas, pacientes e de disposição alegre. Também sofrem de reumatismo, gota, indigestão e muitos outros males sem importância.

Celebridades do Ano do Tigre

Tom Cruise, ator norte-americano; Ho-chi-min, libertador e primeiro presidente do Vietnã do Norte; Isadora Duncan, bailarina americana, inovadora do balé; Juca Chaves, compositor, cantor e humorista; Marco Polo, viajante e explorador veneziano da Idade Média; Joaquim José da Silva Xavier (Tiradentes), mártir da independência do Brasil; Romy Schneider, atriz francesa; Marilyn Monroe, atriz americana; De Gaulle, estadista francês; Hugh Hefner, americano, fundador da revista Playboy; Ágata Christie e H.G. Wells, escritores.

Samurais, Fundadores de Religiões e Outras Celebridades do Ano do Tigre no Japão

Otomo Sorin (Metal), Shibata Katsuie (Metal), Amako Tsunehisa (Metal), Saito Toshimasa Dôsan (Madeira), Uessugui Kenshin (Metal), Hiraiwa Chikayoshi (Água), Date Massamune (Fogo), Kikawa Motoharu (Fogo), Kuki Yoshitaka (Tigre), Kukai ou

Kobo Daishi (Madeira), Murasaki Shikibu (Terra), Ueda Akinari (Madeira), Arishima Takeo (Terra), Yosano Akiko (Terra), Asahi Heigo (Metal), Yoshida Shoin (Metal).

Presságios Para o Ano do Tigre

Rato

O **Rato** será bastante feliz e próspero no ano do **Tigre**. As forças astrais estarão em harmonia e ele contará ainda com a proteção dos três deuses da prosperidade (*Daikoku-ten, Ebisu-san e Hotei*), de acordo com a tradição japonesa.

Os amigos lhe estarão admirando, pois o relacionamento do **Rato** com as pessoas que o cercam, na família ou no trabalho, será excelente.

É tempo de mostrar que sabe cumprir suas obrigações, aproveitando a energia que os astros lhe trazem. Lute pelo que acredita e logo verá os resultados. *Hotei* lhe conferirá a capacidade de trabalho para as mais ousadas empreitadas, com o reconhecimento dos superiores hierárquicos. *Daikoku* não deixará que falte dinheiro durante o ano todo. *Ebisu* dará a energia vital para superar os obstáculos.

Com Júpiter transitando pelo signo do ano do **Tigre,** o **Rato** terá pique até mesmo para fazer as coisas que ainda sobraram em casa. Assim, a família poderá contar com o **Rato** para fazer pequenos reparos, como desentupir a pia ou consertar o chuveiro.

O ano será de curtir as delícias do amor. Os jovens desse signo estarão decidindo a escolha da profissão a seguir.

A mulher do signo do **Ano do Rato,** uma conquistadora contumaz, viverá um tempo muito bom. Seu interior estará fortalecido pelo resultado positivo de suas realizações pessoais.

Boi

Embora seja um forte por excelência, o nativo do **Ano do Boi** não terá um bom ano astral sob a regência do ano do **Tigre.** Isso porque as forças negativas sobrepujam as forças positivas, causando um grande desequilíbrio em sua vida particular, profissional, social e doméstica.

Na sociedade em que vivemos, todo mundo, de uma forma ou de outra, paga as suas taxas e impostos, para continuar vivendo na coletividade. No astral é a mesma coisa. Assim, o ano do **Tigre** é para o **Boi** o ano do pagamento da dívida astral.

O **Boi** passará por adversidades e provações. Ele suplantará todos os obstáculos com a mesma dignidade que é a sua marca registrada. No final, ele estará muito mais forte e experiente.

O nativo deve evitar os empreendimentos duvidosos e arriscados, envolver-se em riscos desnecessários ou com pessoas negativistas e de reputação duvidosa. Com a determinação de *Tengu* (o gênio da floresta), o **Boi** ainda poderá obter algum lucro nos negócios na última lunação do ano do **Tigre.**

Para os casados, certo embotamento na relação. Devem buscar novos objetivos para que a união continue. Em uma ruptura haverá sempre uma grande perda. Mas, se todas as esperanças já se esgotaram, a definição também é importante. Às vezes, em último caso, é melhor a separação do que uma atitude mais drástica. Cuide melhor da sua alimentação e não negligencie exercícios físicos.

Tigre

No seu próprio ano, o **Tigre,** será muito brilhante em tudo. Se estiver ligado ao magistério, principalmente, será um mestre exaltado e com uma inteligência elogiada. No trabalho, nada vai cair do céu, mas os astros vão ajudá-lo na vida profissional. Sua capacidade de criação estará altamente estimulada. Mais inspirado do que nunca, o **Tigre** poderá sugerir aos seus chefes mudanças que, provavelmente, serão bem aceitas.

O seu interior estará muito fortalecido, o que lhe dará um brilho exterior marcante. Nas rodas sociais, reuniões e festas, sua presença será o centro das atrações. A vida amorosa vai ser plena e excitante. No amor extraconjugal (pois os **Tigres** gostam de muitos amores), as emoções virão caudalosamente. Cada nova aventura será um prazer inesquecível. E quem ceder a um **Tigre,** certamente viverá momentos memoráveis.

O ano vai favorecer seus investimentos. Se sobrar algum dinheiro, procure aplicá-lo em bens duráveis. Tudo o que for poupado será muito bem aproveitado no futuro.

A mulher do signo do **Ano do Tigre** também será muito bem-sucedida, em tudo no seu ano. Sua aparência será motivo de olhares fuzilantes, e o sexo oposto estará lhe desejando permanentemente. E, para ficar ainda mais radiante, é bom que use roupas nas cores amarelo ouro, azul celeste ou verde claro, com adereços em topázio, pérola, rubi e diamante. Conte com a proteção dos astros nos jogos.

Coelho

O ano do **Tigre** deverá ser muito positivo para o nativo do **Ano do Coelho,** com realizações pessoais marcantes, porque o seu *Feng-shui* (literalmente significa "vento e água", mas o sentido é "harmonia com a natureza") é ideal. Todos os sopros da natureza lhe são favoráveis.

Tanto os *Sete Deuses da Felicidade,* como os *Três Gênios da Prosperidade Chineses* (Poder, Riqueza e Longevidade), propiciam um ano de muitas venturas e grande acúmulo de bens materiais.

A sexualidade estará em seu ponto alto, com possibilidade até de acréscimo no número de rebentos. Para o **Coelho** solteiro, o astral fornece chance de encontrar um par maravilhoso e acima de tudo rico.

Profissão em ascensão. O nativo tem a alquimia de transformar o trabalho em dinheiro. Dificilmente o **Coelho** perderá dinheiro em qualquer empreendimento durante o ano do **Tigre**. Para o assalariado, novas conquistas, promoção e aumento de rendimentos. Suas idéias serão bem aceitas. Espírito iluminado para a criatividade. Janeiro, setembro e outubro serão meses benéficos para aumentar a sua fortuna.

Um grande amor poderá acontecer em abril, e uma paixão irresistível, em junho.

A mulher do signo do **Ano do Coelho,** que é muito afeiçoada ao lar, andará pisando nas nuvens. O ano será extremamente proveitoso para as realizações pessoais, com muita amizade em meios sociais e muito entrosamento com o companheiro. Se for solteira, livre e desembaraçada, esse ano astral será propício para acreditar numa pessoa que lhe quer.

Dragão

Imperioso, decidido e líder, **o Dragão** será muito beneficiado no ano do **Tigre,** com especial ajuda da harmonia astral, principalmente se for **Tigre de Madeira.** Um ano em que as boas amizades se farão presentes. Assim, tanto no lar quanto no trabalho, **Dragão** será muito bem-sucedido em todos os momentos. O seu *Feng-shui* ou *Kasô* (harmonia natural) estará em constante equilíbrio com todos e com tudo que lhe cercam.

Para planos ousados e arriscados, os meses de maio, junho e outubro devem ser evitados, porque haverá um acúmulo de energia yin-yang de um lado ou de outro. Um bom dia para iniciar qualquer tipo de atividade comercial é terça-feira, em setembro ou dezembro. Nas festas ou mesmo em casa, o **Dragão** deverá usar roupas em que predominem as cores em tons de vermelho, dourado, azul e branco. Se tiver que usar perfume, que seja hortelã, bergamota, floral ou lavanda.

Nas profissões, para aqueles que devem optar por uma carreira, no ano do **Tigre,** serão bem-sucedidos como médicos, militares, escritores ou atores. Todavia, em tudo o que faça, durante este ano astral será sempre ajudado por pessoas de bom caráter e cultivadoras de amizade sincera. Os *Três Gênios Chineses da Prosperidade* serão os seus guardiões do ano.

A mulher do signo do **Ano do Dragão,** que é muito ligada às coisas do amor fraternal, viverá um bom tempo, com muitas satisfações pessoais. Na religiosidade, encontrará lenitivo nas orações e verá que tudo lhe será favorável se mantiver o espírito livre de sentimentos impuros.

Serpente

Giri e *Ninjo* são duas palavras japonesas que podem ser traduzidas como solidariedade e calor humano, e que devem estar presentes na vida da **Serpente** durante o ano do **Tigre,** para que o nativo consiga todos os benefícios do astral. Um ano muito bom no aspecto familiar. A unidade familiar será a tônica de grande parte do sucesso da **Serpente.**

A vida do casal será invejada pela união. Em razão do entendimento com todos, eles irradiarão. Haverá também um tempo em que o nativo do **Ano da Serpente** procurará estar mais próximo dos antigos troncos familiares. Quanto aos sonhos de crescimento, esse será um bom ano para a tentativa de atirar-se a novos projetos. Todavia, os empreendimentos devem ser legais e honestos, para que o sucesso seja garantido.

O seu *feng-shui* (significa também "harmonia com outros seres") estará em constante equilíbrio desde que reflita bem antes de tomar qualquer decisão, seja em família, nos negócios ou na vida social. Embora alguns possam pensar que *feng-shui* não passa de balela, a verdade é que os tempos provam que, nele, tudo é a exata expressão da verdade, em que o imponderável torna-se realidade patente. A sensibilidade natural da **Serpente** para as artes estará muito ativa e trará satisfações marcantes.

A mulher do signo do **Ano da Serpente** viverá um tempo de muitas satisfações interiores. Com o companheiro, a **Serpente** terá prazeres ainda não imaginados, para sua grande felicidade.

Cavalo

Os *Sete Deuses da Felicidade* abrem o Portal da Morada dos Amores para que o **Cavalo** possa viver intensamente o mundo das emoções durante o ano do **Tigre**. Livre de inibições, com o espírito iluminado, o nativo exporá o seu lado mais ardente e apaixonado. Já em janeiro, experimentará o sabor de um amor sincero e verdadeiro. Em março, uma atração física irresistível o jogará num turbilhão de prazeres antes nunca experimentados. As emoções do **Cavalo** estarão a mil.

Bom ano para o **Cavalo** concentrar-se em atividades mais criativas; não subestime os seus talentos naturais e terá resultados surpreendentes. Durante o passar do ano, haverá ótimas oportunidades para o **Cavalo** agradar e causar uma boa impressão aos seus chefes.

Muito ligado ao jornalismo, o signo trará muito de proveitoso a repórteres e editores de jornais e revistas. Aquele que trabalhar com vendas diretas aos consumidores estará sempre com o sorriso até as orelhas. Um ano excepcional para o comércio em geral.

Na família, o **Cavalo** será envolvido por fluidos bons, com fácil entendimento entre pais e filhos. A cumplicidade familiar se fará presente em todas as ocasiões.

A mulher do signo do **Ano do Cavalo** viverá um tempo de muito proveito, prosperidade, alegria e paz. Aquela que já passou dos trinta e ainda continua solteira terá uma oportunidade de ouro para agarrar um homem muito especial, carinhoso e bonito.

Carneiro

Com a natureza *Buda* (sorriso nos lábios), o **Carneiro** poderá passar o ano do **Tigre** com muita fartura e prosperidade. Este sorriso nos lábios será o cartão magnético que lhe abrirá todas as portas da sociedade e o ingressará na lista das celebridades do seu bairro.

Um ano excelente para mudar o visual. Fazer uma cirurgia plástica, deixar o bigode ou barba, caso seja homem, ou mudar de penteado ou tingir seus cabelos de outra cor, caso seja mulher. Tudo será válido para conseguir uma melhoria na estética corporal. Fazendo isso, o **Carneiro** estará corrigindo o *feng-shui* e atraindo boas vibrações para si.

As viagens estarão favorecidas. Se tiver oportunidade de conhecer algum país estrangeiro, não vacile. Compras de bens duráveis também. Aprimore e mostre sua capacidade profissional a fim de conseguir promoções e aumento de ordenado. Sua criatividade estará exaltada.

Durante o ano, procure não testar sua sorte. Tudo vai muito bem e será imprudente correr riscos desnecessários. As decisões profissionais que envolvam seu futuro serão amplamente favorecidas e contarão com o apoio de pessoas mais velhas e influentes.

Cuide melhor de sua saúde, incluindo uma dieta mais natural aos seus hábitos alimentares e fazendo exercícios físicos. No plano afetivo, tudo transcorrerá normalmente, com ótimas vibrações carnais.

Macaco

Os samurais espadachins diziam que quando o adversário for muito forte, deixa-se cortar a carne para lhe decepar o osso. O ano do **Tigre** não é favorável para o **Macaco.** Os seus oponentes estão dispostos a puxar o seu tapete. Todavia, como um hábil espadachim, não só destrua o tapete como o chão em volta dele. O **Macaco** deve andar sempre atento para não ser pego de surpresa.

Se o seu estado de espírito andar vacilante, lembre-se de que você é o motorista do carro e o único capaz de controlar negociações financeiras que poderão, inclusive, render-lhe bons lucros em médio prazo. Preocupação em excesso não vai adiantar e poderá até provocar uma úlcera. Portanto, não esquente a cabeça e deixe as coisas fluírem naturalmente.

Ao assinar documentos importantes, leia detalhadamente, nas entrelinhas. Seja sempre claro e franco para que as suas palavras não tenham duplo sentido. Evite qualquer tipo de gasto desnecessário.

No entanto, a sua vida amorosa caminhará muito bem. Muita sorte com o sexo oposto. Os casados do signo viverão um tempo de muita harmonia conjugal e conjunção carnal excelente. Quem está só terá inúmeras oportunidades de arrumar companhia e viver um amor ardente e apaixonado.

Durante o ano, procure alimentar-se moderadamente. Não precisa fazer nenhum regime rigoroso, mas não negligencie exercícios físicos.

Galo

É tempo do **Galo** provar para os outros, e principalmente para si mesmo, que é bom naquilo que faz. As contrariedades serão muitas e o **Galo** deverá conservar a natureza *Buda* nas mais adversas situações. Todavia, uma vez transposto o ano do **Tigre,** nunca mais, alguém derrubará o nativo do **Ano do Galo.**

Esteja de espírito preparado para os contratempos no trabalho: ação nefasta de colegas invejosos, prejuízos por ingenuidade ou negligência, pessoas querendo decidir por você.

A mulher do signo do **Ano do Galo** que trabalha como assalariada será perseguida sexualmente pelos colegas e chefes. O assédio sexual será impertinente. Cabe a ela ser forte o suficiente para não ceder e mostrar a sua capacidade profissional.

Notícias desagradáveis envolvendo familiares ou parentes. Muito cuidado com o trânsito, tanto como motorista quanto como pedestre. Nas aventuras amorosas, use a proteção devida para não contrair nenhuma doença contagiosa.

Reavalie suas atitudes, reflita sobre seus propósitos de vida e sobre suas necessidades para crescer ainda mais como personalidade. Não ceda às pressões emocionais que lhe forem feitas, principalmente à chantagem amorosa. Uma vez por semana, procure o contato com a natureza, principalmente com os rios e com as árvores. Pratique algum tipo de arte marcial, como o judô ou o taichi.

CACHORRO

O nativo do **Ano do Cachorro** entrará muito bem no ano do **Tigre,** com muitas realizações positivas, lucros inesperados nos negócios, planos tornando-se realidade, e muito carinho e amor familiar. Haverá nesse ano astral uma notável elevação social e espiritual.

Os que estejam ligados à música, ao canto, às artes plásticas e aos meios de comunicação serão muito bem-sucedidos e terão a capacidade profissional reconhecida por todos.

O ambiente de trabalho vai ser tão estimulante que o **Cachorro** estará mais motivado a dar o melhor de si. Com as vibrações de Vênus, é possível que se saia muito bem e ainda lhe sobre forças para ajudar os colegas. Profissionalmente, o **Cachorro** receberá impulsos para obter melhor posição, graças ao seu mérito e à sua competência.

Como toda sua personalidade é baseada no bom caráter, o ano lhe será muito favorável nas atitudes em que seu senso de justiça seja exigido. O **Cachorro** terá oportunidade de impulsionar positivamente seu lado profissional, implantando projetos que atrairão a atenção e o reconhecimento de seus superiores.

No plano sentimental, as pessoas mostrarão o que sentem em relação a você, ficando mais fácil entender as solicitações e cobranças que lhe forem feitas. Atividades culturais e reuniões sociais lhe proporcionarão momentos de felicidade. Terá muito carinho e receptividade da pessoa amada.

JAVALI

O nativo do signo do **Ano do Javali** chegará ao ano do **Tigre** com o espírito muito iluminado, colhendo sucesso em todas as empreitadas. Os pensamentos serão sempre puros. Ano excelente para os seus negócios: haverá oportunidades positivas para eles andarem mais rapidamente.

O **Javali** estará muito mais otimista, irradiando seu bom humor e entusiasmo a todos que o cercam. A mente estará clara para a tomada de decisões. É importante manter o culto aos antepassados. Mantenha o túmulo dos seus bem cuidados para que o *feng-shui* seja sempre favorável para a entrada da felicidade em seu lar.

A vida amorosa promete alegrias inesperadas, trazendo-lhe mais entusiasmo e confiança em si mesmo. O **Javali** que está só terá boas chances de conhecer alguém especial. Também existe a possibilidade de seu coração bater mais forte por um antigo amor. Vale tentar uma reaproximação caso tenha certeza de que esta pessoa pode fazer você feliz.

Todos os caminhos estão abertos para o **Javali** na vida profissional. Porém, isso não quer dizer que as coisas vão cair do céu. Continue batalhando como sempre e, se necessário, faça um esforço extra para manter o trabalho em dia. Centre-se em si mesmo e procure resolver seus próprios problemas sem contar com a ajuda de terceiros. Preserve tudo o que existe de bom em você. Não se comprometa com situações ou pessoas estranhas que não conheça bem.

O Signo do Ano do Coelho (Unodoshi)

Mesmo que o cego não a veja –
a luz é sempre luz.
(Provérbio japonês)

Coelho de Fogo	(-)	1927
Coelho de Terra	(-)	1939
Coelho de Metal	(-)	1951
Coelho de Água	(-)	1963
Coelho de Madeira	(-)	1975
Coelho de Fogo	(-)	1987
Coelho de Terra	(-)	1999

Magias Naturais

Astro regente: Júpiter e Saturno (últimos dez dias).
Nome do Coelho em japonês: U (de ussagui).
Ordem de colocação: quarto.
Estação: primavera.
Horas: 5:01 às 7:00.
Cor: verde.
Pedra: ametista.
Perfume: patchouli.
Flor: amor-perfeito.
Número de sorte: 7.
Força espiritual: *Ookuni Nushi no Mikoto* (Divindade Grande Mestre da Terra).
Dia propício da semana: quinta-feira.
Parte mais sensível do corpo: os seios.
Tipo de animal: com escamas.
Direção: leste.
Domicílio Astral: Seiryu (Dragão Verde).
Polaridade: Yin.
Elemento fixo: Ki (Madeira).
Pensamento: Yoraba taiju no kage — Se é para buscar abrigo, que seja sob uma árvore grande — É melhor depender de pessoas ou grupos poderosos.

Características Principais

Os natos desse signo são os infatigáveis investigadores dos conhecimentos científicos em todos os departamentos da vida. Dotados de uma fina mente mecânica, científica e filosófica, possuem muita convicção dos fatos, são lógicos e positivos nas opiniões, e, embora aparentemente condescendentes e submissos, são na realidade muito decididos e mesmo obstinados, na execução dos planos que sazonaram com grande cuidado e deliberação.

São pessoas exatas, ordeiras, que detestam a confusão e se opõem a deixar as coisas inacabadas. São leais, pode-se contar com elas, justas nas suas transações, raramente afeitas à desonestidade, e geralmente depositam demasiada confiança nas palavras e promessas dos amigos. Possuem muito amor-próprio, mas pouca fé em si mesmas, o que procuram ocultar e vencer, precavendo-se contra todos os pontos de ataque.

As suas idéias de justiça são tão poderosas que, quando ocupam posições de confiança e responsabilidade e se vêm forçadas a defender o posto, toda a tenacidade da sua natureza de "pitbull" se inflama, e raramente cedem enquanto não tiverem demonstrado a retidão da sua conduta. Esta obstinação do caráter do **Coelho** se manifesta por um pragmatismo interior e pela expressão carrancuda do semblante, que, fora isso, se adorna de muita placidez e quietude.

Amantes do belo, estes indivíduos possuem gostos artísticos, pensamentos castos, e, se bem que não amem ardentemente, são fiéis e sinceros. Freqüentemente sacrificam o conforto a fim de dar incremento aos interesses alheios. Lançam-se por vezes com tal zelo àquilo que julgam ser dever seu, que esgotam a pouca vitalidade com que os dotou a natureza. São impulsivos nas amizades e nas inimizades, e pouco esforço fazem para esconder sua aversão.

São muito exigentes, dados ao costume da autocensura, preocupando-se com a saúde e as questões financeiras. Mesmo em circunstâncias opulentas, estão constantemente apreensivos de que alguma calamidade lhes vai suceder à qual os lançará na dependência de outros.

São inquietos e amigos das viagens. Julgam absolutamente essenciais ao seu bem-estar as mudanças de ar, de cenário e os exercícios físicos. Do que necessitam, no entanto, é mudança de pensamento e resguardo contra augúrios tenebrosos. "Aquilo que eu temia, aconteceu-me!" Isto os natos de **Coelho** fariam bem em considerar, ou seja, aproveitar-se da lição. Embora haja muita habilidade de invenção entre as pessoas desse signo, prestam tão demasiada atenção aos detalhes que raramente revelam originalidade, e parecem preferir dar o retoque final nos trabalhos dos outros a levar a cabo as próprias idéias. São particularmente aptas a completar toda obra que necessite de grande delicadeza de acabamento.

Os indivíduos do **ano do Coelho** são bons moralistas, todavia falta-lhes a intuição. Reclamam uma razão que explique tudo, e são incapazes de formar conceitos precisos em questões religiosas e espirituais. A fé deverá alicerçar-se na sólida razão a fim de tornar-se um edifício no qual se dignem a entrar. Consideram como merecedores de respeito todos os fundamentos. Entretanto, reservam-se o direito de edificar noutro lugar, recusando todo material que não satisfaça o seu próprio Templo do Saber.

Deficiências

As pessoas do **Ano do Coelho** são afáveis e de bom coração. Quando lhes fazem, porém, oposições, tornam-se obstinadas e desagradáveis. Querem saber o porquê de tudo, são muito exigentes e curiosas de saber as coisas, e vivem a se lamentar da falta de vitalidade.

A injustificada ansiedade pelo futuro as torna pessimistas e avaras. Encontram muita dificuldade em mudar de hábitos, costumes ou crenças, e essa falta de adaptabilidade as obriga a se manterem aferradas a qualquer modo de vida que tenham previamente adotado.

Os indivíduos do **Ano do Coelho** são grandes pedestres e naturais andarilhos. Quando se vêem na impossibilidade de satisfazer os seus desejos de locomoção, tornam-se impertinentes, irritados, temendo perder a saúde. Se lhes faltarem aspirações intelectuais, serão propensos aos pensamentos e hábitos grosseiros, ficarão embotados e indolentes, em nada pensando senão na própria comodidade e conforto.

Sugestões

"Não se amofinar" deveria ser o mote desse signo, pois a mente exerce sobre o organismo um grande efeito de sustentação. A ansiedade e os maus agouros abalam a saúde e a vitalidade muito mais depressa do que o mais pesado trabalho manual ou esforço mental. A constante mudança de ares, que os natos do **Ano do Coelho** imaginam tão necessária à sua saúde, é absolutamente inútil a não ser quando acompanhada de mudança de pensamentos. Ao invés de restringirem as idéias ao domínio da razão, deveriam cultivar uma filosofia mais elevada do que o materialismo, pois amiúde nos diz a intuição que "todo o nosso saber nada mais é que uma coluna itinerária do supremo conhecimento da verdade, que só se encontra e guarda intimamente nos recessos do coração humano". Se as pessoas do **Ano do Coelho** não se desejarem converter em náufragos morais e físicos, deverão cultivar um espírito mais alvissareiro e perder menos tempo tomando a temperatura do seu organismo físico e mental.

Afinidades e Casamento

Os homens e as mulheres do **Ano do Coelho** têm uma disposição irrequieta e hostil à fixação domiciliar, e exigem demasiado para que se possam satisfazer inteiramente nas relações domésticas. Os homens absorvem-se de maneira egoísta nos afazeres comerciais ou pesquisas intelectuais, e, não importa o que possam ser em qualquer outro lugar, não são em casa, certamente, companhias agradáveis e interessantes. As mulheres entregam-se a acessos de melancolia e dão-se incessantemente ao luxo das lágrimas, lançando, com isso, sobre todo o lar, um ambiente de cemitério. Os natos do **Ano do Galo** poderiam satisfazer os requisitos intelectuais da natureza do **Coelho**, que, numa união com **Boi** ou **Dragão,** poderia também tornar-se mais louçã e esperançosa. Muita disciplina pessoal se faz sempre necessária quando o **Coelho** escolhe para companhia indivíduos de **Macaco** ou **Rato**. Existe também certa afinidade entre **Coelho** e **Carneiro** ou **Javali**.

HOMEM DO ANO DO COELHO COM MULHER DO ANO DO:

- **Rato:** Favorável. Ambos brilharão na sociedade como um casal perfeito. A sexualidade é boa.
- **Boi:** Ela ajudará o **Coelho** na sua profissão, incentivando-o nas horas de decisão.
- **Tigre:** Desfavorável. Os confrontos serão muitos e ambos sofrerão muito. Será preciso muita abnegação de uma das partes.
- **Coelho:** Um sendo espelho para o outro, todas as possibilidades convergem para o sucesso. Sexualidade harmônica.
- **Dragão:** Os dois poderão juntar muitos bens durante a longa convivência. Atração física ótima.

- **Serpente:** Um relacionamento duradouro, porque o amor se transformará na mais pura camaradagem. Paz familiar.
- **Cavalo:** Relacionamento familiar ótimo. Um amor pleno e duradouro. Sexualidade acima da média.
- **Carneiro:** Melhor par para viver intensamente um romance ardente e sincero nesta vida terrena. Sexualidade no ponto.
- **Macaco:** Estarão sempre prontos um para o outro. Relacionamento saudável e envolvente. Unidade familiar.
- **Galo:** A atração física é muita, mas um tem ciúme doentio do outro. Somente dará certo se um se anular.
- **Cachorro:** Relacionamento cheio de altos e baixos. Fatos misteriosos envolvendo o casal.
- **Javali:** Progresso material e espiritual em harmonia num relacionamento gostoso e envolvente.

As Crianças do Ano do Coelho

As crianças nascidas sob esse signo são de uma sensibilidade toda anormal, e grande parte da obstinação característica quando repreendidas pelas faltas que cometem provém do acanhamento que sentem pelo fato de terem sido surpreendidas numa má ação. Deve-se lhes ensinar a confessarem rapidamente as faltas, garantindo-lhes que tal ação é obediência ao impulso natural do respeito próprio, e que não é coisa de que se deva absolutamente acanhar.

São geralmente muito estudiosas. Entretanto, devido à disposição instável e intranqüila desse signo, mister se faz prendê-las estritamente à sua tarefa e às lições. Gostam de fazer perguntas, porém pouco se importam com as respostas. Impulsivas no amor e no ódio, defendem as suas amizades tenham elas razão ou não.

De natureza parcimoniosa, gostam de amontoar os seus centavos. Cumpre, porém, observá-las cuidadosamente, pois o amor ao dinheiro, por receio de cair na dependência de estranhos, poderia conduzi-las à desonestidade e à avareza.

As crianças do **Ano do Coelho** envidam muito esforço no sentido de persuadir-se de que os seus modos de conduta são os melhores e mais acertados. No entanto, doces e amorosas que são, facilmente se deixam guiar por quem estude suas inclinações naturais e se disponha a ajudá-las a desenvolverem suas características mais nobres.

Carecem de muita animação a fim de sentirem-se capazes de realizar na vida o trabalho para o qual parecem mais especialmente talhadas.

Vocação

Mulheres

As mulheres do **Ano do Coelho** são muito amantes da precisão e da ordem. Quando se decidem a fazer qualquer coisa, trabalham infatigavelmente até o momento em que os seus esforços sejam recompensados. Possuem natureza tristonha e pressagiosa. Afligem-se com as questões financeiras e estão sempre esperando que algum mal suceda aos seus entes queridos ou a si mesmas. Embora muito afeitas ao hábito da autocensura, não têm confiança própria e acham-se eternamente questionando os próprios atos. Quando se lhes faz oposição, tornam-se irascíveis e obstinadas, não havendo argumento nem persuasão que as demova.

São excelentes donas de casa, pousando olhos sobre o lado ornamental tanto quanto sobre o lado útil das coisas, e insistindo em que todos os detalhes do trabalho sejam feitos cuidadosa e sistematicamente. São inclinadas a encontrar defeitos no belo, e um quadro bonito numa moldura feia não satisfaria e nem faria apelo algum ao seu senso artístico.

Na qualidade de mães ou professoras apressam-se em condenar pequenas faltas e exasperam-se e impacientam-se quando as suas ordens não são obedecidas ao pé da letra. São dotadas de bom coração e meiguice, mas sua sensibilidade e exigência vêem ofensa onde tal não houve. Quando pertencem a um plano intelectual inferior, são passíveis de acesso de histerismo, transformando num inferno tanto a própria vida como a dos outros, por causa da imaginação tola de males que ameaçam acontecer.

No mundo comercial, as mulheres do **Ano do Coelho** não são geralmente bem-sucedidas, porque lhes faltam a energia e a iniciativa para os empreendimentos. Todavia, são, no trabalho para outros, bastante persistentes e conscienciosas. Prestam-se admiravelmente a desempenhar o papel de atrizes e oradoras, revelam muito gosto e originalidade na ilustração de histórias, e apresentam magníficos desenhos para capas de livros e de revistas. Na literatura, o gosto inclina-se mais para o terreno da ciência do que da ficção. Igualmente possuem muita habilidade para as matemáticas e a mecânica.

Homens

Ao escolherem profissão ou emprego, os natos do **Ano do Coelho** deveriam ter o máximo de cuidado em notar que sejam garantidas as probabilidades de promoção, visto que, devido à incapacidade de adaptar-se prontamente a circunstâncias novas, têm propensão para permanecer a vida toda numa primeira escolha que tenham casualmente feito.

São admiravelmente talhados para os empregos do governo, onde sabem manter-se com a dignidade e a autoridade devidas.

Esses indivíduos têm habilidade natural para as artes e as ciências, grande aptidão para a maioria das profissões mecânicas, e perícia especial no retoque final de uma obra alheia, cujo idealizador não lhe tenha podido dar o acabamento merecido. As suas faculdades perceptivas tornam-se extremamente aguçadas quando estão em jogo os interesses pessoais, e possuem uma memória invejável para reter formas e métodos.

Quando os jovens deste signo tomam interesse pela alta matemática e mecânica, fazem-se aptos aos trabalhos de arquitetura, construções e obras de engenharia. Os natos do **Ano do Coelho** tornam-se excelentes engenheiros, desenhistas, químicos analíticos, marceneiros, contadores, caixas e guarda-livros. Muitos críticos de arte, artistas e escritores nasceram sob **Coelho**. Na arte preferem a placidez do belo, suas obras caracterizando-se por um estilo claro, descritivo e pela elegância artística e a precisão histórica.

Quando aos natos do **Ano do Coelho** faltar a oportunidade de um prolongado estudo educativo, encontrarão bom êxito nos trabalhos manuais das formas mais brandas dos ofícios. Agradando-lhes a vida ao ar livre, poderão encontrar ocupação aprazível na agricultura, floricultura e criação de animais. Têm um campo muito vasto onde escolher ocupação, e geralmente os espera um sucesso relativo em toda profissão ou ofício em que se façam necessários acabamento delicado e meticulosa atenção de detalhes.

Os indivíduos do **Ano do Coelho** são comumente mais felizes financeiramente quando entram em sociedade com outros do que quando se entregam a empresas particulares. Isso porque são um tanto timoratos em aventurar-se em terrenos novos e não-experimentados. Quem tivesse como auxiliar uma pessoa nascida nesse signo, muito poderia lucrar animando o desenvolvimento das suas habilidades de iniciativa.

Quando o comércio tiver sido o campo escolhido, uma sociedade com **Boi** terá muito a prosperar. Sendo o **Coelho** perito nas contas, amante dos detalhes, e tendo ótima memória para formas e métodos, deixará o **Boi** em ampla liberdade para dirigir e mandar. Uma associação com **Dragão** dá ao **Coelho** poderoso estímulo nas habilidades mecânicas, literárias e artísticas, podendo colher-se belos resultados práticos. O **Tigre** ativaria o gênio inventivo do **Coelho** e demonstraria grande capacidade de convencer o público das vantagens do seu trabalho conjunto.

Atividades e Profissões do Nativo do Ano do Coelho

Atividades físicas: mergulhador, esquiador aquático, professor de natação, bailarino, instrutor de ginástica, pescador, capitão de navio, mecânico, marinheiro.

Atividades comerciais e sociais: vendedor de peixe, vendedor de artigos de pesca, piscicultor, agricultor, floricultor, meteorologista, armador, industrial de pesca, industrial têxtil.

Atividades intelectuais e artísticas: músico, artista plástico, cenógrafo, ator, diretor de teatro, psicólogo, psicanalista, astrólogo, astrônomo.

Influência Astral

Júpiter, no ano do Coelho dá muita paciência, persistência e eficiência. Inspira o desejo da exatidão, a ambição de sobreexceder, além de elegância de expressão verbal e personalidade atraente. Quando o nato do **Ano do Coelho** não se acha possuidor de elevados dotes intelectuais, Júpiter compensa-o com destreza manual e capacidade de utilidade prática. Saturno nesse signo promove o gosto literário e o amor aos detalhes, como também às ciência; incentiva o gênio criador do indivíduo e imprime-lhe força e atividade ao caráter. Também lhe dá o amor às viagens.

As pessoas nascidas sob essa dupla influência têm naturalmente maneiras brandas e joviais, portanto qualquer oposição as torna excessivamente obstinadas. Puras de pensamento, são platônicas nos afetos. Júpiter imprime nessa natureza um caráter de nobreza e magnanimidade; Saturno, modos descuidados, sonhadores, e uma disposição inquieta e movediça.

Celebridades do Ano do Coelho

Glória Pires, atriz; Maria Ester Bueno, tenista brasileira, duas vezes campeã mundial; Orson Welles, ator e cineasta americano; Cristiana Oliveira, atriz; Cândido Portinari, famoso pintor modernista brasileiro; Vitória, rainha inglesa; Joseph Stalin, político e ditador russo, consolidou o comunismo na Rússia; Andréa Beltrão, atriz; Frank Sinatra, ator e cantor americano; Xuxa, apresentadora; Francis Ford Coppola, diretor de cinema americano; Confúcio, filósofo chinês; Cary Grant, ator de cinema americano.

Samurais, Fundadores de Religiões e Outras Celebridades do Ano do Coelho no Japão

Minamoto no Yoritomo (Fogo), Minamoto no Yoshitsune (Madeira), Tokugawa Ieyasu (Água), Natsume Soseki (Fogo), Tokugawa Hidetada (Terra), Miyoshi Kiyotsura (Fogo), Date Terumune (Água), Imagawa Yoshimoto (Terra), Hojo Sôun (Terra), Hashiba Hidenaga (Metal), Shigetomo ou Takayama Ukon (Madeira).

Presságios Para o Ano do Coelho

Rato

O nativo do **Ano do Rato**, prático, objetivo, conquistador, terá um tempo muito positivo no ano astral do **Coelho**, com muita prosperidade material e espiritual. Desde que encare com seriedade, todos os objetivos do **Rato** poderão tornar-se realidade. As metas serão alcançadas, e o sucesso, mercê da capacidade e do valor moral, será marcante.

No que se relacione ao amor em família, o tempo será claro e sem nenhuma tempestade para estragar o clima de felicidade. O relacionamento entre o casal, sempre em harmonia, refletirá sobre os filhos, que, por isso, viverão momentos de alegria total.

Se o nativo do **Ano do Rato** for um profissional liberal e de nível universitário, será muito bem sucedido na sua ocupação. No comércio, os lucros virão com certeza. O ano será muito especial para a atuação em assuntos que favoreçam a comunidade.

Durante o ano, não permita que o tédio e a rotina obstruam a sua felicidade com o ser amado. Viva a cada instante uma nova emoção, e procure locais diferentes para amar. Sexualidade a toda prova.

Realce o seu lado espiritual. Sempre que puder, vá acender *sencô* (incenso japonês) e velas no túmulo dos seus antepassados, cuidando sempre da conservação deste para o *feng-shui* ideal.

Conte com o fator sorte nos jogos. Muito dinheiro no bolso. Surpresas agradáveis no segundo semestre do ano.

Boi

Nascido inteiramente voltado para o trabalho, buscando a segurança na vida pelo seu próprio esforço, avesso às decisões precipitadas e inconseqüentes, o nativo do **Ano do Boi** entrará no ano astral do **Coelho** cercado do carinho da família e dos amigos, o que mais ainda o entusiasmará a ir em frente, reunindo mais forças para alcançar a meta desejada. Deixe os negócios fluírem naturalmente, não fazendo oposição para suportar uma reação mais forte. Há possibilidade de entrada de dinheiro imprevisto.

No ano do **Coelho**, todas as vocações do nativo do **Ano do Boi** estarão no ponto ideal, favorecendo as realizações que se relacionem com a maneira do viver olhando para frente. As forças energéticas que estarão sobre o físico do nativo também farão com que o espírito seja mais forte e o sentido de união, entre a família e os amigos, seja mais firme.

No amor, seja sempre você mesmo, autêntico, original. Imitar um artista de cinema, telenovela ou cantor(a) é mostrar-se inexperiente. Você, **Boi**, deve ser o roteirista e o protagonista da sua própria história de amor.

Sempre que puder, entre em contato com a natureza, principalmente árvores, para sentir o verde e recarregar suas forças e descarregar a energia negativa acumulada. Aprenda que relaxar é uma questão simplesmente de deixar.

Tigre

É justamente a instabilidade da vida que a torna digna de ser vivida — assim escreveu Yoshida Kenkô (1642-1693). Existem momentos difíceis para que possamos valorizar ainda mais os tempos de fartura e de felicidade. Embora pareça que todas as portas se fecharam, lembre-se de que, neste ano, não existem portas, apenas o seu estado de espírito. Procure, que sempre existirá uma mão amiga para auxiliá-lo.

Ande sempre asseado e bem apresentável, porque a natureza maléfica gosta da sujeira. Sujeira atrai sujeira. Portanto, evite as pessoas negativistas e ande sempre com pessoas sorridentes e vitoriosas.Conserve sempre a natureza *Buda,* isto é, o sorriso permanente nos lábios.

Não se martirize sozinho. Abra o seu íntimo para a pessoa amada e divida as suas mágoas para caminhar melhor pelos horizontes da vida. As alegrias divididas se multiplicarão.

Haverá um tempo durante o ano do **Coelho**, certo marasmo, de intriga no escritório ou na fábrica onde você trabalha. Recolha as ofensas e siga o seu caminho sem olhar para trás. O momento é para calar-se e recolher-se. Violência gera violência.

Mantenha o seu *ki* (energia vital) forte. Esteja mais tempo com os seus familiares e fuja de locais pesados (hotéis duvidosos, casas de jogos, boates, etc.) e não ande só. Em hipótese alguma, envolva-se num triângulo amoroso durante o ano do **Coelho.**

Coelho

O nativo do signo do **Ano do Coelho,** que viveu um tempo muito bom no período astral anterior, chegará ao seu próprio ano em alta, com o interior muito fortalecido pelos bons fados. Isso o levará a boas realizações, colhendo frutos consideráveis no trabalho independente, recebendo e dando carinho sincero aos familiares. Como esse ano será, para o **Coelho**, um tempo relacionado à vida, seu físico andará enxuto, e a aparência, com um brilho extra, que lhe vem de dentro. E quando surgir alguma adversidade, a combatividade característica do signo levará a pessoa a romper as barreiras. E também será bom tempo para a realização de projetos por muito tempo adiados.

Esteja bastante atento, porque as oportunidades profissionais desse ano astral não devem ser desperdiçadas, pois significam um grande avanço no seu trabalho.

Com a natureza *Buda* (sempre sorridente), o **Coelho** vai ter bons momentos com a pessoa amada, pois ela estará bastante receptiva as suas atenções, com excitamento acima do normal.

Em certos momentos, busque a inação, porque a inação é a outra face da ação. Comidas pesadas e bebidas alcoólicas devem ser evitadas ao máximo. Não seja um *mikka-bozu* (desistente no terceiro dia) quando tomar alguma decisão. Muita sorte em assuntos pessoais e em jogos.

Dragão

Dos dois últimos anos astrais, indiscutivelmente o ano do **Coelho** deverá ser melhor para o nativo do **Ano do Dragão**, porque os *Sete Deuses da Felicidade (shichi fukujin)* abrem o Portal da Morada da Fortuna. E isso é compreendido por fecundidade, potência, bens materiais, sexualidade, estabilidade e vitalidade. Portanto, esse será um ano muito especial para o **Dragão**. Tanto que o sucesso na carreira escolhida será marcante, com as realizações positivas se sucedendo com constância. Negócios relativos a imóveis resultarão de forma mais do que satisfatória.

O oráculo pressagia uma reviravolta inevitável na vida amorosa do **Dragão**. É preciso mudar pela força das circunstâncias. Modificar, revolucionar suas atitudes e emoções para atingir uma nova etapa. E bem melhor. O nativo vai conseguir a sua maturidade emocional.

O ano será marcado por grandes conquistas profissionais e ganhos inesperados. Sua mente estará lúcida e iluminada para tomar as mais acertadas decisões. Ótimo para vendedores em geral. O sopro de *Daikoku* estará presente em todos os seus empreendimentos e nada afetará o seu *feng-shui.*

Recolha-se uma vez por dia a um lugar tranqüilo, sente-se comodamente, recite um mantra (palavra sem um significado preciso) e comunique-se com o seu interior.

SERPENTE

O nativo do **Ano da Serpente** mantém-se um pouco inescrutável, não permitindo que os outros cheguem ao seu interior. No entanto, quando simpatiza com alguém, é certo que sempre será um amigo dedicado e que nunca faltará nos momentos cruciantes. E, no ano do **Coelho**, a **Serpente** estará envolvida por um clima de muita amizade. Será ajudada em tudo por isso. Na família, o entendimento será marcante, mesmo nos momentos de decisões drásticas. O ano será muito propício ao bom relacionamento com pessoas do escalão maior no meio de trabalho e no âmbito social.

Para controlar o humor da pessoa amada, o carinho e a dedicação provocam efeitos surpreendentes. Pelo contrário, a arrogância provoca dispersão. Sua sexualidade não o deixará na mão em momento algum.

Tempo de integração no trabalho. Os negócios fluem com naturalidade. Mudança de emprego também será favorecida. O seu sucesso dependerá de sua sinceridade, da possibilidade de livrar-se dos preconceitos e de ter uma relação construtiva e amigável com os demais. Forte poder de decisão e espírito iluminado durante o ano todo.

Embora o tempo seja de fartura, controle melhor os desperdícios. Para que encher o seu prato de comida se não tem certeza de que vai consumi-la totalmente? Não é melhor repetir o prato do que desperdiçá-lo?

Feng-shui ou *Kasô* ideal para os jogos.

CAVALO

Para o nativo do **Ano do Cavalo**, o ano do **Coelho** será muito especial para o relacionamento familiar, pois será um tempo de realizações prazerosas, divertimentos, festas, risos, etc. A harmonia será marcante, fortalecendo a união do casal e dos filhos, se os tiverem. E quanto aos pais do signo do **Ano do Cavalo**, esses merecerão uma atenção excepcional. Os filhos serão, de verdade, muito carinhosos com os pais.

Aos solteiros do signo, o oráculo pressagia um relacionamento bastante harmonioso com o ser amado, desde que deixe sua intuição criativa livre, sem se tornar supersticioso ou infantil. Não deixe de realizar suas necessidades interiores e exteriores no amor.

Os seus objetivos primordiais vão ser alcançados com muito empenho e dedicação, e sua capacidade profissional estará divulgada e reconhecida. Ótimo ano para o microempresário.

A saúde é ritmo. Sob orientação médica, pratique exercícios físicos ritmados. É uma forma de liberar energia canalizada que causa mal-estar como tensões, ansiedade, doenças físicas e psíquicas.

Quando algum desânimo lhe aflorar no ambiente de trabalho, lembre-se dos entes queridos que dependem da sua produtividade. Recobre o ânimo e vá a luta. O acúmulo de energia provoca tensão no pescoço e dilata o coração. Relaxe numa roda de amigos.

Carneiro

Bem poucas vezes o nativo do **Ano do Carneiro** viveu tantas emoções como as que lhe reserva o ano do **Coelho**. Afinal, esse lhe será o ano mais favorável dos últimos tempos e do ciclo. Será o ano da sua felicidade total. Na família, o amor estará acima de tudo. No trabalho, além de o espírito ficar gratificado, os lucros também deverão ser consideráveis.

O ano inteiro será de realizações válidas, sem entraves de nenhuma espécie. Assim, o **Carneiro** poderá dar um pouco de si para os outros. Mas, para ajudar as energias positivas, é bom que use roupas de cores claras e esteja sempre com pessoas sorridentes e vitoriosas.

Perseverança e decisão firme: quem as possui, não precisa de mais nada — assim disse Yoshida Shôin (1830-1859). E o **Carneiro** possui as duas coisas. Ele estará atraente e magnético, despertando sentimentos de amor e muita excitação. O ano astral é ótimo para iniciar novas relações ou consolidar ainda mais os laços já existentes. Quem está só, encontrará um grande amor, digno de ser vivido.

É um ano para se dar prioridade a sua carreira, em que poderá direcionar seus propósitos e objetivos profissionais com mais clareza. O fluxo do dinheiro será natural e abundante.

Almoços e jantares com a pessoa amada lhe trarão satisfações gratificantes. Um ramalhete de rosas ajudará ainda mais o bom relacionamento. O oráculo recomenda muita moderação na bebida.

Macaco

No ano do **Coelho**, o nativo do **Ano do Macaco** viverá um tempo bastante positivo, porque seu corpo, a parte física, estará em plena forma. Por certo que esse ano astral não lhe será adverso em nada. Como o corpo estará fortalecido, o espírito também entrará no mesmo ritmo, com isso chegando a realizações válidas. Na vida em família, tudo andará correndo na mais perfeita normalidade. Será um tempo de fartura e entendimento. Sem desacertos e com muito companheirismo. No trabalho, haverá até certo progresso, embora não deva ser excepcional.

No amor, é necessário evitar qualquer ação ditada pela paixão.

Saiba distinguir entre as coisas efêmeras e duradouras, pois o nativo está propenso a viver um grande amor e deliciar-se dos prazeres que a intimidade oferece. Sexualidade a ponto de bala.

O **Macaco** sentirá muito prazer em participar de grupos beneficentes e atividades que possam ajudar efetivamente as pessoas.

Experimente tomar chá verde nas refeições. Facilita muito a digestão. Evite frituras, pimenta e bebidas alcoólicas, porque fazem subir a energia para a cabeça. Pratique exercícios físicos sob orientação médica. Todos os movimentos visam a exercitar as articulações, tornando-as flexíveis e não permitindo seu endurecimento por depósitos de toxinas. Conte com o apoio da sorte nos jogos.

Galo

Só por meio dos desgostos e das mágoas aprendemos o que não está escrito nos livros — diz um adágio japonês. Embora a sua vida amorosa esteja livre e desimpedida, o **Galo** poderá sofrer duras oposições na sua vida profissional e social. Nada deve ser conseguido com manhas a artimanhas, tampouco com precipitação. Se é a sua vida que está em jogo, pense e repense, porque o seu futuro depende do seu agir presente.

Embora a sua natureza seja de viver livre e sem imposições — porque o passado já aconteceu e o futuro ainda não existe, restando apenas o presente —, procure levar uma vida regrada durante o ano do **Coelho**. Deixe para trás tudo que for desordem e confusão. Crie perspectivas para ordem e progresso. A boa vontade é indispensável, porque há risco de que as oportunidades sejam desperdiçadas.

Mesmo favorecido amorosamente, há perigo de ser terrivelmente atraído por um rosto bonito, criando um triângulo amoroso. Entretanto, poderá perder as duas coisas: o rosto bonito e a pessoa amada. Portanto, procure agir racionalmente e não se deixe levar pela atração.

Não construa nada sem antes preparar um alicerce forte, capaz de suportar tudo que você conseguir acumular. Um abismo pode esconder um abismo ainda maior. Concordar com as coisas erradas é acostumar o seu pensar. Neste ano astral, coloque um basta em tudo que está errado em sua vida.

Cachorro

Aquele que vive em paz é feliz, pois não sonha com vitória nem com derrota — disse Buda. O ano astral do **Coelho** não é favorável para o **Cachorro**. Tem pela frente muitas provações. Porém, estas adversidades serão experiências da vida, as lições que fortalecerão ainda mais o espírito e o caráter do nativo. E o fracasso será a chave que abrirá a porta do sucesso. Não é com pompa, nem beleza física extraordinária que o **Cachorro** vai encontrar uma felicidade plena e duradoura. O momento estará tão perto que você poderá nem notar. Às vezes, o nativo possivelmente perderá a felicidade indo atrás de um sonho. Durante o ano do **Coelho**, mantenha os pés no chão. Pense e repense antes de dar o seu veredito final.

Aja seguindo o fluxo natural, sem esperar nada em troca ou palavras de agradecimento. Tenha uma conduta irrepreensível para operar com sucesso sublime. Contemple coisas e pessoas atentamente, com objetividade, e modifique-se quando necessário, compreendendo as necessidades alheias. Isso lhe conferirá dignidade e despertará respeito e admiração. Pratique algum esporte, usando o seu tempo vago. Desta forma, libera-se a energia não usada no trabalho, e o corpo fica revigorado e revitalizado.

Mantenha o equilíbrio do corpo, obedecendo a seus ritmos e aos ciclos da harmonia yin-yang. Um resfriado é o resultado de um corpo que ficou com Yin em excesso.

JAVALI

No ano do **Coelho**, o nativo do signo do **Ano do Javali** viverá um tempo de boas realizações, porque esse lhe será um ano muito favorável, o ano da iluminação. O nativo estará com o *feng-shui* ideal para todos os segmentos da vida. Não encontrará nenhum obstáculo que não possa ser transposto. Todavia, deverá levar uma vida regrada e, pelo menos uma vez por mês, dispensar a carne de gado, pois sua energia circula do tronco para a cabeça, não descendo às demais partes do corpo. O acúmulo de energia provoca tensão e dilata o coração. Constitua o hábito de consumir verduras, legumes e fibras.

Quando sentir um *sakki* (pressentimento ruim), siga a sua intuição: não se arrisque nos negócios, principalmente nos duvidosos. É preferível não ganhar do que perder.

Para o bom relacionamento amoroso, o **Javali** deverá manter uma atitude espontânea e natural, medindo as palavras antes de proferi-las. Para o **Javali** solteiro, haverá um grande amor pintando no pedaço.

Faça meditação para entrar em comunhão com as forças astrais positivas. Um banho depois de um dia árduo é excelente. A água tem o poder de limpar as impurezas corporais e astrais. Procure incrementar os seus contatos e atividades sociais, aumentando o seu círculo de influências.

星

O Signo do Ano do Dragão (Tatsudoshi)

Quem se agarrar à vida, morrerá; quem desprezar a morte, viverá.
(Uesugui Kenshin – 1530/1578)

Dragão de Terra	(+)	1928
Dragão de Metal	(+)	1940
Dragão de Água	(+)	1952
Dragão de Madeira	(+)	1964
Dragão de Fogo	(+)	1976
Dragão de Terra	(+)	1988
Dragão de Metal	(+)	2000

Magias Naturais

Astro regente: Júpiter.
Nome do Dragão em japonês: Tatsu.
Ordem de colocação: quinto.
Posição: leste-sudeste.
Estação: primavera.
Horas: 7:01 às 9:00.
Cor: vermelho:
Pedra: diamante.
Perfume: hortelã.
Flor: gerânio.
Número de Sorte: 9.
Dia propício da semana: terça-feira.
Parte mais sensível do corpo: coluna vertebral.
Tipo de animal: com escamas.
Força espiritual: Shiyozushi no Kami (Deus das Águas e do Mar).
Direção: leste.
Polaridade: Yang.
Domicílio astral: Seiryu (Dragão Verde).
Elemento Fixo: Ki (Madeira).
Pensamento: Ryu no hige o ari ga nerau — A formiga que encara o dragão. Metáfora do mais fraco que, sem consciência de sua própria força, tenta opor-se ao mais forte.

Características Principais

Os natos do **Ano do Dragão** são o cérebro da humanidade. Detestam o trabalho manual, e muito melhor se adaptam, pelo temperamento, às funções de dirigentes do que à concretização dos seus próprios desígnios.

Aos olhos dos indivíduos práticos que trabalham laboriosamente, e nascidos sob signos menos progressistas, parecem idealistas visionários, e como tal são por eles julgados e condenados. Por isso que, embora possam discernir novos métodos, para os outros, encontram dificuldade em trabalhar seguindo plano ou sistema.

Convém lembrar-se de que tais elementos são iniciadores e não organizadores. Prestam relevantes serviços aos que são menos bafejados pelo espírito aventureiro do que eles próprios, apontando-lhes o caminho a seguir e inventando novos planos para o benefício geral da humanidade.

A disposição do **Dragão** é ambiciosa, impulsiva, irritadiça e generosa — embora facilmente pacificada. Na vida social, apresentam-se os natos joviais e espirituosos, nunca se vendo na carência de motivos com que possam divertir as pessoas presentes. Gostam da música e da dança, e estão sempre irradiando em torno de si a vida e a animação.

Amam a ordem, a elegância e a beleza. Têm coração generoso, simpático e hospitaleiro. Dotados de penetrante intuição, é quase impossível esconder deles qualquer coisa. Quando têm simpatia por alguém, exibem a rara virtude de proferir a palavra certa no momento certo.

São muito ardentes e sinceros no desejo de ajudar os outros, e o temperamento é de tal forma sanguíneo que não consideram com o necessário cuidado os meios e processos de que se servem nas inovações e reformas que pretendem fazer.

São sempre generosos, contudo o espírito de egoísmo coloca em primeiro plano no pensamento os seus próprios interesses. Por serem tão agressivos, nunca se submetem integralmente ao domínio alheio. Possuem notável atividade cerebral, boa memória, muita habilidade literária e acentuada facilidade de transmitir a outrem conhecimentos, gerais e úteis. Formam o próprio conceito acerca do bem e do mal, geralmente elevando tal conceito, na sua estima, acima das convenções estabelecidas como matéria de crença religiosa.

Deficiências

O vício mais pronunciado do indisciplinado homem ou mulher que nasceu neste signo é o desordenado desejo de dirigir o trabalho dos outros, em lugar de dar atenção ao seu. Esses indivíduos são egoístas, fantasistas, caprichosos, briguentos, não admitindo que ninguém os contradiga e nem lhes aponte os defeitos. Ao mesmo tempo em que esperam que os outros refreiem a língua, vangloriam-se de poder falar o quanto quiserem; e quem tiver tido a infelicidade de incorrer no seu desagrado, raramente escapará a uma crítica severa.

A sua ira, porém, embora violenta enquanto dura, logo se aplaca, e esperam, depois, que tudo continue com a mesma serenidade de antes, não concordando, entretanto com que tivessem errado ou em terem sido precipitados no seu julgamento. Aliás, quando se mostram severos, raramente são injustos. Morrem lutando na defesa de um amigo ou de um princípio, e embora não perdoem facilmente o inimigo, não são nem maldosos nem vingativos.

As mulheres do **Ano do Dragão** sufocam os melhores talentos do seu dote pelo juízo apressado, pelo mau gênio e pelos ciúmes. Os homens são muito impetuosos, detestam ceder à evidência de um argumento, e perdem freqüentemente as melhores oportunidades, por não considerar devidamente os obstáculos que deverão vencer, antes de darem início a qualquer empreendimento.

Sugestões

A lição que cabe a esses teoristas e idealista aprenderem — a esses pioneiros do pensamento, muitos dos quais tombaram mártires da sua causa — é a da paciência e a do controle de si mesmo.

No desejo de dirigir e mostrar o caminho aos outros, devem ter em mente o fato de que melhor lhes seria cumprirem o que lhes compete do que sugerir métodos de trabalho para uso dos outros. Cada qual dispõe de certa habilidade e predileção para determinada classe de serviço, e o primeiro dever está em fazer isso, e não em procurar em redor de si pessoas para fiscalizar, ou em tentar reformar o mundo. Lançando-se um olhar retrospectivo aos períodos de agitação e descontentamento, vê-se que as tentativas violentas de forçar os resultados desejados somente conseguiram levantar barreiras no caminho do progresso. As reformas somente chegam a consolidar-se quando as pessoas se acham preparadas a trocar o velho pelo novo.

Os natos do **Ano do Dragão** devem procurar dominar a tendência de pensar e agir em lugar dos outros, aprender a respeitar as individualidades alheias, falar com moderação de termos, e manter-se em silêncio quando se sentir acalorado. Semelhante processo irá lhes poupar muito desperdício de energia, cuja falta lhes poderia prejudicar a saúde e a capacidade de serem úteis.

Afinidades e Casamento

Pelo fato de a natureza do **Dragão** inclinar-se ao exercício da autoridade, seria muita imprudência os natos escolherem para casamento as pessoas que também tiverem propensão para mandar. A união com **Rato** ou **Carneiro** oferece possibilidades de harmonia. A nativa do **Ano do Macaco** seria a melhor companheira para **Dragão**, pois supriria o autocontrole que tanto lhe falta. Embora sempre haja fortes laços de simpatia entre os indivíduos de **Dragão** e **Cachorro** ou **Serpente**, a índole de todos os três é por demais impetuosa para que possa existir muita tranqüilidade doméstica.

HOMEM DO ANO DO DRAGÃO COM MULHER DO ANO DO:

- **Rato**: Compatível. Os dois terão a oportunidade de provar o velho romantismo tão raro nos dias de hoje.
- **Boi**: Cada encontro íntimo vai proporcionar emoção diferente. Sussurros e gemidos sob os lençóis. Sexualidade alta.
- **Tigre:** O tempo parece tão longo à espera dos encontros. Ternura e carinho vão dominar a vivência. Sexualidade boa.
- **Coelho:** Incompatível, embora não falte a atração física. O ciúme e a possessividade acabam estragando tudo.
- **Dragão:** Os dois, parecidos astralmente, poderão viver um romance tranqüilo, com muito amor.
- **Serpente:** A mulher vai lhe ajudar a ganhar muito dinheiro. Atração física ótima e muitas brigas.
- **Cavalo:** Parceira ótima para realizar aquelas fantasias sexuais. Muita amizade.
- **Carneiro:** Cumplicidade familiar em todos os níveis. Ótima esposa para formar um lar.
- **Macaco:** Nada poderá abalar o bom relacionamento entre o casal. Amor ardente e prazeres sexuais.
- **Galo:** Nenhum grilo. Astral nas nuvens. Muita fogosidade, amor e compreensão mútua. Saudável.

- **Cachorro:** Atração física irresistível. Porém, muitas brigas por causa de ciúmes de ambas as partes.
- **Javali:** Evitem críticas, pois qualquer coisa vai irritá-los. União desfavorável e perigosa.

As Crianças do Ano do Dragão

As crianças do **Ano do Dragão** causam grande desconforto e ansiedade aos pais e professores que ainda acreditam na eficácia da obediência instantânea e sem demonstração. A personalidade dessas crianças deveria ser estudada cuidadosamente, e elas mesmas, tratadas com muito tato. Nunca devem ser forçadas e nem contrariadas, posto que são muitíssimo excitáveis e geniosas, e tão obstinadas que a violência somente as consegue enfurecer. Também nunca se deve contestá-las quando zangadas, porque, para elas, um duelo de palavras é sempre motivo de prazer, e positivamente não admitem derrota.

A disciplina mais eficaz é deixá-las inteiramente a sós até que acalmem os nervos, e, então, raciocinar com elas bondosamente. Gostam de fazer perguntas, são muito inquietas, inquiridoras e sempre estão espreitando tudo. Raramente se sentem satisfeitas quando não estão destruindo alguma coisa, isso devido, principalmente, ao poderoso elemento construtivo da sua natureza.

Têm grande necessidade de receber louvores. Todavia, como se acham expostas à contaminação do egoísmo, dando-se muita valia pessoal, nunca se deveria animá-las a falar a seu próprio respeito.

As crianças do **Ano do Dragão** são naturalmente estudiosas e ambicionam figurar no primeiro lugar da classe. Pensam rapidamente; com efeito, tudo fazem apressadamente. Estão sempre alertas para notar e apontar as fraquezas e deficiências daqueles que não possuem atividade mental tão intensa quanto a sua. São dotadas de muito pouca paciência, e não primam por nenhuma superabundância de resistência física. Gastam tanta energia procurando fazer muitas coisas ao mesmo tempo, que necessitam de grande quantidade de sono, em horas regulares e quartos espaçosos e bem ventilados. Deve-se lhes permitir executarem sua tarefa pela forma que mais lhes apetecer, concorrendo assim ao desenvolvimento da sua originalidade individual.

O pai ou professor descuidado que se vê à frente de um temperamento tão singularmente entesado como este, que sempre luta para achar expressão material, procura reprimi-lo, geralmente, e a criança do **Ano do Dragão** amiúde vem a sofrer vivamente, no corpo e na alma, a opressão de um ambiente hostil com o qual não se harmoniza, bem como do controle dogmático da parte daqueles que se qualificam como seus responsáveis imediatos.

Vocação

Mulheres

As mulheres nascidas sob esse signo são capazes de instalar-se em posições de autoridade e responsabilidade. Entretanto, por serem irritáveis sob o estorvo das restrições, deve-se lhes explicar claramente o que há para fazer e deixar a seu cargo o método de execução.

Tornam-se peritas nos traçados de modistas e na idealização de modelos para vestidos; em suma, todas as ocupações artísticas parecem favoráveis ao tipo do **Dragão**. Detestam o serviço de detalhes, e quando se vêem na obrigação de cumprir certos deveres de rotina, sempre procuram variá-los o mais que podem.

São bem sucedidas na direção de instituições e na gerência de restaurantes e pensões, mas, devido ao gênio agressivo e arbitrário no trato com os subordinados, têm geralmente muita dificuldade em reter funcionários.

É, por vezes, difícil reconciliar os traços contraditórios do caráter do **Dragão**. Embora irritáveis e impacientes por natureza, ostentam o maior espírito de sacrifício para com aqueles que amam, e com prazer colocam-se na penumbra a fim de valerem aos interesses de um amigo. Estão sempre conscientes das oportunidades perdidas, e se lamentam intimamente da sua má sorte. Mentalmente, as mulheres do **Ano do Dragão** estão continuamente a desejar novos campos de atividade, e são também muito amantes das pesquisas científicas.

O desenvolvimento intelectual é, às vezes, fenomenal, e, em virtude do dom natural de transmitir conhecimentos, fazem-se professoras eminentemente progressistas. Entretanto enquadram-se melhor na direção de departamentos de instrução do que no comando das classes. Apreciam a vida doméstica, porém preferem as ocupações exteriores, que lhes propiciam âmbito de atividades mais vasto. Preferem, ainda, unir o útil ao agradável, e quando são líderes na sociedade, dedicam-se à invenção de novidades de estilo, de divertimentos ou de passatempos. A qualidade jupiteriana da natureza da mulher do **Ano do Dragão** revela-se, muitas vezes, no gosto pelo jogo de xadrez, de cartas, etc., em que sempre se apresenta como oponente formidável e agressivo.

Nas especulações e no emprego de capital são muito ladinas, vêem longe e confiam na própria intuição. Em qualquer ramo de atividades, mesmo nas operações do lar, a mulher do **Ano do Dragão** está sempre cogitando novos planos e processos de simplificação do trabalho. Infelizmente, porém, não raro se esquecem dos deveres do momento, na ânsia de cuidar dos mais remotos.

Homens

Os natos do **Ano do Dragão** encontram maior êxito no comércio quando colocados à testa de alguma empresa. Sua natureza é demasiadamente empreendedora para sujeitarem-se à agricultura, aos trabalhos mecânicos, ou ocuparem, satisfatoriamente, cargos em que se tenham que se submeter à orientação de outros. São muito ambiciosos, e quando desempenham funções menos importantes, logo evidenciam suas qualificações para trabalhos mais elevados, encontrando, portanto, promoção rápida.

Como empregados, são ativos e espertos, insinuantes no falar e bons vendedores. São, de fato, tão persistentes que raramente soltam o cliente antes de ter feito uma compra. Em qualquer linha de ação a que se dediquem, mostram-se decididos a vencer. No serviço de guerra, militar ou naval, são líderes naturais, e nunca se recusam a um combate; são agressivos, indo, às vezes, até ao exagero, mas entram numa luta para triunfarem, pois são destemidos e indiferentes ao perigo.

Numa posição executiva ou então como diretores, sabem governar, usando de muita determinação, e dominam todas as oposições. Como banqueiros e corretores, nas especulações de dinheiro são bem-sucedidos graças à superioridade das suas previsões, sendo garantido o êxito das sugestões que fazem a tal respeito.

Quando se acham interessados em reformas, portam-se de maneira agressiva e mordaz para com os seus adversários, e perseguem sem trégua os ofensores ou os sistemas, até o momento de terem conseguido os resultados desejados. Têm o pensamento ativamente voltado para o bem público, e se adaptam com especialidade à construção de novos sistemas educacionais, à exploração de novos campos de ação, de novas teorias, e à libertação intelectual das pessoas que se contentam com "deixar correr a vida" e em cuja mente se entrelaçam as teias dos preconceitos antigos.

Os homens do **Ano do Dragão** tornam-se bons magistrados, o sentimento de eqüidade e justiça que lhes orna o caráter isentando-os das convenções pessoais. Como presidentes, oradores ou catedráticos, o seu governo, embora arbitrário, é sempre oportuno e sensato. As suas obras se caracterizam por grande originalidade de feitio pela clareza e força de expressão. Como estadistas, são sempre os líderes empreendedores, que abrem luta cerrada em prol dos partidos ou dos princípios.

No mundo comercial, possuem muita energia e impulsividade. Têm o olhar sempre fixado à frente. São ambiciosos, aventureiros e devem associar-se àqueles que, além de apreciarem essas qualidades; os impeçam de ceder à tendência do **Dragão,** pulando sem medir a distância. Tal união de força seria encontrada na sociedade entre **Dragão** e **Serpente**. A missão do **Dragão** seria procurar as oportunidades; a da **Serpente,** agarrá-las. A precipitação e impetuosidade do **Dragão** seriam mantidas em cheque pela morosidade e segurança da **Serpente**, cuja intuição sobre os métodos práticos do comércio seria de inestimável valor para a promoção das invenções, da direção das finanças e da execução dos detalhes relativos aos interesses conjugados.

Coelho, com a determinação paciente e a insistência em vencer os obstáculos, seria bom sócio para a realização dos planos ambiciosos do **Dragão**. Na hipótese de que **Dragão** entrasse numa sociedade com **Javali** ou **Boi**, seria obstruído a cada passo. Por isso que a tendência do **Javali** em superintender o serviço dos outros e mantê-los estritamente nos limites do dever iria lançá-lo na maior confusão, anulando todos os seus atos. A habilidade do **Boi** tanto em planejar como em executar, exigindo que, no trabalho, fosse observado certo método, iria impor-lhe uma idéia impossível de tolerar. Com efeito, todos os indivíduos do **Ano do Dragão** só são bem-sucedidos quando encontram, em qualquer trabalho que seja, a liberdade de seguir o seu próprio sistema de ação.

Atividades e Profissões do Nativo do Ano do Dragão

Atividades físicas: soldador, operário, mecânico, curtidor de peles, esportista, militar, automobilista, pastor, tosador de carneiros, jardineiro, camponês, metalúrgico.

Atividades comerciais e sociais: cirurgião, dentista, oculista, peleteiro, vendedor de lã, criador de animais, açougueiro, fazendeiro.

Atividades intelectuais e artísticas: pianista, violonista, trompetista, escultor, diretor de cinema ou televisão, ator, repórter, publicitário.

Influência Astral

Júpiter dá à natureza do **Dragão** um espírito impulsivo, arrojado, rápido na ação, expedito nas decisões, e cheio de energia e coragem, que se manifesta principalmente na originalidade dos pensamentos, e no desejo de ser o pioneiro em toda sorte de empreendimentos. As pessoas que se acham fortemente influenciadas pelos fluidos de Júpiter são despóticas e procuram impor sua vontade aos outros, reservando-se, porém, o direito de pensar e agir independentemente das opiniões alheias.

Marte no **Ano do Dragão** modifica a influência de Júpiter, e imprime à natureza agressiva o desejo de empregar essa força e energia na correção dos males sociais e políticos, e induz o elemento bélico a buscar suas conquistas no mundo comercial. Marte sempre dá à natureza do **Dragão** um poderoso impulso na aquisição da fama e da distinção numa carreira nacional ou política.

Como as pessoas do **Ano do Dragão** são o cérebro da humanidade, quase todos os males de que são acometidos lhes atacam particularmente a cabeça. São sujeitas a dores de cabeça, distúrbios mentais, febres, tonturas, incômodos gástricos e digestivos. Devem resguardar-se contra as excitações e o uso de estimulantes, procurar repouso, forçar a calma, e adotar horas certas para comer e dormir.

Celebridades do Ano do Dragão

Maurício Mattar, ator e cantor; George Bernard Shaw, escritor, dramaturgo e crítico irlandês; Vera Fischer, atriz; Sigmund Freud, psiquiatra austríaco, criador da psicanálise; Padre Cícero, místico brasileiro considerado santo no nordeste; Edson Arantes do Nascimento (Pelé), maior jogador de futebol do mundo, político; Salvador Dali, pintor surrealista espanhol; Josip Broz Tito, militar e político iugoslavo; Bruce Lee, ator e criador do jet kune do; Christopher Reeve, ator americano; Ringo Star, um dos Beatles; Gregory Peck, ator americano.

Samurais, Fundadores de Religiões e Outras Celebridades do Ano do Dragão no Japão

Ki no Tsurayuki (Madeira), Konishi Yukunaga (Fogo), Tokugawa Iemitsu (Madeira), Akutagawa Ryunosuke (Água), Sugiyama Hajime (Metal), Hokusai (Metal), Uehara Yusaku (Fogo), Kitamura Tokoku (Terra), Daisaku Ikeda (Terra), Shishino Nakaba (Madeira), Ryu Chishu (Madeira), Atsumi Kiyoshi (Terra).

Presságios Para o Ano do Dragão

Rato

O ano do **Dragão** é muito favorável para o **Rato**. As realizações serão muitas e todas válidas. A mente estará lúcida para tomar as melhores decisões. O espírito, receptivo para todas as manifestações exteriores e interiores. O seu lado mais ardente e apaixonado estará iluminado e exaltado para viver os momentos mais deliciosos ao lado do ser amado. O nativo que ainda não definiu o rumo do seu coração vai encontrar a inspiração certa, no tempo certo e no lugar certo. Quem se encontra só vai cruzar com a pessoa especial depois de abril, assim pressagia o oráculo astral japonês.

O seu trabalho fluirá harmoniosamente. Oportunidades inéditas na sua carreira. Criatividade e capacidade de liderança no ápice. Muito destaque nos trabalhos que exijam objetividade e critério. Os *Sete Deuses da Fortuna e Felicidade,* navegando no *Takarafune* (nau do tesouro), propiciam mil venturas nos negócios. Ótimo ano para o nativo que trabalha com vendas. As vibrações positivas de Marte trarão muita energia e vitalidade para que supere os obstáculos. O ano também será muito bom para os religiosos e aos que vivem de ensinar aos que não sabem.

A mulher do signo do **Ano do Rato**, que costuma entregar-se inteiramente ao amor, no ano do **Dragão** viverá bons tempos, pois o seu romantismo natural estará no mais alto ponto. No entanto, como estará muito vulnerável às flechas do Cupido, é bom que tome cuidado para não se entregar à pessoa errada.

Boi

O nativo do **Ano do Boi** terá no ano do **Dragão**, um ano astral reservado à sua exaltação. Portanto, ele estará caminhando para realizações marcantes, ganhando importância na comunidade, sendo muito objetivo nos projetos e colhendo bons lucros nos negócios. Como é um batalhador incansável, viverá o tempo todo voltado para aquilo que vinha acalentando no interior havia muito tempo.

Época de euforia para vendedores autônomos. O fluxo de dinheiro melhora sensivelmente e as vendas sobem. O **Boi** que está sem emprego é porque quer. É só sair com o jornal de classificados na mão e ele encontrará uma colocação adequada.

Agosto é o mês ideal para concretizar aquela conquista difícil, aquele ser dos seus sonhos e fantasias, das noites mal dormidas e de coração despedaçado. As configurações astrais realçam o seu charme e poder de sedução e o objeto do desejo não terá a mínima chance de resistência. Use e abuse dos seus dons naturais.

O ano do **Dragão** é decisivo para o **Boi**. Excelente para concretizar uma resolução, como parar de fumar, por exemplo. O nativo sabe que o fumo é prejudicial e que ele se satisfaz mais com desafios constantes. A criatividade e o senso artístico encontram-se estimulados e merecem ser incentivados. Ótimo ano para contato com pessoas novas e interessantes.

Tigre

O nativo do **Ano do Tigre**, que é um eterno perseguidor do sucesso, entrará no ano do **Dragão** bafejado pelos bons fados. Esse lhe será o ano da vocação. E isso se entende por boas relações no meio social, esperanças de melhoria na vida e desejo de crescer sempre. Como **Tigre** tem muito a ver com tudo que exige comando, por certo que o nato desse signo que estiver na vida militar ou em ascensão nas lides políticas viverá um tempo de ótimas realizações no ano do **Dragão**.

Nas reuniões sociais que tenham a finalidade de planejar ou levar avante a melhoria da comunidade, o **Tigre** será muito enaltecido, e suas idéias, seguidas com inteira confiança.

Nada poderá deter o seu charme e simpatia diante do sexo oposto. O **Tigre** estará incrivelmente irresistível durante o ano todo. Até aquela pessoa difícil estará amistosa e aguardando um aceno seu.

Como seu humor anda evidente, algumas pessoas tentarão aproveitar deste seu estado de graça para fazerem pedidos além da conta. Saiba dizer não com tato e diplomacia.

Ótimo tempo para quem lida com papéis. As transações do ano se mostrarão bastante rentáveis. O nativo também poderá conseguir aquela promoção tão desejada, se trabalha como assalariado. O astral recomenda não negligenciar exercícios físicos e alimentar-se bem e moderadamente.

Coelho

A felicidade gosta de entrar numa casa onde reina bom-humor — assim diz um velho adágio japonês. O ano do **Dragão** não é favorável para o **Coelho**, que precisará de todas as forças e de bom humor para superar as adversidades do ano. Como todo mundo paga seus impostos nesta sociedade, é o tempo para o nativo saldar a sua dívida astral, atendendo aos apelos do carma.

Por que você caminha perto de um precipício quando tem um amplo espaço à sua frente? O ano não é para riscos. Não se apresse em ficar rico de uma vez. Os negócios e empreendimentos duvidosos nunca deram camisa para ninguém. Há muito olho gordo a sua volta. Fuja das pessoas negativistas e invejosas, estando sempre ao lado dos vitoriosos e sorridentes. Mais do que nunca, você vai precisar da natureza *Buda* (com pensamentos otimistas e sempre com um sorriso nos lábios) para ultrapassar os obstáculos.

A pessoa amada poderá mostrar-se susceptível ao extremo durante o ano.

Fique com a sua cautela natural para transitar neste mar de sensibilidade delicada. Muito carinho e compreensão serão necessários, com grande dose de abnegação de sua parte. E novas conquistas deverão surgir no *front* amoroso para os **Coelhos** que ainda permanecem solitários. Para relações sexuais, recomenda-se o uso das camisinhas. Seja bastante cuidadoso ao praticar esportes que impliquem contato físico (artes marciais) ou ao dirigir veículos.

Dragão

O nativo do **Ano do Dragão** entrará em seu próprio ano com muito boa forma física e espiritual. Sua aparência pessoal dará bem uma idéia disso, pois haverá como que uma aura de luz em torno do nativo. Será um tempo de realizações muito válidas nascidas do espírito crescente, as quais impulsionarão o **Dragão** rumo às metas almejadas. No trabalho, a combatividade será o ponto forte, quando nem mesmo as forças negativas conseguirão impedir que o sucesso seja alcançado. Como **Dragão** tem muito a ver com as artes, principalmente as que se relacionem com as letras, como escritores e jornalistas, os nativos deste signo que atuarem na área colherão ótimos frutos. Porém, os que estiverem ligados às profissões liberais serão os mais beneficiados pela boa fase astral.

Encontros casuais podem ser bastante proveitosos e deliciosos, possibilitando-lhe a descoberta de traços insuspeitos na personalidade de pessoas que você conhece há bastante tempo. Não deixe escapar as oportunidades de se divertir, e aceite sem pestanejar os convites para festas ou outras atividades sociais. Vida amorosa a mil por hora.

Não desperdice as chances de ampliar seus horizontes pessoais. O excesso de trabalho, todavia, poderá ser prejudicial à saúde. Portanto, reserve momentos de pausa para o lazer e descontração. Alimente-se bem com as calorias realmente necessárias.

Serpente

Eis que chega o ano astral do **Dragão**, em que a **Serpente** estará com a cabeça ainda mais erguida. Todo o simbolismo do signo estará aflorando a todo o momento e claro para todos. Os *Três Gênios Chineses da Prosperidade* (Poder, Riqueza e Longevidade) abrem o Portal da Morada da Fortuna para o nativo do **Ano da Serpente**. Por isso, bens materiais poderão ser conseguidos, o trabalho será mais gratificante, e a vida, mais gostosa de ser vivida.

É provável que durante o transcorrer do ano a **Serpente** reencontre uma pessoa querida, com quem tinha perdido contato havia muitos anos. Seus reais sentimentos devem ser revelados. Receptividade carnal desejada. Portanto, se os apelos da carne forem fortes, faça sexo. Diz a tradição Zen: se tem fome, coma; se tem sono, durma. Todavia, Zen não diz para nos empanturrarmos de comida ou passar a vida inteira dormindo. Tudo que é feito com exagero faz mal.

Suas idéias serão bem aceitas na empresa. Procure expressar-se com a fluência de quem quer chegar ao topo. Seus associados ou colaboradores não o decepcionarão. Com a sua simpatia e carinho, a **Serpente** será capaz de conquistar todas as pessoas que lhe têm feito oposição no seu ambiente de trabalho. Idéias originais e criativas aflorando. Pratique exercícios regulares sob orientação médica.

Cavalo

O nativo do **Ano do Cavalo** entrará no ano do **Dragão** em ótima forma, com o físico e o espírito tomados por vibrações muito positivas. Esse lhe será um ano especial para a amizade. Tanto que, no trabalho, os amigos sempre estarão prontos a ajudar nos momentos de indecisão ou entraves. No entanto, é preciso que o **Cavalo** modere sua natural compulsão de viver julgando as falhas alheias. Afinal, o nativo desse signo sempre foi considerado a espada do mundo. E isso não lhe é favorável no ano do **Dragão**. É preciso que ele perceba que nunca se está totalmente sozinho e que nem todos são perfeitos. Como também deve ser entendido que, na amizade, os amigos também têm seus defeitos. E é só compreendendo os outros e perdoando suas falhas que somos respeitados e temos nossas falhas perdoadas. No que se relacione com a família, o ano do **Dragão** só trará coisas boas para o nativo do **Ano do Cavalo**.

Ano recomendado para os jogos excitantes do amor. Muita sorte com o sexo oposto. Nada poderá deter o seu charme e poder de sedução. Sexualidade a ponto de bala. O ano astral é propício para um novo romance ou até para a reconciliação caso o **Cavalo** tenha rompido um relacionamento.

Sua imaginação estará bastante fértil para trabalhos originais e criativos. Porém, o período não é ideal para empreendimentos arriscados e ilegais. Surpresas agradáveis lhe aguardam depois do carnaval.

Carneiro

O grande destaque para a **Carneiro** durante o ano do **Dragão** é a unidade familiar presente em todas as ocasiões, boas ou más. O ano astral é bom para o **Carneiro**, sem muitas ondulações. Seu *feng-shui* não oscilará muito, com muito equilíbrio para as coisas felizes.

A pessoa amada se mostrará satisfeita com o seu desempenho carinhoso e amável. Seu charme e magnetismo serão contagiantes. Portanto, exteriorize as suas emoções ao máximo. Bote para fora toda a sua inibição e mostre o seu lado mais ardente e apaixonado. Ano ótimo para constituir uma família.

Favorável também para incrementar novos projetos. O **Carneiro** obterá o apoio de pessoas influentes para concretizar seus empreendimentos. Seu espírito estará iluminado, e terá muita autoconfiança. Tudo faz crer que esse ano será propício para assuntos de reconhecimento público. Esteja sempre com esse otimismo.

Procure passar as noites ao lado de pessoas informais e divertidas. Sorte espetacular nos jogos com números. O ano do **Dragão** pressagia encontros agradáveis com parentes distantes. Um desejo que o **Carneiro** vinha mantendo em segredo já havia algum tempo poderá tornar-se realidade com o apoio familiar. Uma dieta alimentar que inclua frutas e verduras frescas lhe fará muito bem. Experimente praticar *jogging* sob orientação médica.

Macaco

Um dos signos mais beneficiados no ano astral do **Dragão** é o **Macaco**, pois esse será o seu tempo de felicidade. Assim, todas as forças positivas estarão agindo em seu favor. No que possa se referir ao amor, seja na família ou fora dela, tudo andará correndo às mil maravilhas. Nos empreendimentos profissionais, também as forças positivas do astral estarão levando o **Macaco** para o lugar que merece.

Sua vida afetiva e sentimental correrá maravilhosamente bem e melhor se o **Macaco** parar de pular de galho em galho e definir-se por alguém. *Benten* lhe abre o Portal da Morada dos Amores. Os momentos a dois serão uma sucessão de delírios carnais deliciosos.

Algumas de suas idéias serão muito úteis à sua vida profissional, permitindo-lhe transformar seu trabalho de maneira mais eficiente e altamente produtiva.

Quem emana amor é envolvido por energias que as influências maléficas não podem penetrar. Siga a lei do yin-yang: organize a sua vida em ciclos, modere o comer e o beber e cuide-se para não trabalhar em excesso. Essa é a maneira de manter a harmonia do corpo e da mente.

Aja com moderação no trabalho. Não force nenhum negócio. Num vendaval, o forte carvalho oferece resistência ao vento e acaba sendo derrubado por ele.

Galo

O ano do **Dragão** reserva muitas surpresas para o **Galo**, quase todas agradáveis. O nativo estará com a proteção extra dos deuses *Hotei* e *Jurojin*. O destaque do ano será a sua grande vitalidade. Seu trabalho deslanchará bem. Conte com entrada de dinheiro inesperado. O astral recomenda montar uma atividade paralela para lhe ajudar no orçamento doméstico.

O seu *ki* (energia vital) estará reforçado durante o ano todo.Todavia, toda vez que sentir algum sintoma de cansaço, procure relaxar e manter contato com a natureza, principalmente com as árvores. Nestes momentos busque o estado de satisfação. É aquele em que todas as necessidades são preenchidas e as pessoas estão livres para relaxar e se divertir. E esteja sempre com natureza Buda, que significa ser livre e sem ligações, não ter quaisquer preocupações e ter sempre um sorriso no rosto. Evite os excessos em tudo.

A atenção da pessoa amada não se compra com presentes, mas sim com carinho e palavras doces. O seu relacionamento deve ser de franqueza e confiança mútua. Demonstre seus sentimentos, exponha seus planos para o futuro e esclareça as pequenas diferenças que existem entre você e o ser amado. Vai ser ótimo para ambos. O ano astral beneficia compra e venda de imóvel ou mudança de residência. Apoio e compreensão dos familiares.

Cachorro

Evidentemente não é um ano propício para o nativo do **Ano do Cachorro**. No entanto, todos os envolvimentos amorosos tendem a triunfar. Início de namoro, noivado ou casamento, de papel passado ou não, favorecidos. E é bom manter o equilíbrio amoroso para que os outros caminhos sejam abertos. Estar de bem com a pessoa amada e satisfeito sexualmente é meio caminho andado para o sucesso.

Não ligue para a intriga da oposição e trabalhe duro e constante, que alguém puxará o tapete dos invejosos. Controle melhor os seus gastos com anotações, pois muitas vezes você fica pensando em que gastou o seu dinheiro. O ano do **Dragão** não perdoa gastos supérfluos.

Procure ser mais organizado com as suas coisas, colocando tudo nos seus devidos lugares. E cultive a natureza *Buda*, que é estar de bem consigo mesmo e sempre com um sorriso nos lábios. Sempre que puder, eleve seus pensamentos para seu Deus e peça a sua proteção em todas as áreas de sua vida. Dedique mais tempo para os seus. Jogue conversa fora e alegre-se com o ócio e com a beleza da natureza. Com a mente arejada, você estará mais preparado para a vida.

Experimente uma comida mais saudável à base de produtos naturais e deixe de lado a carne gorda e os enlatados. Utilize lecitina de soja como suplemento alimentar. Evite pessoas negativistas e invejosas.

JAVALI

O silêncio é um amigo que nunca trai — terminou Confúcio a sua prosa com os seus discípulos. Ele quis dizer que em boca fechada não entra mosquito, e que, muitas vezes, é preferível não despertar a cobiça dos invejosos para si. Assim está o ano do **Dragão** para o **Javali**. Um ano desfavorável. Todavia, o nativo poderá tirar muito proveito das provações como experiências. Por certo, ao findar o ano, o caráter do **Javali** estará mais lapidado e brilhante.

Se o seu romance está com rachaduras, o seu relacionamento vai desmoronar durante o ano do **Dragão**. Cuidado para não sair muito machucado. Porém, o tempo dirá que esta ruptura foi melhor para ambos. O **Javali** vai encontrar na última lunação do ano do **Dragão**, uma pessoa especial.

A ação dos opositores vai dificultar a sua marcha para progresso profissional. Tenha a mente firme e o espírito defensivo para estes maus fluidos. Não esqueça de orar antes de deitar e ao despertar. Assim você estará em sintonia com o seu Deus e Ele lhe estenderá a sua proteção. Esteja sempre com a natureza *Buda*, que é estar em harmonia consigo mesmo e com um sorriso no rosto sempre.

Pelo menos uma vez por semana, procure respirar o ar puro da natureza, ao lado de árvores e um pequeno rio. A natureza lhe restaurará o seu *ki* (energia vital), eliminando o lixo astral.

O Signo do Ano da Serpente (Minodoshi)

Conhecer o tempo significa compreender o passado e o presente.
(Dazai Shundai – 1680/1747)

Serpente de Terra	(-)	1929
Serpente de Metal	(-)	1941
Serpente de Água	(-)	1953
Serpente de Madeira	(-)	1965
Serpente de Fogo	(-)	1977
Serpente de Terra	(-)	1989
Serpente de Metal	(-)	2001

Magias Naturais

Astro regente: Júpiter.
Serpente em japonês: Mi (Hebi).
Ordem de colocação: sexto.
Posição: sul-sudeste.
Estação: primavera.
Horas: 9:01 às 11:00.
Cor: azul-esverdeado.
Pedra: água-marinha.
Perfume: âmbar.
Flor: papoula.
Número de sorte: 6.
Dia propício da semana: sexta-feira.
Parte mais sensível do corpo: ventre.
Tipo de animal: com escamas.
Direção: leste.
Proteção espiritual: Kami Mussubi no Kami (Deus dos Nascimentos Divinos).
Domicílio Astral: Seiryu (Dragão Verde).
Polaridade: Yin.
Elemento Fixo: Ki (Madeira).
Pensamento: Chiri mo tsumoreba yama to naru — De centavo em centavo se alcança um milhão — uma lição para as pessoas que desprezam algo de pouco valor.

Características Principais

As pessoas nascidas sob o **Ano da Serpente** são naturais dominadoras, fortes, capazes, intransigentes e realizadoras. Possuem esplendida memória, e quando se inclinam ao estudo, fazem-se notar pela exatidão e persistência do seu esforço mental.

Quando não se acham sob nenhuma irritação, mostram-se afáveis e tolerantes; entretanto, preferem dar dinheiro a sacrificar seu conforto pessoal.

São controladas pelas emoções, influenciadas pelos apetites e paixões, e passíveis de intemperança tanto no comer como no beber.

Quando se deixam dominar pela natureza animal, que é, nelas, assaz poderosa, ressentem-se da falta de firmeza e autocontrole; custam a zangar-se, mas, quando se inflamam, tornam-se, como o símbolo do seu signo, violentas e furiosas. Sempre que vivem num plano mais intelectualizado, os natos do **Ano da Serpente** revelam grande habilidade em transmitir ordens, e enfrentam, sem trepidar, mil dificuldades e perigos.

Geralmente são considerados como pessoas inconstantes, com as quais ninguém pode contar, visto que no trato com os amigos o modo de proceder depende mais do impulso do momento do que dos verdadeiros sentimentos. Quando se exasperam ou impacientam, dizem a primeira coisa que lhes chega aos lábios, sem dar a menor importância para as conseqüências que possam daí advir, ou para as afirmações anteriormente feitas; todavia, sempre que a sua amizade é posta à prova, e uma verdadeira necessidade se apresenta, apresentam-se firmes, leais, magnânimas e tão cheias de saúde e vigor que são capazes de prestar auxílio prático sem enfraquecer-se.

São ardentes em todas as causas que abraçam. Entretanto, por serem eminentemente práticas, pesam cuidadosamente os "meios e processos" que usam. Traduzem em prática as teorias, e, uma vez resolvido o plano de ação, pode-se ter a certeza de que saberão levar o empreendimento ao mais completo êxito.

Os indivíduos do **Ano da Serpente** possuem uma personalidade genial; são brilhantes e espirituosos, amam a música, a dança, a poesia, as artes, os desportos ao ar livre, e todas as espécies de jogos. Dotados de maneiras simpáticas, adaptam-se prontamente a qualquer circunstância ou sociedade, o que lhes vale muita popularidade na vida pública ou social. Embora necessitem de auxílio das pessoas mais ousadas e prefiram realizar a pensar, nada há de servil na sua natureza, e nunca toleram que os amesquinhem os que se acham no poder.

Deficiências

A natureza desse signo, franca e amável, ao invés de impor-se à vitória pela obstinação, que caracteriza o tipo da **Serpente**, prevalece-se da astúcia, no intuito de evitar qualquer derrota. Quando acusada dessa fraqueza, torna-se tão pesarosa e contrita que facilmente consegue perdão pela falta, e se vê restituída às boas graças.

As pessoas do **Ano da Serpente** são apaixonadas e facilmente desencaminhadas pela simpatia ou lisonja. Ordinariamente são bondosas, complacentes e possuidoras de maneiras sedutoras; quando, porém, sucumbem ao império da ira, perdem todo o controle de si mesmas e tornam-se violentas nas explosões do gênio.

São extremamente voluntariosas, ciumentas, exigentes e amantes da comodidade e do conforto.

Sugestões

A influência de Júpiter neste signo deve ser vencida, cultivando-se faculdades do raciocínio e reprimindo-se a tendência de obedecer aos impulsos, às paixões e aos desejos. Os excessos de comida e bebida devem ser escrupulosamente evitados, e todos os esforços, aplicados no sentido de conseguirem-se a paciência e o autodomínio.

Os pensadores da humanidade pouco poderiam realizar sem o auxílio da **Serpente**, prático e empreendedor. É ele quem lhes dá forma concreta ás belas teorias; quem nunca se satisfaria em ouvir simplesmente se dizer que isto ou aquilo poderia ser feito, mas insiste em que seja levado a termo a fim de provar o seu valor; quem, enfim, trava e vence todas as batalhas, exceto aquelas que dizem respeito a si mesmo. Se ele, por conseguinte, se esforçasse por arrancar as raízes daninhas dos desejos e impulsos que inibem o crescimento da razão, expandir-se o pensamento além dos limites da gratificação pessoal, franqueando um campo mais elevado e melhor, e se convertesse num verdadeiro vencedor do seu próprio destino, não lhe seria mais interessante e mais desejável?

Afinidades e Casamento

Os natos do **Ano da Serpente** encontrarão no signo do **Ano do Galo** a natureza que mais lhes convém para companhia. **Galo** aprecia a lisonja, e os indivíduos de **Serpente** muito lucrariam na sua popularidade pelo modo simples e sem afetação com o qual fazem os seus discursos nos círculos das amizades. **Javali** satisfaria todos os requisitos da natureza opiniática e apaixonada da **Serpente**, fortalecendo-os ao mesmo tempo. **Serpente** harmoniza-se bem com **Galo**, **Boi**, **Carneiro** e **Cachorro**.

Dragão e **Serpente** possivelmente não levariam vida muito plácida, monótona, em virtude do gênio inflamável de um e da obstinação do outro; entretanto, se ambos aprendessem a lição do autocontrole e concordassem em "divergir, mas nunca discordar", a sua união, por certo, desenvolveria as mais altas possibilidades das duas naturezas. **Serpente** e **Cavalo** viveriam muito bem, se **Cavalo** não tivesse sempre um sentimento de superioridade intelectual, que poderia ser irritante a **Serpente** e engendrar a discórdia. Os homens e as mulheres do **Ano da Serpente** raramente se satisfazem com as relações domésticas antes de terem aprendido o autodomínio.

HOMEM DO ANO DA SERPENTE COM MULHER DO ANO DO:

- **Rato**: Desfavorável. Acontecimentos estranhos perturbarão a vida do casal, proporcionando situações adversas.
- **Boi**: Amor cheio de novas emoções. Exteriorização dos desejos e fantasias. Sexualidade excelente.
- **Tigre:** Os dois viverão um tempo de relações proveitosas e muitos momentos de amor ardente e apaixonado.
- **Coelho:** Receptividade amorosa mútua acima dos limites. Muito carinho e compreensão. Sexualidade excelente.
- **Dragão:** Entre tapas e beijos eles vão levando a vida. Um acaba anulando o outro. Desfavorável.
- **Serpente:** Benéfico. O relacionamento dará certo se cada um compensar a fraqueza do outro. Sexualidade parecida.
- **Cavalo:** É uma união de interesses, visando bens materiais. A sexualidade pode ser muito boa.
- **Carneiro:** Com o tempo, o amor se transforma numa sólida amizade. Companheirismo em todas as ocasiões.
- **Macaco:** A convivência familiar é ótima. Ambos estarão abertos para a entrada dos interesses mais puros e nobres.
- **Galo:** Espíritos efervescentes solicitando emoções mil. Amor sincero, ardente e apaixonado.

- **Cachorro:** Proporciona-lhe um trabalho útil e ajuda-o a progredir. Vitalidade e sexualidade intensas.
- **Javali:** O antagonismo estará presente, mas o casal resistirá firme entre tapas e beijos, com final na cama.

As Crianças do Ano da Serpente

Uma vez que as pessoas do **Ano da Serpente** se prestam naturalmente a servir os outros, a posição que ocuparão na vida dependerá principalmente da educação que receberem. Dotadas de poderosa memória, cumpre exercer-se o máximo cuidado em cultivar as faculdades da reflexão, a fim de evitar-se que a mente se transforme em simples encadeamento de recordações.

As crianças desse signo são geralmente amáveis e bondosas, mas o gênio é muito violento, e, quando se exasperam contra alguma oposição, elas se tornam sumamente intratáveis. Pelo fato de serem demasiado imitativas, muito conviria resguardá-las das más companhias, e restringi-las à esfera dos seus próprios gostos e desejos.

São muito teimosas e cheias de vontades, nunca devendo, por isso, ser repreendidas quando se achem sob o calor do gênio, pois, faltando-lhes a coragem moral, se fizer pressão sobre elas, buscarão na mentira um refúgio à penalidade merecida. A mãe ou professora sábia evitará, sempre, ser o veículo da sobreposição de mais este pecado à falta já cometida.

O principal objetivo daqueles sob cuja guarda se acham as crianças do **Ano da Serpente** deveria ser ensinar-lhes o autodomínio, ao invés de insistir com severidade sobre uma obediência calada, pois, se a lição do comedimento não for aprendida e posta em prática no lar, elas, ao chegarem à idade madura, quando já se acharem fora do controle paterno, irão se tornar expostas à contaminação da vida de transigência pessoal, que as poderia conduzir à ruína e à infelicidade. Isto é igualmente verdade no que concerne às crianças de outros signos, que se criam sob um sistema de governo que não ensina nem coloca acima de tudo a necessidade de aprender e praticar o autocontrole.

Vocação

Mulheres

As mulheres nascidas sob esse signo possuem coração generoso que se apega aos afetos. Estão sempre prontas a carregar a cruz daqueles que amam e a sofrer com eles. Pródigas no carinho, sentem-se inditosas quando não podem prestar auxílio substancioso àqueles que as visitam em busca de assistência e conforto.

São excelentes donas de casa, e não desgostam do trabalho manual, se bem que prefiram uma vida de prazeres e despreocupada a outra que exija grande atividade.

Na qualidade de mães ou educadoras, exercem a autoridade de modo extravagante, ora usando de severidade e rigidez para com os pequeninos delinqüentes, ora seduzindo-os pela carícia a fazerem o que lhes compete. Podem facilmente conquistar a amizade das crianças, mas o respeito raramente consegue garantir. Não obstante, por defeituoso que seja o seu processo de governar, parece ser tanto desejável quanto o sistema de governar despoticamente, controlando todos os detalhes da vida da criança, e que leva a natureza plástica à servilidade e ao embotamento, antagonizando-lhe ao mesmo tempo o espírito da independência.

As mulheres do **Ano da Serpente** encontram êxito nos ramos de comércio que se relacionam com os afazeres femininos, como modistas, estilistas e costureiras, por exemplo. São eficientes funcionárias comerciais, caixas e contadoras, e prestam-se satisfatoriamente a desempenhar os cargos de confiança, que exigem grande continuidade de esforço e habilidade executiva. Muitas escritoras, poetisas e atrizes pertencem a este signo. Firmadas nos seus pontos de vista ortodoxos, raramente se distanciam dos caminhos batidos.

Homens

Na escolha do trabalho para a vida, os natos do **Ano da Serpente** deveriam procurar ocupações em que a principal necessidade fosse a habilidade de execução, e não a originalidade de pensamento ou ação.

Sua intuição é muito poderosa em tudo que pertence ao comércio prático da vida.

Embora incapazes, por si mesmos, de criar projetos arrojados, são pacientes, laboriosos, e sabem dirigir os planos financeiros de grandes corporações e incentivar com grande persistência e perícia as idéias e invenções dos outros.

São naturalmente estudiosos e adaptam-se particularmente às profissões que exigem muita capacidade de memória, como a química, a botânica, etc. Amam a literatura e a matemática. No cargo de professores, transmitem com rara felicidade os conhecimentos referentes à cadeira que ocupam. Dotados de grande resistência física e força fora do comum, podem entregar-se, tenazmente ao trabalho que tiverem em mãos. Para o seu caso, parece maravilhosamente prescrita a máxima: "Gênio é a inesgotável capacidade de trabalho".

Nos postos de responsabilidade, os indivíduos do **Ano da Serpente** são morosos, porém seguros nos seus métodos de ação; esperam pacientemente e com aparente indiferença as oportunidades favoráveis. Em compensação, quando estas se apresentam, raramente as deixam fugirem, segurando-as no momento preciso.

Exigem peremptoriamente que sejam respeitados todos os seus direitos pessoais, e esta característica combinada com o poder de comandar os outros muitas vezes os impelem à carreira militar. Quando se acham no comando de forças, e de posse de um plano de ação decidido, muito raramente se amedrontam à frente dos obstáculos: prosseguem impavidamente na marcha da vitória, ou da morte. Poucos são os erros que cometem, seus inimigos sendo ganhos pela exatidão de cálculo e pela capacidade de execução. Nas emergências da vida, é a **Serpente** que goza da preciosa e rara felicidade de decidir sobre o passo que mais convém dar-se no momento.

Não procuram freqüentemente posições de confiança pública ou direção de empreendimentos novos. Todavia, quando essas posições lhes são oferecidas ou impostas, dão-lhes cabal desempenho, apoiados na sua dignidade e no seu retraimento.

Na profissão liberal, conseguem muito sucesso como agentes de imóveis e patentes ou gerenciamento de casas comerciais. Como advogados criminais, no entanto, não são tão brilhantes, por isso que, baseando-se na intuição que lhes modula a primeira opinião e sabendo que os processos de raciocínio não constituem o seu ponto forte, geralmente se satisfazem mais, e são nisso mais felizes, preferindo investigar qual a lei aplicável ao caso e amoldá-la ao feitio dos fatos a se valer da oratória profissional.

A habilidade de comércio e engenharia de que são possuidores os natos do **Ano da Serpente** muitas vezes os leva a procurarem emprego nos ramos mecânicos e nos diferentes sistemas de transportes. Quando se acham no cumprimento de cargos de execução, sentem-se à vontade, e nunca falham na capacidade de promover os interesses da empresa.

O ajardinamento, a floricultura e grande número de ofícios artísticos constituem ocupações convenientes aos indivíduos do **Ano da Serpente**. Encontram-se alguns músicos sob este signo. Como via de regra, porém, não são compositores, o talento revelando-se mais eficientemente na direção e execução das composições alheias.

Na escolha de sócios, a **Serpente** lucraria em unir a sua força de execução à habilidade inventiva do **Dragão**, ou à versatilidade do **Cavalo**. No unir sua força de execução à habilidade inventiva dos outros, encontraria a **Serpente** possibilidade de conduzir proveitosamente as grandes indústrias cooperativas. A associação com **Coelho** poria em evidência a habilidade prática construtiva da **Serpente**, no ramo da invenção, da mecânica e da engenharia civil.

Atividades e Profissões do Nativo do Ano da Serpente

Atividades físicas: artesão, camponês, automobilista, agricultor.

Atividades comerciais e sociais: barbeiro, cabeleireiro, alfaiate, esteticista, cozinheiro, banqueiro, otorrinolaringologista, cirurgião.

Atividades intelectuais e artísticas: arquiteto, engenheiro, economista, jornalista, pintor, músico, cantor.

Influência Astral

Júpiter, no ano da **Serpente,** dá gostos artísticos, amor pela poesia, pela música e pela arte. Geralmente governa os prazeres da sociedade. As pessoas nascidas debaixo da sua influência amam a vida de alegria e excitação. Nesse signo, o planeta confere habilidade executiva e disposição teimosa e intransigente.

Júpiter dá, também, muito amor ao lar e à família. Não dá, porém, verdadeira força moral àqueles que nascem sob sua influência, expondo-os aos perigos de se transviarem pela lisonja ou pelas tolices sentimentais. Parece não haver nenhuma maldade intencional no caráter dessas pessoas, suas faltas nascendo da poderosa natureza animal que as impele a levar uma vida de gratificação dos sentidos.

Celebridades do Ano da Serpente

Fábio Jr., cantor e ator; Charles Robert Darwin, naturalista inglês, criador da teoria da evolução das espécies; Érico Veríssimo, romancista; Gandhi, líder nacionalista hindu, conseguiu a independência de sua pátria; Jânio da Silva Quadros, político, chegou a ser Presidente da República, mas renunciou; Mao-Tsé-Tung, líder revolucionário comunista chinês, proclamou a República Popular da China; Pablo Picasso, pintor moderno espanhol; Ney Matogrosso, cantor; Robert Mitchum, ator americano.

Samurais, Fundadores de Religiões e Outras Celebridades do Ano da Serpente no Japão

Minamoto no Yoshiie (Metal), Ashikaga Takeuji (Madeira), Hosokawa Yoriyuki (Terra), Asai Nagamasa (Madeira), Takeda Shingen (Metal), Toyotomi Hideyori (Água), Mori Motonari (Fogo), Shimazu Yoshihisa (Água), Kitabatake Chikafusa (Água), Chikamatsu Monzaemon (Água), Ashikaga Takeuji (Madeira), Myoe (Água), Shinran (Água), Yui Shosetsu (Madeira), Hotta Masanobu (Terra), Hiroshigue (Fogo), Kuniyoshi (Fogo), Senge Takatomi (Madeira), Okano Seiken (Metal), Masaharu Taniguchi (Água).

Presságios Para o Ano da Serpente

Rato

Já imaginou se todos os caminhos (*do* em japonês e *tao* em chinês) fossem retos? O que haveria para valorizar? Os momentos alegres são conseqüências dos momentos tristes. Nesse jogo de emoções que vive o ser humano, O ano da **Serpente** não é favorável para o nativo do **Ano do Rato**. Mas as provações servirão para que ele se torne mais forte e mais maduro. As experiências amargas serão válidas como lições da vida.

Quando um relacionamento se torna cansativo e obrigatório, chegou o momento de colocar um fim. A separação, por mais dolorosa que seja, é a melhor solução para ambos. Com os pais ou sem, os filhos crescem — assim diz um ditado japonês. Eles crescem e tomam o seu caminho. Não ficarão na dependência dos pais por muito tempo. E o tempo cura todas as feridas do amor.

Estão tentando puxar o tapete no seu emprego. Esteja de sobreaviso e procure anular esta ação dos seus oponentes na base do olho por olho, dente por dente. Antes eles do que você. Todavia, conserve sempre a natureza *Buda*, livre e harmonioso consigo mesmo e sempre com um sorriso nos lábios.

Passe longe de pessoas pessimistas e negativistas, porque tais pessoas são, geralmente, portadoras da má sorte, já que a carga negativa que carregam é contagiosa. Fugir dos focos de infecção é o primeiro passo de quem quer se curar de todas as enfermidades.

Boi

Os que nasceram sob a influência do signo do **Ano do Boi** entrarão em alto astral no ano da **Serpente**. Esse será o ano da sua dignidade, que é compreendida por atividades religiosas, caritativas, sonhos bons, viagens, elevação social e profissional. Assim, o **Boi** conseguirá satisfações íntimas consideráveis e realizações muito positivas. No trabalho, sua capacidade será enaltecida. Nos negócios, os lucros chegarão em volume bem acima da média. Os nativos desse signo que estejam ligados à medicina ou à engenharia verão seus projetos resultando em satisfações marcantes. Na família, o amor será uma constante, unindo ainda mais a todos. E o ano será muito bom para viagens de férias a lugares ainda não visitados.

Uma sucessão de alegrias amorosas. Coração e corpo em estado de satisfação. Os encontros íntimos serão harmoniosos com os gritos em uníssono. Prazeres carnais intensos. O **Boi** está com muita sorte em relação ao sexo oposto.

Seu trabalho estará em ascensão. Recomenda-se não chamar a atenção dos colegas sobre si, pois pode ser nocivo, pois o retorno será negativo. Ótimo para o nativo que trabalha com imóveis. Os efeitos da inveja são duas vezes nocivos: para quem a sente e para quem é atingido por ela.

Suas atividades físicas não devem ser negligenciadas. Esteja sempre em contato com a natureza nos momentos de folga.

Tigre

O nativo do **Ano do Tigre** terá um ótimo ano astral no ano da **Serpente**, já que esse lhe será o ciclo da exaltação. Portanto, sua pessoa estará em ascensão no círculo social e no campo profissional com realizações positivas. Na família, o nativo terá momentos excepcionais de prazer, em todos os sentidos. Se tiver filhos, notará que estes lhe dedicarão muito mais atenção e que se mostrarão muito mais cautelosos do que comumente. Se o nativo do **Ano do Tigre** for ainda jovem e estiver procurando uma definição quanto ao que quer "ser" na vida, o ano será muito bom para tomar, de uma vez por todas, uma decisão. Como as forças positivas do astral estarão lhe iluminando o espírito, qualquer decisão que tomar será alerta, como o tempo deverá provar. E, aproveitando a ótima fase, o **Tigre** poderá atirar-se a projetos arrojados, com a certeza de sucesso.

O seu coração e o seu corpo estarão receptivos para os prazeres do amor. Seu charme e poder de sedução, estimulados. O seu olhar fulminante não dará a mínima chance de resistência ao sexo oposto. Coloque mais energia e segurança no seu romance, pois poderá viver momentos extremamente excitantes e deliciosos.

Os desafios profissionais aguçarão sua sensibilidade, e sua capacidade de visão será acertada e perfeita. Produtividade e contentamento em perfeita harmonia. Atividades culturais e reuniões sociais lhe proporcionarão momentos felizes. Convívio familiar muito bom. Contenha a tendência à extravagância.

Coelho

O **Coelho** poderá unir o útil ao agradável durante o ano da **Serpente**, que é muito favorável. As configurações astrológicas são propícias durante o ano todo, com algum declínio em maio e setembro. Condições válidas para realizar novas aspirações e desejos. Trabalho honesto é o caminho certo para o sucesso. Em algum momento do ano, a sua capacidade profissional será reconhecida pelos chefes e superiores hierárquicos. O **Coelho** conseguirá soltar a sua criatividade e sua imaginação para realizar seus objetivos.

Nenhum caminho é longo quando se tem um amigo do lado — diz um velho adágio chinês. E, nesse ano astral da **Serpente**, o **Coelho** poderá contar com amizades leais e válidas para qualquer eventualidade.

Procure certificar-se claramente se a aproximação de uma determinada pessoa não é motivada pela sua conta bancária. Envolvimento por interesse nunca deu certo. Procure não fantasiar demais o seu relacionamento para não ter uma decepção mais tarde. Cuide mais da sua aparência física, mudando o seu visual.

Quando um trabalho se mostra estéril, procure uma nova ocupação e um novo alento para a sua vida. Às vezes, bater na mesma tecla é contraproducente.

Alegria de receber um dinheiro que o **Coelho** julgava perdido. Notícias boas vindas de longe. Sorte extremada nos jogos. Compromissos profissionais cumpridos.

Dragão

O homem tem a capacidade de mudar o seu destino; tudo depende da mão que maneja o seu conhecimento — começava assim mais um sermão do monge budista, mestre Zen e médico Minami Yoshio (1876-1957). Minami Roshi complementava que as adversidades servem para moldar o caráter do ser humano, tornando-o cada vez mais forte e purificando-lhe o espírito para a posição mais elevada. Para o **Dragão**, o ano da **Serpente** é uma espécie de inferno astral, onde ele vai pagar a sua dívida astral.

Os namoros iniciados recentemente tendem a perder o encanto, principalmente por causa do excessivo ciúme do **Dragão**. O nativo deve tomar muito cuidado com a impotência gerada pelo estresse. Seja prudente no amor e tome precaução ao transar com pessoas conhecidas recentemente. Pessoa idosa influenciando e atrapalhando o seu romance.

Não permita que estados depressivos o desviem de suas metas. Sua tendência de racionalizar sentimentos estará abalada. Poderá receber, por volta de meados do ano, uma notícia desagradável referente à doença de um amigo chegado ou parente. Evite provocar no próximo sentimentos negativos. Seja discreto.

Procure não se desapontar por causa dos fracassos eventuais e tente outra vez. O fracasso é a chave que abre a porta do sucesso. O desequilíbrio entre o yin-yang provoca distúrbios no trabalho. Não se deve embrulhar fogo com papel.

Serpente

A **Serpente** viverá em seu próprio ano astral um tempo de boas realizações, com *Haruyama no Kasumi no Mikoto* (Príncipe da Névoa da Montanha da Primavera) abrindo-lhe o Portal da Morada da Vida. Todos os assuntos pessoais favorecidos. Os nativos estarão envoltos numa luminosidade espiritual muito boa, além de, na parte exterior, apresentarem como que uma aura de positivismo.

A aparência pessoal terá grande importância, principalmente para os que precisam, por obrigação de trabalho, andar bem vestido. O ano é propício para a **Serpente** realizar os seus mais caros sonhos de amor e até mesmo aquelas fantasias íntimas. Seja extrovertido nas suas emoções. Controle o seu medo de envolver-se intimamente com certa pessoa e usufrua todo o romantismo dos momentos a dois.

Tudo indica que a **Serpente** será muito solicitada em seu ambiente de trabalho para executar tarefas extras. Controle seus impulsos para atividades que envolvam perigo. Seja cuidadoso com tudo que disser às outras pessoas. Fofocas poderão trazer conseqüências desagradáveis.

Um dinheiro muito esperado poderá finalmente chegar, provavelmente no final do ano. Bom para levar adiante os empreendimentos que requeiram energia mental e concentração. Convém tomar algum cuidado com a sua dieta, pois a **Serpente** será tentada a comer certas guloseimas demais. Sua saúde estará tinindo se levar uma vida sem abusos.

Cavalo

O ano da **Serpente** será muito especial para o nativo do signo do **Ano do Cavalo**, porque lhe será o ano astral destinado a sua fortuna. Portanto, tudo que relacionar com bens materiais, sexualidade e potência física e espiritual estará em grau elevado. O ano será ótimo para aquisição de bens imóveis, compra de sítio ou chácara, que sirva mais para o lazer do que para usufruir lucros. Na vida sexual, o **Cavalo** estará em plena forma, ofertando e recebendo prazeres excepcionais. Se o nativo estiver ligado a alguém, seja de forma oficial ou não, poderá gerar uma nova vida, que será o prolongamento de sua existência terrena.

Nos negócios relacionados ao comércio, os lucros serão consideráveis. Para os que estão no comando de projetos arrojados, esse ano astral será favorável em todos os sentidos.

Seu caso de amor poderá conter novos e inesperados lances, mais excitantes do que de costume. Pessoa amada topará tudo que o **Cavalo** quiser fazer. A pessoa amada se mostrará satisfeita com seu desempenho carinhoso e amável. Seu charme e magnetismo serão contagiantes. Exteriorize suas emoções ao máximo.

Indicações excelentes para suas finanças e investimentos. Sua capacidade profissional será reconhecida pelos superiores. Alguma de suas novas idéias poderá dar-lhe um novo impulso e maior rapidez no trabalho. Porém, não se desgaste tanto para não ficar com estresse.

Carneiro

Como o nativo do **Ano do Carneiro** é, por excelência, um ser impulsionado pela determinação, embora carregue consigo um orgulho algo aproximado do pejorativo, é certo que será bastante beneficiado pelas configurações planetárias do ano da **Serpente**. O ano será especial para aquisição de novos amigos, pessoas válidas e limpas de espírito. A vida social do **Carneiro** estará em ascensão. Sua personalidade, tirando-lhe o orgulho, será enaltecida. Suas realizações resultarão proveitosas, em todos os sentidos. E o ano também será de muita união no lar, porque o entendimento será fácil, com a exposição de idéias e maneiras de procedimento muito claras.

O nativo do **Ano do Carneiro** viverá um ano bastante rico afetivamente, dando vazão aos seus desejos e fantasias. A seu favor estará a enorme receptividade por parte do ser amado. O início de namoro ou realização de casamento nesse ano promete muita felicidade duradoura. Um desejo que o **Carneiro** vinha mantendo em segredo já havia algum tempo poderá tornar-se realidade com o apoio da família e, principalmente, de amizades sinceras. Parece que o **Carneiro** vai obter segurança emocional ao lado de alguém de mais idade ou experiência.

O **Carneiro** só deixará de avançar profissionalmente se der ouvidos a pessoas invejosas e pessimistas. Ajuda de vizinhos e amigos para resolver pequenos contratempos.

Macaco

O ano da **Serpente** é favorável para o **Macaco**. A união familiar se fará presente durante o ano todo. As suas realizações serão produtivas em todas as áreas da sua vida. A alegria reinará no lar do **Macaco**, com muita cumplicidade entre os membros da família.

O ano astral também é excelente para o **Macaco** desfazer as dúvidas amorosas, casos mal resolvidos e conversas particulares com a pessoa amada. Os enamorados terão um tempo bastante interessante se puder passar a maior parte do tempo ao lado dos entes amados.

O quadro astral enfatiza vitórias e conquistas profissionais importantes para o futuro. O trabalho será uma fonte de prazer e há possibilidade de promoção ou aumento. Os lucros estarão chegando, mesmo que a jornada não lhe exija muita atividade. São frutos dos contatos anteriores. O **Macaco** obterá dignidade e respeito profissional.

Durante o transcorrer do ano da **Serpente**, não haverá lugar para o *Bimbo Kami* (Deus da Pobreza) no lar do **Macaco**. Júpiter, transitando pelo signo do ano da **Serpente,** ilumina todos os caminhos do nativo de **Macaco**.

O dinamismo dele contagiará a todos em sua volta. O astral prevê encontros com pessoas que o **Macaco** não as via havia muito tempo.

Atividades sociais, bailes, festas, reuniões e encontros em barzinhos da moda são muito favoráveis e gratificantes. Aproveite ao máximo o bom lado da vida.

Galo

Todas as forças positivas do mundo invisível estarão voltadas para o nativo do signo do **Ano do Galo** quando a **Serpente** estiver gerindo o destino do mundo terreno. *Benten* (Deusa da Beleza e da Música) abre o Portal da Morada dos Amores, proporcionando um ano astral repleto de felicidade para o **Galo**. Júpiter em trânsito pelo signo do **Ano da Serpente** e Vênus, regente principal do nativo, atuam beneficamente, e isso o levará às realizações válidas. Porém, o **Galo** não usará sua boa estrela para seu único proveito. Sua família será muito beneficiada, com muita união no lar, e o amor sendo notado a todo instante.

Na vida profissional, **Galo** estará galgando vários degraus. Os comerciantes do signo colherão lucros excelentes, mesmo nos negócios considerados sem muitas chances. Os nativos do **Ano do Galo** que ainda gozem de liberdade para romances sem compromissos, no ano da **Serpente**, poderão viver um tempo de emoções constantes e inesquecíveis. E, no que diz respeito à sua sexualidade, esta estará em alta. Seus atos carnais serão, por assim dizer, como que explosões de sensualidade.

Durante o transcorrer do ano, o **Galo** receberá excelente proposta de trabalho, mas de ramo diferente da sua ocupação atual. É tempo de mudar e experimentar novas emoções na sua vida profissional. Cultive seus interesses culturais para ampliar ainda mais seus horizontes. A atividade intelectual também estará favorecida.

Cachorro

No ano da **Serpente**, o **Cachorro** viverá um tempo de satisfações pessoais gratificantes e muito sucesso na vida profissional e social. Ano excelente para tratamento de saúde, principalmente no que se referir a estética.

O charme e o poder de sedução do nativo farão com que desperte os sentimentos de atração do sexo oposto, o que resultará em momentos delirantes e gratificantes. Muita sensualidade e disposição sexual por parte da pessoa amada nos períodos da lua cheia.

Haverá certa projeção social, mas não assuma nenhuma pose de arrogância. Tenha a certeza de que a humildade abre todas as portas para o seu sucesso.

Diga *kuwabara* duas vezes, que é o mesmo que bater na madeira três vezes, toda vez que cruzar com pessoas invejosas e negativistas.

Esta palavra mágica dissolve as influências nefastas. E, após um dia de trabalho, ao chegar em casa, antes do jantar, procure tomar um banho completo. A água tem o poder de diluir a sujeira corporal e também as impurezas astrais.

Os bons aspectos de Júpiter no ano da **Serpente** beneficiam o **Cachorro** em negócios de compra e venda, com giro rápido de dinheiro. Procure estar atento às oportunidades do mercado. Uma vez por semana, consuma carne branca (peixe e frango) no lugar da carne de gado.

Javali

Em seu dilema haverá sempre dois caminhos a tomar, a escolha dependerá de você — é o que diz um velho provérbio japonês. No ano astral da **Serpente,** o **Javali**, em várias ocasiões, terá duas opções, e a escolha não vai ser fácil. Terá que usar todo o seu senso prático, o seu espírito de justiça e a sua racionalidade. Os obstáculos serão muitos, mas o **Javali** superará todos eles com grande garbo e dignidade.

Porém, a sua vida amorosa não terá barreiras. Tudo livre e desimpedido. Excelente ano astral para início de namoro, noivado ou casamento de papel passado ou não. Se o nativo tiver algum problema amoroso, o ano astral é excelente para encontrar uma solução. Para aqueles que estão em harmonia com o ser amado, um ano de muitas emoções e vibrações carnais. Toda ação produz uma reação mecânica e equivalente. Portanto, dê toda atenção e carinho para a pessoa amada, que terá todas as compensações desejadas.

Atenção em seus negócios: pessoas mal-intencionadas poderão lhe prejudicar ou causar sérios prejuízos. Antes de iniciar qualquer transação, consulte um profissional da área. Propostas mirabolantes não existem mais na situação atual. Portanto, desconfie. Prefira os trabalhos seguros mesmo que a remuneração não seja muita. Modere seus gastos, evitando todos os excessos que possam comprometê-lo mais tarde. Não se envolva em brigas, mesmo que seja para apartá-las.

O Signo do Ano do Cavalo (Umádoshi)

Estrada alguma é longa
quando se tem um
amigo ao lado.
(Tradição popular japonesa)

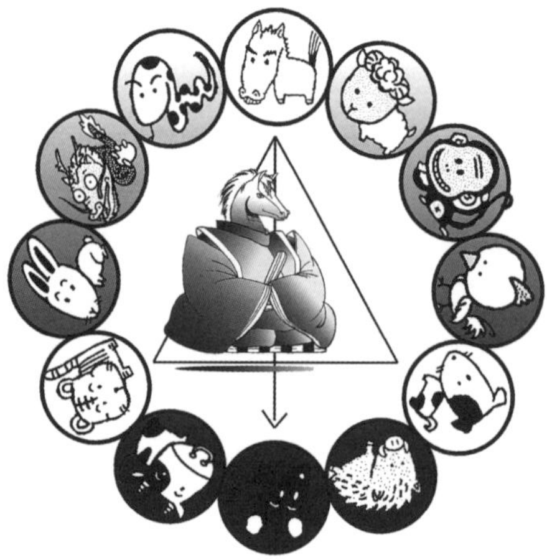

Cavalo de Metal	(+)	1930
Cavalo de Água	(+)	1942
Cavalo de Madeira	(+)	1954
Cavalo de Fogo	(+)	1966
Cavalo de Terra	(+)	1978
Cavalo de Metal	(+)	1990
Cavalo de Água	(+)	2002

Magias Naturais

Astro regente: Mercúrio e Saturno (dez dias finais).
Nome do Cavalo em japonês: Umá.
Ordem de colocação: sétimo.
Posição: sul.
Estação: inverno.
Horas: 11:01 às 13:00.
Cor: lilás.
Pedra: topázio.
Perfume: flor-do-campo.
Flor: margarida.
Número de Sorte: 5.
Parte mais sensível do corpo: órgãos sexuais internos.
Tipo de animal: de pele dura.
Domicílio astral: Gembu (Guerreiro Negro).
Força espiritual: Hachiman Kami (Deus da Guerra).
Direção: norte.
Elemento fixo: Mizu (Água).
Polaridade: Yang.
Pensamento: Tabi wa michizure yo wa nasake — Boa companhia em viagem torna o caminho mais curto.

Características Principais

O principal traço do caráter do **Cavalo** é a grande versatilidade dos natos. Eles pertencem essencialmente ao reino da arte, da ciência e da mecânica. São tão variados, porém, nos seus gostos, inclinações e habilidades, que raramente se acham satisfeitos com uma única ocupação ou atividade.

Possuem fino intelecto, mentalidade brilhante e espirituosa; entretanto, devido à falta de concentração, nem sempre são profundas e somente dispõem, o mais das vezes, de conhecimentos superficiais a respeito dos assuntos sobre que discorrem com tanta loquacidade. Pessoas muito ativas são tão desassossegadas e nervosas que constituem eterna fonte de apreensões, tanto a si próprias como aos outros.

A tendência da natureza do **Cavalo** é fazer duas coisas a um só tempo, bem como ir aos extremos em tudo. Têm perfeita consciência da sua falta de continuidade e não raro não compreendem os próprios desejos ou necessidades; em compensação, se bem que gozem da facilidade de se apoderar, de modo singularmente rápido, dos pensamentos e planos alheios, parecem carecer de auxílio e apreciá-lo, a fim de levarem a cabo os próprios projetos e decidirem as questões mais importantes.

Os natos do **Ano do Cavalo** são, porém, precisamente as pessoas que se devem chamar nas horas de emergência. Sua atividade mental lhes permite tirar prontamente partido de uma súbita alteração das circunstâncias; sempre sabem ver os dois lados de um argumento e como agir em situações inteiramente estranhas ao seu campo de ação habitual.

Esta maravilhosa adaptabilidade do **Cavalo** faculta aos seus indivíduos a possibilidade de focalizarem o talento em quase qualquer direção que lhes convenha. Cérebro criador e grande destreza manual, deleitam-se em cortar e planejar, e sentem gosto em desmontar uma máquina, só pelo prazer de juntar-lhe novamente as peças, recompondo-a.

Uma acentuada particularidade desses indivíduos é estarem constantemente atarefados com alguma coisa, sem que, no entanto, sejam metódicos ou sistemáticos no que fazem, e os melhores resultados que obtêm raramente são a conseqüência de ato pensado ou de cuidadoso estudo. Aplicam-se no serviço com grande ardor e mostram-se infatigáveis enquanto lhes dura a inspiração; quando cessa, porém, deixam inacabado o trabalho e voltam-se com igual zelo e entusiasmo a uma nova ocupação.

Em virtude do gosto pelas novidades e da capacidade de se adaptarem, os indivíduos do **Ano do Cavalo** são freqüentemente mais úteis aos circunstantes do que a si próprios. Parece entrar no plano da economia da natureza a criação de certos tipos de pessoas que se ajustam a qualquer circunstância e cujas idéias radicais e falta de método servem o objetivo de impedir que outros se vejam a braços com dificuldades.

Na maneira de procederem, os natos do **Ano do Cavalo** são joviais, vivazes e corteses, todavia podem tornar-se inconstantes. São também muito desconfiados, e raramente depositam fé no próximo.

Deficiências

Embora não haja pessoas menos egoístas, e que mais se sacrifiquem do que as nascidas sob a influência desse signo, são geralmente mal compreendidas, por causa da dualidade de sua natureza. Ou são muito egoístas ou sacrificam-se desmedidamente. Raramente hesitam em aproveitar-se de quem se ache sob uma pressão qualquer. Gostam de fazer pechinchas, mas o que ganham com a mão direita, dão com a esquerda, e quase nunca se fazem de surdas aos rogos de um amigo na hora da aflição.

Muito bondosas e cheias de simpatia, são também inconstantes e desconfiadas, inclinando-se a fazer juízo superficial tanto das pessoas como das coisas. Nem sempre são sinceras nas palavras, e a sua maior tolice reside na tendência de iludirem-se a si próprias.

Sabem que possuem habilidades fora do comum, não obstante atormentam-se continuamente por não se "apegarem às coisas". Então, ao invés de aplicarem resolutamente suas atividades ao trabalho em mão, alambicam o juízo à procura de razões que lhe justifiquem a falta de continuidade de ação.

Por causa desta deficiência e do eterno lamento por oportunidades perdidas, as pessoas do **Ano do Cavalo** se tornam na velhice melancólicas e intratáveis.

Sugestões

O hábito da introspecção deveria ser cultivado por todos os indivíduos do **Ano do Cavalo.**

Deveriam empenhar-se na compreensão da complexidade da sua natureza e procurar harmonizar os elementos em conflito. Deveriam cercear a tendência de deixar uma coisa ao meio e correr afoitamente a outra, esforçando-se por dividir sistematicamente o trabalho, de modo a satisfazerem o amor das novidades e da variação de ocupações. Estas qualidades, devidamente controladas, não somente incrementariam o seu próprio êxito, mas ainda o das pessoas que necessitam, na convivência volátil e mercuriosa do temperamento dos natos do **Ano do Cavalo**, de motivos que interrompam a monotonia metódica da sua forma de agir.

A adaptabilidade das pessoas nascidas sob este signo capacita-as para cooperar com proveito nas idéias conservadoras e progressistas. Quem haveria de supor que o indivíduo conservador, que se aferra aos costumes estabelecidos ou explora uma idéia única, fosse superior ao nato do **Ano do Cavalo**, impertinente, inconsciente, contraditório, que possui a habilidade de tudo fazer bem, e que se acomoda às responsabilidades com a mesma rapidez que os nascidos sob outros signos!?

Afinidades e Casamento

Da união com as pessoas nascidas sob o **Ano do Tigre** ou sob o **Ano do Cachorro,** resultam geralmente as relações mais amistosas; contudo, todas essas três naturezas são por demais variáveis e instáveis para reverter tal ligação em vantagens recíprocas. **Serpente** abrandaria e, até certo ponto, conteria o impulso da força centrífuga dos natos do **Ano do Cavalo**. A união com **Carneiro** seria mais desejável, porque lapidaria o caráter de ambos. Um consórcio com pessoa nascida no **Ano do Galo** daria incremento ao amor do lar e da família, o egoísmo do **Cavalo** se contrabalançando com a benevolência do **Galo**. Os indivíduos do **Ano do Cavalo** são, entretanto, felizes na escolha conjugal e ditosos na vida doméstica.

HOMEM DO ANO DO CAVALO COM MULHER DO ANO DO:

- **Rato**: Um tem ciúme doentio do outro, o que gera brigas que acabam terminando na cama. Muita atração física.
- **Boi**: As afinidades são poucas e haverá muito pessimismo e intransigência, embora a sexualidade seja muito boa.
- **Tigre:** O encanto vai ser muito difícil de ser quebrado e há muita lenha para se queimar por um longo período.
- **Coelho:** Momentos emocionantes nesta linda história de amor, cujos astros principais são vocês.
- **Dragão:** Até as pequenas brigas serão estimulantes para um contato mais íntimo; sexualidade boa.

- **Serpente:** Se souberem conjugar o verbo ceder por muito tempo, o relacionamento pode até dar certo.
- **Cavalo:** Como vocês têm um comportamento amoroso semelhante, o envolvimento dará certo. Sexualidade ótima.
- **Carneiro:** Atração física excelente, mas as cabeças não se entendem. Ótimo para união de interesses materiais.
- **Macaco:** Os encontros serão sempre aconchegantes. Ternura e carinho muito mais na base da camaradagem.
- **Galo:** Não faltarão momentos de carinho e emoção com ótima cumplicidade familiar. Sexualidade ideal.
- **Cachorro:** Combinação ideal para se viver um grande amor, cheio de momentos deliciosos. Sexualidade excelente.
- **Javali:** Os dois poderão viver uma história de amor tranqüila e feliz. Sexualidade saudável e firme.

As Crianças do Ano do Cavalo

As crianças desse signo não podem ser governadas por meio de regras incisivas e secas. São tão vivazes, irrequietas e ansiosas, que reclamam, na sua educação, a simpatia de quem lhes compreenda a natureza complexa.

Não é aconselhável ficarem esses fogosos pequeninos mortais presos a um só trabalho durante muito tempo, nem conveniente permitir-lhes deixarem um trabalho pela metade. Freqüentes mudanças de serviço produzirão, como se haverá de ver, os melhores resultados. É um erro censurável porque não se apegam a uma tarefa com a mesma persistência que as crianças de signos menos versáteis, já que as do **Ano do Cavalo** realmente necessitam, para seu bem-estar, de constante variação de idéias no cenário e nas ocupações.

Tão intensa é sua atividade mental que, quando se vêm encarceradas numa sala de aulas, coletivamente, onde a atenção que recebem não é absolutamente individual, ressentem-se muitíssimo disso, pois a sua índole exige muito mais exercício físico do que de rotineiro. Este fato se evidencia claramente na impossibilidade de manterem sossegados os pés e as mãos. Estão sempre à procura de alguma coisa para fazer, de algum lugar aonde ir, e amiúde têm que sofrer cruelmente os efeitos da autoridade daqueles que não lhes estudam as necessidades especiais, nem as exigências do temperamento.

Estas crianças anseiam pela posse de conhecimentos, mas impacientam-se ante os métodos protocolares, o que as torna inquiridoras e arteiras. Devido à grande fertilidade da sua imaginação acham-se propensas a faltar com a verdade em certas ocasiões. O pai ou mãe inteligente, ou professor, que ouve a descrição exagerada que fazem de uma simples ocorrência, não devia lhes condenar irrefletidamente essa tendência de inventar episódios irreais, salvo quando se trate de inclinação viciosa, mas admoestar com brandura e dirigir semelhante traço de caráter aos canais convenientes, como, por exemplo, à narração de histórias sob feição literária.

Comprazem-se com um apelo que lhes façam à faculdade de raciocínio, e dão toda atenção aos conselhos oferecidos em tom calmo e natural. Usando-se de força, porém, e lhes inflamando com alguma oposição a natureza excitável, não hesitarão em se tornar artificiais, mentirosas e, até, desonestas. Ao considerar-se quantas ótimas qualidades essas crianças oferecem, e a responsabilidade que se impõe a quem se incumbe de tratá-las, sente-se que há necessidade de uma escola técnica com treino especializado para as mães. E nesta consideração da forma mais elevada da educação feminina, não parece estranho que as nossas escolas e colégios não incluam no seu currículo estudo tão importante?

Vocação

Mulheres

As mulheres do **Ano do Cavalo** são vacilantes e incertas nas opiniões, e impacientes demais no que diz respeito a métodos, para que se possam agradar da vida doméstica. São as naturais construtoras dos lares, e amam cercar-se de tudo que é artístico e belo. Raramente encontram êxito na formação de um pecúlio, porque gastam todo o dinheiro no adorno pessoal ou na satisfação das fantasias artísticas, quando, por outro lado, não dão com a mão esquerda aquilo que receberam com a direita.

Por serem afeiçoadas, demonstrativas e preocupadas com o conforto dos outros, e por causa da perspicácia que revelam na compreensão das crianças, cuja simpatia sabem cativar, tornam-se excelentes educadoras e disciplinadoras.

São também ótimas estenógrafas, digitadoras, auxiliares de escritório, vendedoras, desenhistas, modistas — enfim, podem fazer quase qualquer coisa. Todavia, a falta de tranqüilidade do temperamento as leva a procurar freqüentes mudanças de emprego.

Como escritoras e artistas, inclinam-se para o lado do sonho e das visões, dos assuntos imaginários, manifestando amor sensual pela beleza. Possuem também patriotismo prático e intenso. Empregam bem tempo e dinheiro em auxiliar uma causa na qual estejam interessadas, e não acham excessivo nenhum sacrifício que concorra ao bem-estar do lar e da pátria.

As mulheres do **Ano do Cavalo** queixam-se da falta de tempo, propondo-se desculpar, com isso, o hábito de deixar o serviço pela metade. Gostam de ter simultaneamente várias coisas em andamento, e a não ser quando tenham aprendido a dividir em seções o tempo e o trabalho, satisfazendo assim o desejo de diversidade de ocupação, raramente chegam a uma realização satisfatória. Tal, entretanto, é a versatilidade do seu caráter, que comumente encontram belo sucesso em todo empreendimento que tomam a sério.

Homens

Os homens do **Ano do Cavalo**, por serem específicos no desejo, dispõem de horizonte mais vasto em que escolher o trabalho para a vida do que as pessoas nascidas sob outros signos. A versatilidade e adaptabilidade os habilitam a preencher quaisquer posições que sejam chamados a ocupar.

Dão imenso valor à cultura. Como professores, conferencistas, oradores ou estadistas, fazem-se notar pela capacidade mental e pela força de persuasão. Como artistas ou escritores, mostram desfrutar o contato direto com a inspiração, parecendo animados do magnânimo desejo de prestar serviço a outrem por intermédio da pena ou do pincel. O encadeamento do seu pensamento se prende ao idealismo, à poesia e à filosofia.

Na vida comercial e no terreno das especulações financeiras, os natos do **Ano do Cavalo** são muito bem-sucedidos, até cerca da idade madura. Nessa época, a não ser que levem vida regrada e bem-ordenada, correm o risco de valorizarem em excesso sua habilidade de direção e acharem-se, conseqüentemente, envolvidos em um número de empreendimentos maiores do que o que na realidade são capazes de atender. Como negociantes e compradores, são muito astutos e dados ao emprego de meios ilícitos. No campo da bolsa, a notável acuidade do seu espírito lhes incute incontida ousadia, e em geral pendem para o lado para o qual correm todas as vantagens do mercado.

À sombra desse signo se encontram numerosos músicos, escultores, artistas em geral — em suma, toda uma lista de ocupações artísticas se abre aos natos do **Ano do Cavalo**. Todavia, à vista da falta de continuidade de ação e da tendência de deixarem sem acabar os trabalhos, muito poderiam lucrar associando-se a pessoas que insistem em que se proceda de certo modo sistemático e metódico.

Como auxiliares do comércio, vendedores, contadores, etc., relevam-se de grande eficiência. Possuem considerável capacidade de engenho e primam por oferecer idéias originais para toda sorte de trabalhos.

Na escolha de sócios para ajudá-los na carreira adotada, os indivíduos do **Ano do Cavalo** deveriam procurar as pessoas nascidas sob o **Ano da Serpente** ou sob o **Ano do Carneiro**. **Cavalo** possui o espírito propulsor, e **Serpente**, a mente receptora. Os natos do **Ano da Serpente** pensam e agem lentamente; os do **Cavalo** são exatamente o contrário, e isso lhes dá grande domínio sobre as situações difíceis, quando seja imperioso pensar e agir rapidamente. Nessa sociedade, o **Cavalo** seria o gênio condutor cuja tendência de consumir energias no cumprimento das várias finalidades simultâneas seria controlada pelas maneiras e pelos conselhos sensatos e práticos da **Serpente**.

Cavalo e **Carneiro** cooperariam igualmente bem, mas nesse consórcio de forças, o **Cavalo** seria controlado e mantido estritamente às responsabilidades assumidas, pelos métodos conservadores do **Carneiro**, que sempre nutre receios de entrar em empreendimentos novos e mostra-se cauteloso e lento nas despesas e compras. **Cavalo**, sendo orador plausível, sempre conseguiria despertar a percepção do sócio conservador e arrancá-lo dos seus métodos antiquados.

A associação com **Cachorro** ou **Rato** seria tão agradável quanto proveitosa. O **Cachorro** estimularia a força executiva do **Cavalo**, e o **Rato** iria lhe dar ímpeto comercial e perseverança.

Atividades e Profissões do Nativo do Ano do Cavalo

Atividades físicas: pugilista, remador, ciclista, tenista, esquiador.

Atividades comerciais e sociais: ornitólogo, veterinário, livreiro, carteiro, guia turístico.

Atividades intelectuais e artísticas: jornalista, lingüista, editor, analista político, diplomata, locutor, artista, aeromoça/comissário, radiotelegrafista.

Influência Astral

Mercúrio dá às pessoas nascidas nesse signo uma mente perspicaz e penetrante com tendência à literatura e às ciências. De acordo com o que escreveu certo autor sobre as influências astrais: "Nada é pesado demais, ou trabalhoso, para a sua engenhosidade, nem nada é grande demais para a fertilidade do seu cérebro: energia, intelecto e imprudência constituem a principal característica da natureza de Mercúrio". Mercúrio é sempre representado com asas na cabeça e nos pés, simbolizando a sua inquietude mental e atividade física. É realmente fato, e não teoria, que as pessoas nascidas sob sua influência possuem exatamente essas características.

Alguns indivíduos nascidos sob Mercúrio parecem incapazes de culminar num elevado padrão moral. No entanto, como regra geral, fazem-se respeitar e formam bons elementos da sociedade. Ganham muitas honras na qualidade de escritores e mestres de ética.

Celebridades do Ano do Cavalo

Cláudia Raia, atriz; Marcos Túlio Cícero, estadista, filósofo, escritor e o maior dos oradores romanos; Eduardo VIII, rei inglês que abdicou do trono para casar-se com uma americana divorciada; João Goulart (Jango), político, presidente deposto pela revolução de 1964; Nikita Kruschev, político russo; Louis Pasteur, químico e biólogo francês, descobridor da vacina anti-rábica; Ingra Liberato, atriz; Buffalo Bill, herói americano; Clint Eastwwood, ator americano; Harrison Ford, ator americano; Luchino Visconti, diretor de cinema.

Samurais, Fundadores de Religiões e Outras Celebridades do Ano do Cavalo no Japão

Kussunoki Masahide (Madeira), Mogami Yoshiaki (Fogo), Oda Nobunaga (Metal), Ishikawa Kazumasa (Madeira), Koroda Kambei (Fogo), Nogami Motonari (Fogo),

Hojo Tokimasa (Terra), Ogyu Sorai (Fogo), Ihara Saikaku (Água), Ishikawa Goemon (Terra), Chiyo-ni (Água), Taira no Kiyonori (Terra), Umezu Yoshijiro (Água), Fujiwara no Teika (ou Sadaie) (Água), Sakaguchi Ango (Fogo), Shinjo Ito (Fogo), Nikkyo Niwano (Fogo), Mokichi Okada (Água), Nakayama Miki (Terra), Mokichi Okada (Água).

Presságios Para o Ano do Cavalo

Rato

O ano do **Cavalo** não é muito favorável para o nativo do **Ano do Rato.** O quadro astral anual não é propício e muitos contratempos podem acontecer. O **Rato** terá dificuldades em se concentrar, o que acabará provocando certas desavenças com os colegas de trabalho. Não se afaste de suas prioridades, mesmo que pressões externas se façam sentir.

O **Rato** não deve assumir compromissos que sabe não poder cumprir. Erros de julgamento poderão prejudicar seu desempenho profissional, fazendo com que o nativo tenha prejuízos e irrite-se com pessoas amigas.

Problemas de saúde envolvendo pessoas da família ou de seu círculo de amizades exigirão que o **Rato** dedique seus esforços para resolvê-los. Durante o ano, deve evitar as pessoas invejosas e negativistas, porque fluidos negativos poderão lhe prejudicar seriamente. Esteja sempre ao lado de pessoas alegres e vitoriosas para absorver um pouco deste positivismo. Nunca ande só em locais desertos e duvidosos.

Porém, o ano é extremamente bom para as coisas do coração. O **Rato** poderá encontrar, no meio das suas dificuldades, uma pessoa bastante especial que fará morada no seu coração. Isto poderá acontecer de julho a setembro, no ano do **Cavalo**. Esteja de olhos abertos para não deixar escapar entre os dedos a conquista da pessoa amada.

A mulher do **Ano do Rato**, que é uma conquistadora inveterada, influenciando pessoas e conseguindo posições sempre mais altas, deve agir moderadamente nesse ano. Nada de soltar a franga.

Boi

A harmonia do yin-yang é incrível: sempre que o Boi perder alguma coisa, haverá sempre uma compensação. O ano do **Cavalo** não é favorável para o **Boi**. Todavia, de todas as experiências amargas, o nativo poderá tirar uma lição de vida. Diziam os antigos japoneses que *Jinsei* (vida) era somente 50 anos. Hoje, a expectativa de vida aumentou para 80 anos. Assim, o **Boi,** que já era longevo, vai viver ainda mais, e superando o ano do **Cavalo**, ele dará maior valor aos tempos de felicidade, porque terá experimentado uma fruta azeda.

Difícil entrosamento com os colegas de serviço, chefes e superiores. Tudo em sua volta parecerá lento e haverá muita inação. Seja paciente e conserve o otimismo. Prejuízos por ingenuidade e negligência.

Há perigo de envolver-se com uma pessoa do sexo oposto de índole ruim que atrasará a sua vida, espalhando confusão e desentendimento por toda parte. Esteja de sobreaviso para não cair em suas teias maléficas.

Projetos pessoais podem ser atrapalhados pela falta de cooperação de chefes ou superiores. O **Boi** terá de se esforçar para atingir seus objetivos por conta própria; seja cuidadoso e esteja pronto para aplicar toda a energia que dispõe. Não espere por nenhuma vantagem comercial.

A mulher do signo do **Ano do Boi** que trabalha como assalariada, viverá um tempo de perseguições por parte de seus superiores hierárquicos, a famosa cantada. Ela deve ser forte para repelir estes ataques e mostrar o seu verdadeiro lado exclusivamente profissional.

Tigre

No ano do **Cavalo**, o **Tigre** viverá momento bom, com sua dignidade muito valorizada. O **Tigre** será capaz de realizar ações construtivas nesse ano, se utilizar devidamente a sua capacidade criativa. Evite a insegurança, pois ela só servirá para prejudicar seu desempenho. Não perca tempo com trivialidades e trate de se concentrar naquilo que estiver fazendo, pois o **Tigre** só tem a ganhar com isso.

O ano também pode reservar surpresas extremamente agradáveis no amor. Não tenha receio de mostrar tudo aquilo que sente pelo ser amado. Em certos momentos de intimidade, o nativo deve perder toda a inibição e exibir o seu lado mais ardente e apaixonado, para desfrutarem juntos estas horas felizes. Quem está só, o oráculo pressagia o encontro com uma pessoa bastante especial.

Os nativos que estejam ligados a causas de ajuda aos menos favorecidos colherão reconhecimento e gratidão. Júpiter transmite boas vibrações ao seu setor material. O **Tigre**, que em geral é tão racional e leva as coisas bem ao pé da letra, tenderá a se mostrar mais perspicaz, percebendo o que existe por trás das palavras e das intenções.

A mulher do signo do **Ano do Tigre**, que gosta de amar, embora deteste ficar muito grudada a alguém, viverá um tempo favorável no ano do **Cavalo** com relação ao amor. Aquela que for solteira poderá encontrar uma pessoa interessante que a fará viver momentos excelentes.

Coelho

Para o **Coelho**, o ano do **Cavalo** é um período transitório às bordas de um novo tempo na área mercantil e humana. Portanto, comece a preparar terreno para seus empreendimentos, que provavelmente será o seu pé-de-meia para o viver futuro. Júpiter lhe dá apóio para o processo de dilatação; Mercúrio, o empurrão para a exaltação; o nativo fará o resto. Se trabalha numa profissão que goste, embora a remuneração seja pouca, agüente, fique durante o ano do **Cavalo**, pois o seu sucesso, a sua projeção profissional depende muito da sua persistência e paciência.

Não é um ano para especulação. O **Coelho** que tiver dinheiro deve aplicar na força de trabalho. Durante o ano, aproveite os momentos de folga para se descontrair, no litoral ou no campo. O contato com a natureza lhe fará muito bem e absorverá toda a carga negativa acumulada no dia-a-dia. É aconselhável que faça alguma atividade ao ar livre (mesmo que seja caminhada), que possua algum animal de estimação, que pratique jardinagem ou que tenha qualquer outro passatempo. Drogas e estimulantes nunca devem ser tomados, a não ser que tenha sido prescritos pelo médico.

No ano do **Cavalo**, o céu e a terra vão se unir em doce delírio, na cópula do universo. O invisível se derrama no mundo visível, e o visível se reabsorve no seio do mundo invisível. No seu astral amoroso, todas as diferenças se fundem num grande silêncio.

Dragão

Dragão encontrará em cada momento um instante de amor, o que culminará em intensos prazeres da carne. Assim, o nativo se sentirá vivo. Porém, deverá tomar muito cuidado com as palavras mal jogadas, que poderão ferir as suscetibilidades do ente amado.

O ano é de definição profissional. Portanto, se o nativo gosta do que faz, mantenha-se firme no emprego. Não deixe que o próprio brilho ofusque a sua imagem pessoal, criando uma pessoa imaginária, fora do real, para aqueles que o cercam. Tente não forçar nenhuma barra. Seja mais natural, discordando, analisando os pontos de vista alheios e julgando-os com objetividade. É sempre uma boa política ajustar seus próprios sentimentos às situações e examinar suas convicções pessoais sobre as coisas. Viva o ano do **Cavalo** um pouquinho de cada vez, deliciando cada instante, deixando a preocupação e o pessimismo para o amanhã, aplicando sua força de vontade para adquirir uma atitude mais racional e confiante.

Se tiver sono, durma; se tem fome, coma. Viva o mais natural possível. O que o **Dragão** deve observar são os exageros.

A abundância financeira estará assegurada pela posição de Júpiter no céu astral do **Dragão**. Se trabalhar assalariado, procure mostrar a sua real capacidade, convivendo em harmonia com os seus colegas de profissão e com seu chefe. Um conselho: não gaste dinheiro em coisas desnecessárias.

Serpente

O ano do **Cavalo,** para a **Serpente,** é um ano de acordos. O nativo deve saber fazer concessões para não perder dinheiro. Todos os projetos devem ser planificados com seus prós e contras, analisando-se cada segmento do mercado isoladamente para se conseguir um todo. Não se deve deixar levar pelas tendências anarquistas do regente do ano, o **Cavalo**.

Nesse ano, tente levar um estilo de vida diferente, desprezando tudo que lhe for inútil: prazeres mundanos, fumo, bebidas e jogos tipo carteado. Acentue mais a sua espiritualidade. Conviva mais junto com os seus. Faça tudo com calma e metodicamente.

Antes de executar qualquer projeto, pense: "se eu fracassar, poderei me reerguer sem a ajuda de banqueiros?". Se tiver este lastro, entre de cabeça neste empreendimento. Caso contrário, deixe para um ano mais favorável. Poupe sempre que puder, porém nunca em detrimento do bem-estar familiar.

O quadro astral realça o lado inconstante da **Serpente,** com promessas de paixões súbitas e arrebatadoras. Um amor irrefletido, possessivo e caprichoso. Deve precaver-se contra o ciúme desarrochado, porque o seu par poderá fingir uma paixão que não sente. Evite o demasiado domínio sobre a pessoa amada. Assim, sua vida irá se tornar mais feliz e harmoniosa durante esse ano. Inclua sempre frutas, verduras e legumes frescos na alimentação diária.

Cavalo

O seu próprio ano é tão extremamente favorável, que o **Cavalo** ficará até perdido com tantas oportunidades surgidas em seu caminho. Seus serviços estarão muito requisitados, permitindo que você ganhe mais dinheiro, graças à sua capacidade profissional. Tire partido do ano. Não tenha medo de inovar, e dê vazão à sua criatividade.

Se estiver se empregando, opte pelo trabalho mais seguro, mesmo que o ganho inicial seja menor. Se trabalhar com vendas, deve ter sempre em mente: produto vendido, produto reposto.

Tudo indica que haverá uma grande transformação na sua vida sentimental. Tanto poderá ser o encontro de um grande amor como a ruptura de uma relação já bastante desgastada. Convém, em ambos os casos, agir com calma e raciocínio lógico, deixando de lado o seu egoísmo e a sua inconstância. Tente colocar-se no lugar da pessoa opositora. Se o nativo for casado, evite todo tipo de triângulo amoroso.

Controle a sua hipertensão. Faça exercícios regulares, mas tenha tempo para repousar. O seu corpo precisa de manutenção adequada, isto é, uma quantidade bem dosada de descanso e de alimentos que forneçam as vitaminas e os sais minerais indispensáveis à saúde. Em seu ano, deixe as coisas fluírem naturalmente. Nenhuma situação deve ser forçada. Não leve muito a sério as reclamações feitas por amigos com quem convive no dia-a-dia. Sua sexualidade não falhará nas horas precisas.

Carneiro

O **Carneiro** estará com o *feng-shui* (harmonia com a natureza) ideal para juntar dinheiro durante o ano do **Cavalo.** Portanto, não deixe que as oportunidades passem. Esteja sempre atento a elas no seu caminho.

Sua determinação permitirá que o **Carneiro** alcance grandes progressos. Transações comerciais podem ser extremamente lucrativas se o nativo contar com o apoio de seus familiares mais experientes e mais idosos. Irá mais longe se juntar suas forças às de outras pessoas que possuam interesses semelhantes aos seus.

Não haverá nenhuma força oculta que possa prejudicar o nativo.

As marés da sorte e da fortuna desembocam na sua praia. Porém, deve tomar muito cuidado na reaplicação dos lucros, que deverão ser investidos em bens tangíveis. Se surgir uma oportunidade de comprar um imóvel, aproveite a chance.

No lar, tudo estará em ordem. O entendimento familiar será perfeito. Nas relações de importância menor (aventuras passageiras), o prazer será marcante. Leve adiante seus planos profissionais — o ano é ideal.

A mulher do signo do **ano do Carneiro** será muito favorecida pelas forças astrais no ano do **Cavalo**, que lhe será o ano destinado à fortuna tanto material como espiritual. Viverá intensamente os prazeres carnais, porque a sua sexualidade estará sempre exigindo.

Macaco

O ano do **Cavalo** será um tempo de boas realizações para os nativos do **Ano do Macaco**, pois os amigos estarão sempre prontos a uma ajuda na hora necessária. Porém, elogios ao seu potencial criativo por parte de pessoas influentes podem deixá-lo confiante demais na hora de encarar algum problema. Contenha a autoconfiança para não cair do pedestal.

Como as forças positivas estarão agindo a seu favor, o **Macaco** que é determinado e possuidor de especial força de vontade poderá alcançar posições elevadas na carreira que tenha escolhido. E, para os que ainda não se tenham definido em relação ao futuro, o ano será excelente para a tomada de rumo.

Não perca a oportunidade de definir claramente seus sentimentos. Se notar que a pessoa a quem ama precisa de apoio, vá em frente, sem medo de se comprometer. Se tiver vontade de amar, de fazer sexo, faça.

O perigo está no exagero. Aliás, o exagero é perigoso não só no sexo, mas em tudo. No lar, tudo andará bem para ele, porque sua clareza de idéias levará ao fácil entendimento entre todos que o rodeiam.

Nas reuniões sociais, o **Macaco** estará sempre cercado de pessoas que quererão ouvir seus ensinamentos.

A mulher do signo do **Ano do Macaco** viverá bons momentos de amor. E isso porque estará cercada de muita amizade e envolta por uma aura de respeito e admiração.

Galo

Um ano muito propício. A sensibilidade do nativo estará no ápice, o que fará com que ele transmita muita vibração positiva a todos os que lhe rodeiam, principalmente aos seus familiares. O ano será culminado pela união e cumplicidade familiar. Tudo correndo conforme os seus planos. Nada atrapalhará seu caminho desde que saiba realmente qual sua rota. Sua presença também transmitirá segurança e sua liderança não sofrerá contestações.

Sua capacidade para absorver fatos e informações atingirá durante o ano o seu ponto mais alto. Sua originalidade e inventividade estarão a todo vapor. Às vezes, as idéias que você apresenta aos outros são muito avançadas para ser absorvidas. As pessoas poderão demorar um longo tempo para compreendê-las, e, assim, embora suas idéias possam ter qualidades brilhantes, poderão demorar a serem concretizadas. O amor vai propiciar bons momentos para o **Galo**. Não será uma paixão arrebatadora, mas um amor familiar, carinhoso e romântico. As vibrações carnais também serão excelentes. As pessoas mais velhas serão ótimas conselheiras amorosas.

A mulher do signo do **Ano do Galo**, que costuma ser uma ótima profissional no campo do jornalismo, literatura e publicidade, só colherá sucessos no ano do **Cavalo**. No amor, será muito feliz e realizada. No sexo, especialmente, colherá prazeres notáveis.

Cachorro

No ano do **Cavalo**, o nativo do **Ano do Cachorro** viverá um tempo muito bom, porque esse ano astral lhe será o da felicidade. Os *Sete Deuses da Felicidade* lhe abrirão o Portal da Morada dos Amores. Isso é o que preconiza o oráculo astral japonês. Assim, tanto na vida familiar quanto nas atividades profissionais, o **Cachorro** estará recebendo todo o potencial das forças positivas.

Os que já estão bem postados na vida, com um considerável suporte financeiro, verão de perto o que representa ser, de verdade, feliz. Os que ainda estão remando contra as marés adversas, lutando pelo pão de cada dia, verão que os caminhos não são tão espinhosos como podem pensar. E isso porque os bons fluidos poderão agir em favor dos menos favorecidos, o que, afinal de contas, é um direito de cada ser humano, contanto que cada qual saiba quando é a sua hora. Para o **Cachorro**, essa hora especial poderá acontecer por volta de setembro, o seu mês mais feliz no ano regido por **Cavalo**.

Os casados viverão a felicidade integral. Os solteiros terão a oportunidade de conhecer aquela pessoa especial. A sexualidade estará sempre pronta e bastante ativa.

A mulher do signo do **Ano do Cachorro**, que é incansável batalhadora em busca do amor e da união familiar, viverá, talvez, os melhores momentos amorosos de sua vida. Se for solteira, separada ou divorciada, por certo que seu príncipe encantado estará chegando.

JAVALI

O nativo do **Ano do Javali**, costumeiramente uma verdadeira rocha no sentido das reações orgânicas, terá um período de muita paz espiritual e saúde no ano do **Cavalo**. Mas convém que o nativo faça uma checagem geral no seu estado de saúde, se sentir alguma indisposição, pois o melhor remédio ainda é a medicina preventiva.

O ano do **Cavalo** é ótimo para **Javali** quando se trata do seu organismo. Tem a proteção de *Hotei* e *Jurojin*. Qualquer tipo de tratamento de saúde é favorecido. Para a cirurgia plástica, não há ano melhor.

Os **Javalis** que estão amando terão um ano soberbo. O amor lhes dará toda a felicidade que eles procuram. Será fácil encontrar novas e interessantes companhias. E o amor poderá nascer de repente, nos locais mais improváveis. Fique atento e não deixe escapar suas chances quando surgirem. Com a sua sensualidade natural, deixe-se levar pelos embalos do amor, sem se preocupar com o que possa acontecer amanhã, porque o amanhã não existe, o passado não importa mais, e o amor se vive no presente. O gozo do sexo é presente. Masturbar-se pelas recordações do passado ou pela fantasia futura não é bom.

Tudo que é feito moderadamente é bom. Mesmo no alimentar, evite qualquer tipo de excesso. Prefira os alimentos naturais ricos em fibras e sais minerais. Procure praticar uma atividade física tipo *taichi-chuan*.

八幡皇大神

O Signo do Ano do Carneiro (Ritujidoshi)

A vergonha é como uma cicatriz na árvore, cresce com o tempo, em vez de desaparecer.
(Velha máxima dos samurais)

Carneiro de Metal	(-)	1931
Carneiro de Água	(-)	1943
Carneiro de Madeira	(-)	1955
Carneiro de Fogo	(-)	1967
Carneiro de Terra	(-)	1979
Carneiro de Metal	(-)	1991
Carneiro de Água	(-)	2003

Magias Naturais

Astro regente: Mercúrio.
Nome do Carneiro em japonês: Rituji.
Ordem de colocação: oitavo.
Posição: sul-sudoeste.
Estação: inverno.
Horas: 13:01 às 15:00.
Cor: branca.
Pedra: pérola branca.
Perfume: lírio branco.
Flor: rosa.
Número de Sorte: 2.
Dia propício da semana: segunda-feira.
Parte mais sensível do corpo: órgãos genitais externos.
Tipo de animal: de pele dura.
Domicílio Astral: Gembu (Guerreiro Negro).
Força espiritual: Tsukiyomi no Mikoto (Deus Lua).
Direção: norte.
Elemento fixo: Mizu (Água).
Polaridade: Yin.
Pensamento: Warenabe ni tojibuta — toda panela tem sua tampa — quer dizer que toda pessoa tem sua alma gêmea.

Características Principais

As pessoas nascidas sob este signo professam intenso amor à família e ao lar, e apesar da índole instável e inquieta retiram muito prazer da vida doméstica. Têm bom coração, disposição simpática, e extrema sensibilidade pela condição mental e física dos outros. A natureza amorosa é seu ponto fraco e possuem temperamento tranqüilo e plácido. Apreciam a comodidade e o conforto, e comprazem-se nos divertimentos e na alegria da vida social. São pessoas agradáveis e prazenteiras nas palestras, sempre se esquivando dos argumentos capazes de criar embaraços e mal-entendidos.

Os indivíduos do **Ano do Carneiro** são, em geral, muito conservadores e aderem com grande tenacidade aos hábitos e costumes antigos. São convencionais e ultra-sensíveis à crítica adversa. Amam toda sorte de antiqualha, como louças, quadros e curiosidades.

Na literatura, demonstram grande atração pelas novelas e pela história, e, já que a mente que possuem é retrospectiva, deleitam-se em viver no passado, parecendo identificar-se com a crença de que antigamente tudo era melhor. Quando propensos à sentimentalidade religiosa, os natos do **Ano do Carneiro** podem personificar os adversários mais pertinazes da "crítica superior", aconselhando a estrita adesão à crença ortodoxa.

Não importa a qual partido ou denominação pertençam, nunca olham com simpatia para as mudanças radicais. No que concerne às reformas ou ao que quer que seja que por ventura antagonizem, são positivas nas asserções e sustentam suas opiniões com grande reserva e dignidade. Representando na natureza a força centrípeta, servem de freio aos seus semelhantes mais progressistas, controlando-lhes deste modo a tendência que mostram ter de atirar-se à frente sem medir as conseqüências.

Na qualidade de oradores públicos, possuem grande poder, entusiasmo e força magnética, e são comumente bem-sucedidos pela influência que exercem sobre as massas. São muito estudiosos, refletidos e dotados de excelente memória, entretanto os seus primores de oratória se fazem sob o calor direto da inspiração.

Tomam vivo interesse pelas obras humanitárias, mas não gostam de se ver obstados ou inibidos nos seus métodos de execução, pois se sentem naturalmente possuídos de um senso de responsabilidade e não admitem imposições ditatoriais, considerando-se amplamente competentes para levar a cabo as suas obrigações e deveres. São cautelosos nas despesas e discretamente generosos e justos nas suas transações com os outros.

As pessoas do **Ano do Carneiro** gostam de viajar e de mudar constantemente de um lugar para outro. Quando não podem satisfazer esse desejo, dão expressão ao amor à variedade de ação, introduzindo freqüentes mudanças nas suas ocupações.

Durante o dia são alegres e ativas; porém, à noite, tornam-se tristonhas e intranqüilas. Isto se faz notar particularmente quando a lua se acha no quarto minguante, ocasião em que procuram o esquecimento e a distração nas excitações de toda sorte. São de tal modo dominadas pela influência lunar que não raro são inconstantes como a própria lua, e, embora bastante tenazes, freqüentemente abandonam, sem nenhum motivo plausível aparente, o objetivo ou empreendimento em que, até então, tinham demonstrado grande zelo.

Tanto um sexo como o outro, nesse signo, respeitam escrupulosamente as pessoas e exigem que igual deferência lhes seja retribuída. Revelam fino gosto no trajar, apresentam-se alinhados e bem-postos, e gostam muito das cores brilhantes.

Deficiências

Quando não possuem elevado desenvolvimento mental, os natos do **Ano do Carneiro**, geralmente afetando modos sonhadores e despreocupados, deixam-se governar pelos impulsos e mostram indecisão nos seus atos. São inclinados a falar desmedidamente de si mesmos ou da família. Parcimoniosos, invejosos, aborrecem-se quando os outros os superam em brilhantismo ou posição. São extremamente sensíveis: magoa-os a crítica pessoal. Também não primam pela constância. Todavia, uma vez que no emprego ou nas relações domésticas encontrem o que deles exige a mutabilidade da índole — a procura por emoção —, os filhos do **Carneiro** rivalizam qualquer outro signo na devoção e fidelidade para com o círculo doméstico.

Mutabilidade e perseverança são qualidades que se contradizem. Entretanto, acham-se francamente associadas nesse tipo de indivíduo. A influência da lua, como já se disse, torna-os inquietos e amigos das mudanças. O signo animal do **Ano do Carneiro** supre persistência, obstinação e aquela tenacidade que tanto caracteriza essas pessoas em tudo, exceto nos próprios gostos e desgostos pessoais.

Quando vivem num plano intelectualizado, os natos do **Ano do Carneiro** têm competência lúcida nas suas habilitações e comumente julgam as suas opiniões e conclusões inatacáveis e, portanto, nunca as discutem. Tão dogmáticos são, por vezes, na argumentação, que até se recusam a levar em consideração o outro aspecto da questão apresentada, mas, na vida social ou comercial, manifestam-se com muita diplomacia e tato, conseguindo, sem grande esforço, atingir os seus objetivos, devido ao grande magnetismo que se evoca da sua personalidade.

Sugestões

Visto que a tendência das pessoas nascidas neste signo é levá-las ao extremo conservadorismo, deveriam diligenciar-se em modificá-la, cultivando mais idéias liberais e investigando os métodos que se usam modernamente. O conservadorismo age como constritor daqueles que nunca tomam cuidado e não param a fim de considerar as coisas; quando, porém, é levada ao exagero, a teoria prova ser verdadeiro óbice no caminho do progresso e das reformas proveitosas.

As pessoas do **Ano do Carneiro** devem lembrar-se de que o símbolo do seu signo é o carneiro, cujo movimento para frente parece resultar de um deslocamento para trás, e cultivar um espírito penetrante e propulsivo, descartando-se do hábito da retrospecção.

Na religião, deveriam esforçar-se por conceber uma forma espiritualizada da divindade, ao invés de ligarem-se rigorosamente às formas externas do ritual e das cerimônias. Cumpre-lhes precaverem-se contra o domínio dos sentidos e das emoções, já que se deixam facilmente cair sob a influência hipnótica dos outros.

Afinidades e Casamento

Existe comumente atração poderosa e duradoura entre **Carneiro**, **Javali** e **Coelho.** A natureza versátil do **Cavalo** satisfaria o desejo de mudanças que caracteriza **Carneiro,** e o consórcio com um dos indivíduos generosos e simpáticos do tipo do **Macaco** enrobusteceria o anseio pelo amor conjugal. **Carneiro** e **Boi** raramente se harmonizariam por muito tempo, mas, entre **Boi** e **Dragão**, sempre há o mais vivo espírito de simpatia e de unidade de opiniões.

HOMEM DO ANO DO CARNEIRO COM MULHER DO ANO DO:

- **Rato**: O relacionamento não é de paixão, mas ambos poderão ter uma existência bastante saudável e equilibrada.

- **Boi**: Entre tapas e beijos e com as diferenças terminando na cama, esse casal vai vivendo. Muita atração física.
- **Tigre:** Coisas estranhas estarão perturbando a vida do casal, ocasionando constantes brigas e confusões.
- **Coelho:** Uma das combinações ideais para se viver um grande amor ardente e cheio de lances mirabolantes.
- **Dragão:** Boa combinação. Mesmo em situações embaraçosas, haverá diálogo e compreensão. Boa sexualidade.
- **Serpente:** Vocês poderão viver intensamente um grande amor, ajudando-se mutuamente nas emoções e no trabalho.
- **Cavalo:** Bom entendimento à base de muito diálogo e compreensão, com sexo envolvente e gostoso.
- **Carneiro:** Ambos podem viver à base da ajuda mútua, com muito romantismo e satisfação em todos os sentidos.
- **Macaco:** Atração física sobrando, mas há perigo de impasse. Ela ajudará o nativo a juntar bens materiais.
- **Galo:** Com o tempo, o amor se transforma em camaradagem e será duradouro. Felicidade e bem-estar.
- **Cachorro:** A cumplicidade familiar se fará presente em todas as ocasiões. Muito romantismo e felicidade.
- **Javali:** Estão propensos a viver intensamente um amor ardente e sincero, com deliciosos momentos na intimidade.

As Crianças do Ano do Carneiro

O sistema de opressão é particularmente prejudicial às crianças do **Ano do Carneiro**. Extremamente sensíveis que são, conviria dispensar-lhes tratamento bondoso, pois, embora muito teimosas, dedicam profundo respeito aos mais velhos e, além disso, quando levadas convenientemente, tornam-se dóceis e obedientes. Não necessitam tanto de controle como de conselhos ponderados, da parte dos professores, no sentido de provar-lhes que o autodomínio é a lição mais importante que devem aprender. E todo pai ou professor que estiver perfeitamente inteirado deste fato haverá de estudar as peculiaridades de cada caráter e dirigi-las com o necessário desvelo.

Devido a que a memória dessas criaturinhas seja tão maravilhosa, e a que sua mente seja muito retrospectiva, impõe-se que os livros de histórias, destinados à sua leitura, sejam selecionados de sorte a despertar nelas o interesse pelas questões que agitam o momento. Deleitam-se nos sonhos que se tecem nas histórias do passado, dos dias fidalgos, e freqüentemente se mostram avessas a tudo quanto seja moderno, precisando, por isso, efetivamente, de instrução que as inspire na idéia de que os deveres e prazeres de hoje são muito mais importantes que os do dia de ontem. Permitir-lhes que o pensamento constantemente se insinue por entre canais abertos por outros é deprimir-lhes a capacidade de desenvolver os pensamentos originais, e isso constitui grave empecilho aos que desejem acompanhar o correr dos tempos.

Os filhos do **Ano do Carneiro** são inclinados a ser airados e indolentes, e a negligenciar as tarefas que lhes são atribuídas. Entretanto, quando se despertam ao sentimento da própria personalidade, executam-nas com satisfação e bom humor. São crianças muito vaidosas, em geral, e amantes da ostentação; contudo, sabem apreciar as formas e as cores. Aproveitando-se disso, seria vantajoso para elas que fossem estimuladas à simplicidade nos gostos pessoais, em favor do desenvolvimento desses dotes artísticos.

Essas criaturas são tão emotivas e as suas simpatias tão impressionáveis, que são singularmente susceptíveis de sofrer influências psíquicas. Deveriam, portanto, levar vida simples e ao ar livre, e ser instadas a entrar nos folguedos próprios da sua idade, fugindo, sempre que possível, do hábito de remexer o passado.

Vocação

Mulheres

As mulheres desse signo gozam de um temperamento jovial, são alegres e loquazes, e apreciam toda sorte de diversões, cerimônias públicas e ostentações aparatosas. Embora volúveis no amor, o instinto materno é tão fortemente desenvolvido que se tornam mães e esposas extremosas.

São exemplares donas de casa, primorosas e ordeiras, esperando que todos acompanhem essas virtudes. Acanham-se da pobreza e inclinam-se à vida econômica como recurso de gratificar o desejo de possuir jóias e vestidos.

Possuem voz doce e suave, a par de muita habilidade musical e dramática. São usualmente cultas, amantes do estudo das línguas e das coisas do intelecto. Usam de lógica como escritoras, e têm considerável talento artístico. São conscienciosas quando aconselham, gostam de ocupar cargos de responsabilidade, ativam-se nos trabalhos religiosos, e, por adotarem ponto de vista muito ortodoxo, raramente se afastam da fé dos avós.

São bem sucedidas como professoras de música, atrizes, escritoras, enfermeiras e médicas. Sua natureza é extraordinariamente sensível e impressionável, e são, por isso, suscetíveis de cair sob o controle das pessoas dotadas de vontade mais forte. Apesar da aparência robusta da mulher de **Carneiro,** sua constituição é fraca, e deveria ela defender-se dos excessos capazes de comprometer-lhe a capacidade de resistência.

Homens

Os homens nascidos no **Ano do Carneiro** pertencem principalmente ao campo das indústrias. Possuem muita habilidade mecânica e força de execução, mas são morosos na adoção dos processos novos, e sujeitos a caírem em situações dificílimas de se resolver, especialmente quando, por má sorte, se achem associados a pessoas cuja mentalidade seja do mesmo feitio que a sua. A fim de se garantir o máximo de êxito no mundo comercial, deverão formar sociedade com pessoas progressistas, audaciosas e habilitadas a ver a conveniência em abandonar os métodos antiquados, muitos dos quais não passam de coisas desconexas que obstruem o caminho do progresso.

No comércio, os natos do **Ano do Carneiro** são diplomáticos, gostam de ser consultados sobre assuntos de importância e demonstram notável eficiência em todo ramo de negócios, sempre que sobre os ombros sintam o peso estimulante da responsabilidade. Dotados de memória fora do comum, e de grande amor pelas coisas antigas, dariam excelentes historiadores e arqueólogos. Também se afeiçoam ao estudo e às investigações científicas.

Muitas honras freqüentemente os visitam na qualidade de clérigos, em cuja palavra desenvolvem grande brilhantismo e atração magnética.

Muitos artistas se encontram sob os auspícios desse signo, os seus quadros se caracterizando pelo pronunciado gosto pelas cores brilhantes. Sua habilidade literária é considerável, e nas profissões liberais, como advogados e juízes, são grandes apologistas do protocolo.

Possuem muito gosto pelas obras construtivas de mecânica, e se agradam de levar avante as invenções alheias. Apreciam a política, onde revelam perícia na liderança e defesa dos interesses dos partidos.

Os instintos comerciais do **Carneiro** serão muito intensificados com uma associação com pessoas de **Boi** ou **Tigre**. A sociedade formada entre **Carneiro** e **Cavalo** deveria produzir bom êxito financeiro. **Cavalo** possui o espírito empreendedor que se faz necessário aos interesses manufatureiros e ao comércio ativo, mas corre o risco de se tornar demasiadamente aventureiro, e, como **Carneiro** representa a força centrípeta nos métodos de comércio, o seu modo de cingir as coisas a um curso prescrito refrearia e regularia as tendências erráticas do seu sócio de **Cavalo**. **Carneiro** e **Macaco** trabalhariam juntos em harmonia, mas, nessa sociedade, o **Macaco** deveria assumir a direção de todos os assuntos de opinião, permitindo ao **Carneiro** que dirigisse as finanças e atendesse às despesas e à ação de compras da firma.

Atividades e Profissões do Nativo do Ano do Carneiro

Atividades físicas: nadador, marinheiro, mergulhador, esquiador aquático, navegador.

Atividades comerciais e sociais: pescador, astrônomo, criador de animais, padeiro, cozinheiro, hoteleiro, nutricionista, padre, médico, enfermeiro, pediatra.

Atividades intelectuais e artísticas: poeta, romancista, pedagogo, professor, músico.

Influência Astral

Mercúrio neste signo governa as faculdades da reflexão, dá muita diplomacia e tato, sagacidade comercial, habilidade mecânica e construtiva. Imprime aos que nascem sob a sua influência o gosto pelas viagens, instabilidade mental, mas uma atitude tranqüila e bem-intencionada. Se a atuação de Mercúrio for forte por ocasião do nascimento, será isso indício do êxito de uma vida independente. Os natos desse signo, influenciados por Mercúrio, mudam de residência muito freqüentemente e geralmente têm sorte nos empreendimentos. Dá-lhes também grande paixão pelas especulações e por todos os jogos de azar, bem como, por uma existência despreocupada e cheia de prazeres.

Nas maneiras, as pessoas sob a influência mercuriana são plácidas e emotivas. Os homens são reservados e dignificados; as mulheres, vivazes e amantes das boas companhias. Deve-se temer algum distúrbio mental, quando a vida que se leva é de indulgência íntima ou de cessão ao controle espiritual alheio.

Celebridades do Ano do Carneiro

Isabela Garcia, atriz; Antônio Conselheiro, místico, chefiou a guerra dos Canudos; Getúlio Vargas, político, governou como ditador e presidente eleito; Michelângelo, pintor, escultor e arquiteto italiano do Renascimento; Oscar Niemayer, o mais famoso dos arquitetos brasileiros; Roberto Carlos, compositor e cantor; Rodolfo Valentino, ator italiano do cinema mudo; Walter Hugo Khouri, diretor de cinema; Nat King Cole, cantor americano; Robert de Niro, ator americano; John Wayne, ator americano.

Samurais, Fundadores de Religiões e Outras Celebridades do Ano do Carneiro no Japão

Nichiren Shonin (Água), Kusunoki Masashige (Madeira), Kobayashi Issa (Água), Buson (Madeira), Saicho ou Dengyo Daishi (Fogo), Asano Naganori (Fogo), Takeda Izumo (Metal), Fukuzawa Yukichi (Madeira), Satake Yoshishigue (Fogo), Tsunesaburo Makiguchi (Metal), Tokuharu Miki (Metal).

Presságios Para o Ano do Carneiro

Rato

O ano sob a influência de regência do ano do **Carneiro**, de acordo com a astrologia japonesa, é bastante positivo para o **Rato**, com muito dinheiro no bolso e bastante saúde. Com a proteção extra de *Hotei*, o vigor físico do **Rato** o impulsionará para as realizações de vulto.

Os nativos ligados aos meios de comunicação ou às artes plásticas terão um sucesso considerável, o mesmo devendo acontecer com aqueles que praticam esportes profissionalmente, cujo esforço físico é exigido.

Os nativos que gostam de estudar no ano do **Carneiro** irão conhecer outros com quem poderão compartilhar seus interesses e provavelmente iniciar uma sólida amizade. Esse será um ano marcado por viagens; aproveite para ampliar seus horizontes e ganhar experiência.

No amor, **Rato** colherá notáveis satisfações no que se refere a atos da carne, porque seu interior também estará fortalecido pelas energias benéficas do astral. Procure fazer tudo que estiver ao seu alcance para agradar a pessoa amada: cada gesto de atenção, por menor que seja, poderá contribuir para fortalecer ainda mais a sua união.

A mulher do signo do **Ano do Rato**, que está sempre pronta para novas conquistas, no amor e na vida profissional, viverá um tempo muito válido no ano do **Carneiro**. Estando ela unida a um companheiro de **Dragão**, **Macaco** ou **Tigre**, aí sim é que será muito mais feliz.

Boi

Um excelente ano para florescer o amor. No ano do **Carneiro**, o **Boi** perderá todas as suas inibições e mostrará o seu lado mais ardente e apaixonado. Com a força de *Benten,* seu espírito estará sempre iluminado, seu charme realçado e o seu poder de sedução no ápice. Em qualquer lugar que vá, no escritório, nas reuniões sociais ou mesmo na rua, os olhos das pessoas do sexo oposto estarão sempre voltados para ele. O **Boi** estará impregnado pelo perfume do sexo.

Sua vida profissional terá alguns altos e baixos. Faça tudo que estiver ao seu alcance para consolidar vínculos de trabalho; suas perspectivas de sucesso serão maiores ou menores dependendo da maneira pela qual você se conduz em serviço.

Procure resguardar sua reputação; evite andar em companhias pouco confiáveis. Ouça o que as pessoas mais experimentadas têm a lhe dizer; seu bom senso fará o resto.

Pessoas cheias de inveja e de espírito embotado estarão se pondo em seu caminho. Talvez seja necessário confortar alguém que se encontra em dificuldades, embora o nativo não tenha condições de solucionar de imediato os problemas pelos quais esta pessoa esteja passando.

O ano será marcado por desentendimentos familiares, que poderão ser evitados se o **Boi** for tolerante e compreensivo, cedendo um pouco. É provável que o **Boi** receba notícias desagradáveis sobre a saúde de um ente querido.

Tigre

O **Tigre** vai precisar de muita coragem e determinação para superar o ano do **Carneiro**, que não lhe é favorável. Porém, *Bishamon* estenderá a mão nos momentos mais difíceis. Procure manter a harmonia em suas relações pessoais. Trace um paralelo entre seus rendimentos e despesas para melhor controlar seu orçamento.

Evite se envolver emocionalmente nos acontecimentos; se seus colegas de trabalho exibirem um comportamento diferente, mantenha-se na defensiva. A tensão poderá lhe causar problemas estomacais, por isso é preciso que o **Tigre** tome cuidado em dobro com sua alimentação. Prefira os alimentos naturais: verduras, frutas, legumes, cereais e fibras.

Seria ótimo que o **Tigre** incluísse tofu (queijo de soja) na sua dieta diária, temperado somente com shoyu (molho de soja).

Desfrute ao máximo dos momentos em família; isso poderá representar muito para o **Tigre** na atual conjuntura. Seja cuidadoso nos assuntos que envolvam parceria com outras pessoas; o **Tigre** poderá sofrer forte oposição.

O trabalho deverá lhe trazer algumas compensações em longo prazo. Um certo relacionamento amoroso talvez venha finalmente a se consolidar. Talvez o nativo tenha algumas dúvidas a respeito de como lidar com as situações; evite tais receios. Não pense em mudar de emprego. Canalize suas energias sempre naquilo que estiver fazendo. Fuja das pessoas negativistas e invejosas. Atenção no trânsito.

Coelho

O nativo do **Ano do Coelho** viverá um tempo bastante propício no ano do **Carneiro**, porque *Enma-O*, deus do submundo, abre o seu Portal da Morada da Alma. Assim, tanto no lar quanto na vida profissional, o **Coelho** colherá muitas satisfações com realizações plenas.

Se o **Coelho** deixou-se envolver pela atração que o perturbou no ano passado, esse ano seus pensamentos estarão completamente dispersos. É bem possível que um encontro enfim se realize em abril, com ápice em junho, dando-lhe a oportunidade esperada para expor com palavras o que se passa pelo seu coração.

Grande produtividade no trabalho. Os que estejam atuando na área da publicidade, como idealizadores de uma nova campanha, serão muito bem-sucedidos. Excelente ano para montar um negócio próprio. Compra e venda de imóvel favorecido. Entrada inesperada de dinheiro.

No lar, **Coelho** viverá momentos de felicidade total, com os seus descendentes lhe dedicando um respeito notável, acatando conselhos e seguindo os caminhos indicados. Este é um bom ano para fazer inovações no seu modo de trabalhar; o **Coelho** encontrará formas de agilizar mais a sua atuação.

A mulher do **Ano do Coelho** também terá um ano todo especial. Assim, ela poderá dar e receber amor e atirar-se às realizações. Possibilidades de encontrar a outra metade, caso seja solteira.

Dragão

O corajoso e potente **Dragão**, que, de vez em quando, é um tanto precipitado, estará em alta no ano do **Carneiro**. Estará sob a proteção de *Inari* (deus japonês do arroz), que iluminará o seu interior com o mais alto grau de positivismo. Tanto que, para aqueles que militem na odontologia, medicina, comércio, artes plásticas ou imprensa, o sucesso estará chegando até com certa facilidade.

Os setores de seu horóscopo referentes aos assuntos familiares e às finanças serão os mais beneficiados pelas influências astrológicas. Também será um excelente ano para o **Dragão** tomar decisões referentes à sua vida sentimental. A clareza com que compreenderá seus sentimentos mais íntimos o ajudará a saber que tipo de laço o une a esta ou aquela pessoa.

O nativo do **Ano do Dragão** poderá arriscar-se em jogos e números, pois a sorte estará ao seu lado. Seu instinto de proteção também estará muito aguçado, levando-o a tomar atitudes paternalistas com relação a todos. A sua disposição para as atividades físicas continuará presente durante todo o ano.

A mulher do signo do **Ano do Dragão**, que é excitante e sabe como agitar os ânimos de seu companheiro, deverá, no sentido físico, ser muito feliz no ano do **Carneiro**. Seu corpo vibrará de desejo e poderá ser muito recompensada. A não ser que esteja ligada a alguém de um signo antagônico.

Serpente

Eis que a **Serpente** terá um ano todo especial, de vitórias, momentos felizes, muitas satisfações íntimas e realizações de vulto no ano do **Carneiro**. Todo o interior da **Serpente** estará fortalecido pelas forças positivas do astral, gerando luminosidade por onde o nativo desse signo esteja passando. Os profissionais liberais estarão extremamente favorecidos. Compra e venda de bens também.

Um antigo caso de amor poderá reacender uma velha chama que parecia apagada. Mas não será por muito tempo, pois haverá uma outra pessoa muito interessante atraindo sua atenção. A **Serpente** se verá pressionada a tomar uma decisão. O nativo deverá ser o mais honesto que puder, e não se arrependerá se seguir o seu coração. Todavia, se for casado, fuja de triângulo amoroso, pois só trará problemas.

Na família, o tempo será de céu azul, sem nuvens prenunciando aborrecimentos. No que se refere a lucros, no trabalho, o ano será muito favorável. Ótimo também para investimentos em papéis. Excelente para desenvolver uma atividade paralela para ajudá-lo no orçamento doméstico.

A mulher do signo do **Ano da Serpente**, que é muito ligada à sua prole, viverá um tempo de boas realizações no ano do **Carneiro**. Seu lar estará bafejado pelos bons fados. O ano favorece mudanças de emprego ou mesmo de profissão.

Cavalo

Para que o sistema funcione nessa nossa sociedade, todos nós pagamos impostos de uma forma ou de outra. Assim também é o astral. Pela Astrologia Japonesa, para o **Cavalo**, o ano do **Carneiro** está destinado ao pagamento da dívida astral. O nativo passará por uma série de provações para obter a harmonia em sua vida.

Não espere muita cooperação nesse ano; na verdade, suas atitudes poderão ser questionadas ou até criticadas por aqueles que o cercam. Mantenha a maior parte de seus relacionamentos em um nível superficial, de maneira que não lhe façam cobranças ou interfiram em sua vida.

Tome cuidado para não dar um passo maior que as pernas; é preciso que o **Cavalo** saiba reconhecer seus limites. Se o nativo se encontra profissionalmente numa posição de liderança, evite abusar da autoridade que lhe foi conferida.

No plano sentimental, procure não se expor demais aquela pessoa em quem o **Cavalo** anda interessado. Talvez não corresponda plenamente aos seus sentimentos, e isso certamente o deixará decepcionado.

A mulher do signo do **Ano do Cavalo** viverá um tempo de muitas adversidades se estiver ligada a um signo antagônico como **Rato** ou **Boi.** Necessitará de uma grande dose de abnegação para dispersar as contrariedades. Procure se dedicar mais ao trabalho e aos amigos. Lembre-se de que depois da tempestade vem a bonança.

Carneiro

Os *Sete Deuses da Felicidade* abrem para o nativo do **Ano do Carneiro** o Portal da Morada da Vida. No seu ano especial, o nativo estará vivendo um tempo de grandes realizações. Sua vida profissional, se for liberal, no comércio ou nas artes, irá lhe trazer momentos de muita satisfação pessoal. O **Carneiro** poderá fazer um grande negócio no setor imobiliário, se estiver bem atento às oportunidades. As ambições pessoais vão governar as atitudes dos nativos durante o ano. Por isso, é bem provável que o **Carneiro** agrade algumas pessoas e magoe outras.

O seu espírito estará mais do que vibrante, impulsionando-o para o lugar que merece. Afinal, o **Carneiro** deve aproveitar os bons fados do seu próprio ano. Se for homem e solteiro, poderá, como se diz, partir firme sobre qualquer "caça" que lhe dê bola. Mas, se o sucesso não vir nessa empreitada, não desista. Siga em frente, repleto de coragem e ousadia. Vai ser difícil resistir ao seu charme e poder de sedução.

Seja maleável o bastante para seguir o curso natural das coisas e reconhecer suas limitações quando necessário.

A mulher do signo do **Ano do Carneiro**, uma mãe dedicada e cheia de carinho para dar, no seu ano especial deverá viver ótimos momentos com a sua prole. Com o companheiro, com algum signo compatível, passará bons momentos de felicidade.

Macaco

Inari (deus japonês do arroz ou deus japonês dos alimentos) abre o Portal da Morada da Fortuna para o nativo do **Ano do Macaco**. Segundo o que preconiza o horóscopo japonês, o **Macaco** deverá colher bons frutos no trabalho, no lar e na vida social. Seu interior estará muito fortalecido pelas forças astrais positivas, e seu exterior transmitirá aos que o rodeiam uma certeza de confiança e absoluto crédito.

No trabalho, **Macaco** andará subindo todo o ano, sendo que os que estão ligados ao ramo da construção civil deverão ser os mais privilegiados. Os amigos se mostrarão extremamente receptivos e lhe darão algumas sugestões de grande valia.

Faça planos para o futuro em todos os setores, confiando no seu contato estreito com o astral. Se o **Macaco** tem um relacionamento amoroso ainda frouxo, talvez seja este o ano para firmá-lo. Se já estiver casado, é certo, o tempo é de muita felicidade no lar, com o casal transmitindo aos filhos conselhos válidos e lições de vida inesquecíveis.

A mulher do signo do **Ano do Macaco** viverá bons momentos no ano do **Carneiro,** extraindo do próprio ser a vitalidade para fazer com que o companheiro participe do seu mundo de excitação e felicidade. Ela deve se alimentar moderadamente, evitando frituras e bebidas alcoólicas. Lecitina de soja é um ótimo complemento alimentar.

Galo

Os prognósticos indicam que o **Galo** terá um ano muito tranqüilo e sem grandes novidades, mas ele terá sucesso em seus investimentos, vida social plena e muita cumplicidade familiar. O destaque do ano está para as amizades leais. Os bons amigos estarão sempre prontos para lhe dar a mão em ocasiões de emergência.

É tempo de perspectivas inovadoras no trabalho — talvez partir decisivamente para uma mudança de emprego ou montar um negócio próprio.

Os encontros sociais servirão para descansar a sua mente e relaxar das tensões do dia-a-dia. Dê mais atenção à vida doméstica. Sua colaboração será de grande importância para resolver problemas relacionados com familiares. Seus esforços profissionais começam a ser reconhecidos e recompensados à altura. Pessoas que ocupam cargos de chefia prestarão mais atenção a seu desempenho no serviço.

Mantenha os pés no chão e não deixe que seus sonhos prevaleçam sobre a realidade. Parentes distantes podem mandar notícias que mudarão sua vida para melhor.

A mulher do signo do **Ano do Galo**, que sempre vive momentos de dramática incerteza antes de tomar uma decisão, viverá um bom tempo no ano do **Carneiro**. Sua família lucrará muito mais com o seu estado de espírito, depois ela irá definir-se quanto a atitudes a serem tomadas. Sexualidade aflorada.

Cachorro

O nativo do **Ano do Cachorro** viverá um bom tempo no ano do **Carneiro**, pois seus horizontes estarão claros e com muita energia astral fluindo a seu favor. Como o **Cachorro** tem, por natureza, muito equilíbrio, seu lar costuma andar em ordem, com a família muito unida. E, no ano do **Carneiro**, isso será ainda mais notável.

Um encontro romântico poderá abrir novas perspectivas em sua vida. Seja bastante claro em suas intenções e demonstre todos os seus sentimentos. Decisões envolvendo assuntos amorosos serão muito bem-sucedidas nesse ano.

No trabalho, o nativo desse signo também colherá bons frutos, uma vez que seu espírito estará fortalecido pelo bom ambiente no lar.

O ano também será propício para que o **Cachorro** faça visitas a parentes que estejam afastados. Convites para festas e reuniões sociais não devem ser recusados. Aproveite os conselhos recebidos de pessoas mais idosas, pois eles se mostrarão bastante adequados para resolverem os seus problemas. Bom ano para prática de esportes.

A mulher do signo do **Ano do Cachorro** será bastante feliz no ano do **Carneiro**, uma vez que o ano astral só trará coisas boas para a família. Ela, embora não sinta, será muito valorizada pelos filhos e pelo companheiro. Se ainda estiver solteira, poderá ver-se cercada de admiradores e ouvirá galanteios a todo instante. Mas é bom que não deixe a vaidade tomar conta da cabeça.

Javali

Os *Sete Deuses da Felicidade* abrem para o nativo do **Ano do Javali** o Portal da Morada dos Amores. Isso significa que o **Javali** vai viver um de seus melhores tempos no ano regido pelo **Carneiro**, segundo a Astrologia Japonesa. O **Javali** estará em alta durante o ano todo.

O **Javali** começará a obter reconhecimentos na vida profissional, graças principalmente aos seus esforços pessoais. Dê vazão ao seu talento criativo, aproveitando-o para aumentar sua produtividade no trabalho. Projetos novos devem ser colocados em ação.

Mas é na vida amorosa que o **Javali** vai viver o seu melhor tempo. Oportunidades excelentes para conseguir o par, caso ainda seja solteiro, porque o seu lado mais ardente e apaixonado estará estimulado pelas forças cósmicas. Seu charme e poder de sedução estarão no auge e poucas pessoas do sexo oposto resistirão aos seus encantos. Sua sexualidade nunca irá deixá-lo na mão. Para os casados, haverá a recuperação da sensualidade de outrora.

Pessoas influentes usarão de todo prestígio para permitir que o **Javali** consiga o que realmente deseja.

A mulher do signo do **Ano do Javali** viverá um tempo excepcional, porque estará vibrante, com muita vontade de amar, em todos os sentidos. E, com isso, gerará ainda mais amor entre todos da família. O seu espírito estará envolto por uma luminosidade fora do comum, proporcionando um ano de grandes realizações.

O Signo do Ano do Macaco (Sarudoshi)

Só quem reconhece as próprias fraquezas é capaz de relevar as de seu próximo.
(Máxima japonesa)

Macaco de Água	(+)	1932
Macaco de Madeira	(+)	1944
Macaco de Fogo	(+)	1956
Macaco de Terra	(+)	1968
Macaco de Metal	(+)	1980
Macaco de Água	(+)	1992
Maço de Madeira	(+)	2004

Magias Naturais

Astro regente: Mercúrio.
Nome do Macaco em japonês: Saru.
Ordem de colocação: nono.
Posição: oeste-sudoeste.
Estação: inverno.
Horas: 15:01 às 17:00.
Cor: amarelo.
Pedras: diamante, rubi e safira.
Perfume: sândalo.
Flor: girassol.
Número de Sorte: 1.
Dia propício da semana: domingo.
Parte mais sensível do corpo: quadris.
Tipo de animal: de pele dura.
Domicílio astral: Gembu (Guerreiro Negro).
Força espiritual: Amaterassu Oomikami (Augusta Deusa Sol).
Direção: norte.
Elemento fixo: Mizu (Água).
Polaridade: Yang.
Pensamento: Saru mo ki kara ochiru — O macaco também cai da árvore.

Características Principais

As pessoas nascidas sob os auspícios desse signo têm maneiras naturalmente joviais, são justas e honradas nas suas transações com os outros, repudiando as ações mesquinhas e sórdidas. São propensas a ir aos extremos em tudo que fazem. O temperamento é em geral bondoso, mas sempre que lhes façam algum mal ou queiram impor domínio, exasperam-se e, às vezes e quando sob o império da ira, lançam mão até da violência.

Quando se considera o caráter do **Macaco**, deve-se levar em conta a circunstância de que os natos são fortemente afetados pelas condições físicas e mentais dos outros, e de que, amantes que são da reciprocidade, pagam sempre com a mesma moeda. Em regra, porém, não são agressivos, mas inflamam-se facilmente contra as injúrias.

A intuição é notavelmente desenvolvida, pelos que penetram com toda sinceridade nos sentimentos e interesses alheios, e adaptam-se rapidamente a quaisquer circunstâncias e pessoas. A simpatia que constantemente demonstram é a causa principal que dá ensejo às imposições que tantos irritam. Deixam-se levar mais pelo coração do que pelo cérebro, e freqüentemente, por essa mesma razão, se envolvem em complicações, arrastando consigo os outros. Mas a intenção é sempre louvável, e arrependem-se sinceramente das suas imprudências.

As tradições e os costumes vulgares pouca influência exercem sobre os indivíduos do **Ano do Macaco**, e sempre que lhes fazem um apelo, no sentido de compensar algum mal, atendem-no. Sem se incomodarem com a etiqueta, usam-na toda vez que haja necessidade, e não medem tempo, lugar ou precedentes na obtenção do fim almejado, embora tenham, justiça lhes seja feita, grande respeito pelas leis e pela autoridade.

Amam as boas coisas da vida, e, por terem habitualmente muita sorte, podem dar-se ao luxo dos confortos domésticos. Geralmente conseguem obter o que cobiçam, graças à sua agradável personalidade. Com efeito, é tão pronunciado o seu magnetismo que chegam, muitas vezes, a granjear grande estima e popularidade na vida pública.

São muito impulsivos e prodigalizam os seus afetos; dependem muito do amor e da simpatia dos outros. Ativos e sinérgicos, preferem, no entanto, planejar a executar. O modo muito cordial de falar inspira confiança quanto às suas aptidões. São ambiciosos e perseverantes, mas de tal forma é sua natureza imperiosa, que não se podem eximir do desgosto, quando se acham sob o comando de outrem. No lar, dedicam-se carinhosamente aos interesses da família, e morreriam na defesa dos seus direitos.

Deficiências

Em razão de as pessoas nascidas sob este signo se governarem pelo coração, e não pelo cérebro, quando vivem num plano mental inferior, a natureza amorosa transforma-se em paixão desabrida, e o gênio violento, em fúria indômita. São grandes emuladores, e a não ser que se associem a pessoas refinadas e cultas, expõem-se a contrair pensamentos grosseiros e sensuais, e maneiras orgulhosas e arbitrárias.

Chegam a conclusões aos sobressaltos, e não se dão ao cuidado de examinar com atenção se são errôneas ou acertadas, de sorte que, com isso, formam freqüentemente os conceitos mais violentos e injustos sobre pessoas e coisas.

Sugestões

É sempre triste ver a natureza de um tipo majestoso e dominante como o do **Macaco** degenerar-se num déspota altivo e rude. O autocontrole é a lição mais importante que deverão aprender, todavia raramente o façam antes de terem compreendido o "argumento do chicote", a sua natureza fogosa necessitando, para disciplinar-se, de experimentar o sofrimento e a dor. Quando tiverem, assim, reconhecido as suas faltas e fraquezas, irão se encher de compaixão para com os outros, permitindo a muitas almas desconsoladas e aflitas se acalentarem na jovialidade e na benevolência da sua presença.

Os natos do **Ano do Macaco** deveriam aprender a distinguir entre a intuição, que estão inclinados a julgar infalível, e o desejo de possuí-la, que a disfarça sob colorido irreal e a deturpa. Nunca deveriam dar rédeas soltas às emoções, mas esforçarem-se por analisá-las. Lucrariam em fazer cessar todo juízo precipitado, em investigar antes de negar, e, acima de tudo, em reprimir o gênio que lhes causa a metade dos males de que sofrem.

Afinidades e Casamento

As pessoas nascidas sob o signo do **Ano do Macaco** geralmente encontram a felicidade na união com os natos do **Ano do Rato**, a natureza de ambas as constelações sendo leal, afeiçoada e amiga da vida do lar. Alianças venturosas também se fazem com **Cachorro**, **Javali**, **Boi** e **Dragão**. No consórcio com este último signo, o sentimento de superioridade que lhe é peculiar poderia, muitas vezes, constituir agravante ao coração expansivo e simpático do **Macaco**. Não obstante, semelhante união seria proveitosa a um e outro, especialmente ao **Macaco**, no que diz respeito à contenção da sua natureza imperiosa.

Homem do Ano do Macaco com mulher do Ano do:

- **Rato**: Combinação excelente para viver plenamente e dignamente os mais caros anseios de amor. Sexo delicioso.
- **Boi**: Família saudável, numerosa e feliz. A conjunção carnal será envolvente e gostosa.
- **Tigre:** Entre tapas e beijos, esse casal vai levando a vida, com as diferenças terminando na cama.
- **Coelho:** Acontecimentos misteriosos furtam a felicidade do casal, embora a sexualidade seja intensa.
- **Dragão:** Combinação ótima. Romance com lances cinematográficos. Sexualidade alta.
- **Serpente:** Ela lhe ajudará na profissão de todos os modos. Combinação sexual boa.
- **Cavalo:** Conseguirão superar todas as dificuldades e manter harmonia amorosa. Muito sucesso na vida social.
- **Carneiro:** Não é uma união benéfica. Haverá muitas brigas e discórdias entre o casal.
- **Macaco:** Uma união que pode dar certo. Auxílio mútuo no trabalho e na vida social. Sexualidade excelente.
- **Galo:** Anulação das personalidades, embora a atração física seja grande. Grande acúmulo de bens.
- **Cachorro:** Uma vida repleta de cordialidade e muita camaradagem. O sexo será muito bom.
- **Javali:** Um casal feliz, porém sem grandes destaques. A sexualidade é normal e rotineira.

As Crianças do Ano do Macaco

Maior erro não se pode cometer na educação dos filhos do **Ano do Macaco** do que procurar levá-los por meio de métodos ríspidos. São tão amantes das pilhérias, que constantemente se estão vendo comprometidos. Sendo generosos de coração e muito sensíveis, reclamam grande soma de simpatia; quando esta lhes é negada, e a combatividade da sua natureza se ascende, tornam-se sumamente desobedientes e decididos a fazer valer sua vontade, seja de que maneira for.

Carecem de divertimento variado e constante, a fim de se domar as tendências das manhas, e deveriam estar sempre entretidos com tarefas e deveres de fácil execução.

Não são muito afeitos ao estudo, mas aprendem com grande facilidade, sempre que se aplicam nesse sentido. Amor e aplauso são o estímulo de que precisam para produzir do seu melhor, tanto em casa como no colégio.

Não deve a mãe ou professora demonstrar impaciência na educação das crianças que nasceram no **Ano do Macaco**, pois são muito impressionáveis e dadas à imitação, o que as levaria a seguirem, com a mesma solicitude, tanto os bons exemplos, como os maus.

Devido ao grande número de instintos animais e da intensidade das suas paixões, precisam de que lhes expliquem a enorme utilidade do autocontrole e do desenvolvimento da individualidade, habituando-as, desde a mais tenra idade, a pensar por si mesmas e a decidir as suas próprias questões. Em algumas famílias, este costume nunca é observado enquanto ficam sob o teto paterno.

Não se pode salientar demasiadamente o quanto urge ensinar aos filhos do **Ano do Macaco** o valor do governo de si mesmo, e ajudá-los a aprenderem a contar consigo mesmos, ao invés de se colocarem à mercê dos outros no que concerne às lutas que terão de manter contra os elementos inferiores do seu caráter. Seríamos péssimos construtores e donos de navios, e pouco precavidos, se fossemos mandar os nossos marinheiros na sua viagem sobre o grande oceano da vida sem lhes haver permitido adquirir, previamente, experiência da arte de navegação e conhecimento dos segredos náuticos.

Vocação

Mulheres

As mulheres do **Ano do Macaco** amam o lar e gostam de construí-lo. São donas de casa modelares, boas cozinheiras e sabem onde se compram os gêneros em condições mais vantajosas. Sua hospitalidade é proverbial. Entretanto, todo aquele, parente ou amigo, que transgredir injudiciosamente nos seus domínios ou nos seus direitos maternos deixará de ser bem-vindo em sua casa.

Possuem excelente coração e ilimitada simpatia. Quando opinam pela vida profissional, tornam-se ótimas enfermeiras ou doutoras em medicina. Não procuram freqüentemente emprego no mundo comercial, preferem a vida doméstica e gostam de estar na direção dos lares. Têm uma variedade de inclinações e uma grande adaptabilidade, pelo que comumente se vêm coroadas de êxito em quase qualquer trabalho por que se interessem.

Possuidoras de voz maviosa e sonora, são generosas e sinceras nas afeições. São sensíveis e nem sempre compreendidas por aqueles que não sabem avaliar o seu grande amor pela natureza. Muitas atrizes trágicas e sentimentais pertencem a este signo.

HOMENS

Os indivíduos nascidos no **Ano do Macaco** são geralmente bem-sucedidos nas atividades comerciais, sua personalidade atrativa concorrendo não pouco como fator do sucesso. Amiúde conseguem grande popularidade, e, quando se acham ocupando posições de autoridade e poder, a sua influência pessoal é sempre mais convincente do que as palavras que proferem, e raramente é recusado o favor que peçam pessoalmente. Não são egoístas em matéria de dinheiro. Entretanto, em matéria de opinião, esperam fazer prevalecerem suas idéias. Em virtude de serem tolerantes com as faltas cometidas a ponto de consumirem suas energias no auxílio prestado aos outros, terão mais êxito financeiro quando se associarem comercialmente às pessoas calmas e ponderadas, que aconselhem discrição, poupança de energia e moderação de impulsividade.

Os natos do **Ano do Macaco** tributam grande respeito ao intelecto. Sabem perfeitamente que saem "vendidos" quando à sua simpatia seja endereçado algum apelo. São de natureza de tal forma independente que se rebelam quando comandados por outros, e visto que os instintos para o comércio são tão aguçados, parece que, apesar de serem precipitados nas decisões de importância, a natureza talhou-os mais propriamente para mandarem do que serem mandados. Quando ocupam posições subordinadas, os jovens **Macacos** se mostram indolentes e aparentemente destituídos de toda ambição. Entretanto, as promoções lhes vêm rapidamente, mercê das suas maneiras sedutoras. É somente quando sentem sobre os ombros o peso de uma responsabilidade que se revelam no seu verdadeiro valor e na sua competência de realizadores.

Essas pessoas têm ao seu dispor grande habilidade mecânica, mas convêm-lhes mais as atividades mentais do que os trabalhos manuais, pois nunca se poupam quando incitados pelo interesse que encontram no serviço, e o excesso de exercício físico pode causar-lhes distúrbios cardíacos e genitais.

Macaco produz excelentes químicos, biólogos e naturalistas. Na qualidade de médicos, são simpáticos, e os clientes se apegam a eles, pois os seus ares joviais e alegres parecem dissipar a tristeza da cabeceira dos doentes, além de inspirar esperanças e amor à vida aos que se colocam sob os seus delicados cuidados profissionais.

Como ministros, atores ou oradores públicos, conseguem arrastar os auditórios, não tanto pelo que dizem mas pelo modo por que se dirigem ao público, dado que não raro o discurso em si nada contém de especial que traga benefício à lucidez do intelecto. O segredo do êxito repousa no calor que transborda das suas palavras e nas qualidades intuitivas e magnéticas que lhes permitem colocar-se em sintonia com os ouvintes, despertar neles a simpatia adormecida e movê-los tanto às lágrimas, quanto ao riso.

Os indivíduos do **Ano do Macaco** adoram a grandeza e o poder, e aspiram culminar nos postos elevados do governo, e quando ocupam, fazem-no de maneira grave e honrosa.

Podem ser ótimos advogados e magistrados, comandantes do exército ou da marinha, banqueiros, corretores, fabricantes, autores e artistas. Todas as posições de confiança e autoridade são habilmente preenchidas pelo **Macaco**.

Filantropos por natureza, apreciam trabalhar para o adiantamento da humanidade. Exigem liberdade pessoal para si, entretanto estão sempre ansiosos de comandar os outros, tanto no pensamento como na ação. Urgem ao invés de agredirem, e são mais conservadores que radicais.

Na vida comercial, seria desejável a sociedade estabelecida entre **Macaco** e **Carneiro**. **Macaco** trabalharia com grande força de vontade e energia, inspirando confiança ao sócio pelas suas habilidades, mas o seu irrefletido dispêndio de força física seria refreado pela natureza mais egoísta do **Carneiro,** que sempre receia tornar-se debilitado e economiza, por isso, suas posses e energias, fazendo uso prudente de ambas.

Se **Macaco** e **Cavalo** unissem forças, a impetuosidade e dogmática força de vontade do **Macaco** seriam controladas pelos métodos mais calmos e analíticos do **Cavalo**. **Tigre** e **Macaco** associam-se naturalmente e suas relações comerciais seriam altamente satisfatórias.

Atividades e Profissões do Nativo do Ano do Macaco

Atividades físicas: ginasta, jogador de futebol, pára-quedista, piloto, bailarino, tenista.

Atividades comerciais e sociais: relações-públicas, importador/exportador, empresário, ourives/joalheiro, banqueiro, advogado, ministro, político, embaixador, cardiologista.

Atividades intelectuais e artísticas: diretor de arte, professor universitário, dramaturgo, antiquário, desenhista.

Influência Astral

Mercúrio, com sua influência sobre as pessoas nascidas sob a sua especial proteção, irá dotá-las de esplêndida saúde, robustez, coragem, orgulho e ambição.

Dá aos natos natureza dominante, raciocínio sensato, disposição generosa, magnânima, e maneiras cordiais, tornando-os assim os líderes naturais do povo.

As pessoas do **Ano do Macaco** devem precaver-se contra os excessos físicos e as excitações. Gostam dos desportos atléticos, e, por serem dotados de belo físico, imaginam-se capazes de qualquer excesso, nem sempre descobrindo o seu engano antes de terem causado irreparável dano ao organismo.

Celebridades do Ano do Macaco

Nani Venâncio, atriz; George Byron, poeta e aventureiro inglês; Antônio Carlos Gomes, compositor e músico, autor de *O Guarani;* Francisco (Chico) Buarque de Holanda, compositor e intérprete; Oswaldo Cruz, médico sanitarista; Marquês de Sade, escritor francês; Carmem Miranda, cantora e atriz; Manuel Francisco dos Santos (Garrincha), jogador de futebol de fama mundial; Ruy Barbosa, político e jurista; Alberto Santos Dumont, inventor do avião; Richard Wagner, compositor alemão; Carla Marins, atriz; Roberta Miranda, cantora; Júlio César, estadista romano.

Samurais, Fundadores de Religiões e Outras Celebridades do Ano do Macaco no Japão

Miyamoto Musashi (Madeira), Toyotomi Hideyoshi (Fogo), Hojo Ujimasa (Terra), Sakikabara Yasumasa (Terra), Honda Tadakatsu (Terra), Ikeda Nobuteru (Fogo), Ouchi Yoshihiro (Fogo), Matsuo Basho (Madeira), Minamoto no Yorimasa (Madeira), Dogen (Metal), Morinaga Shinno (Terra), Ishihara Shintaro (Água), Togo Heihachiro (Terra), Shimazaki Toson (Água), Yamamoto Isoroku (Madeira), Tojo Hideki (Terra), Toshiro Mifune (Metal), Nogi Maresuke (Terra), Kazuo Inamori (Água), Nao Deguchi (Fogo).

Presságios Para o Ano do Macaco

Rato

Durante o ano, o **Rato** terá oportunidade de colocar e praticar todos os seus planos de trabalho. Grandes realizações profissionais.

Os que estão ligados à agricultura, horticultura, suinocultura, pecuária e avicultura ganharão muito dinheiro e terão boas oportunidades de comercializar seus produtos.

A citricultura não é muito favorecida no ano do **Macaco**.

Os funcionários públicos que operam no setor de saúde e assistência social estarão favorecidos nos períodos de reivindicações e empréstimos de qualquer ordem.

Harmonia e felicidade conjugal na família do **Rato**. Os solteiros estarão predispostos a encontrar o seu verdadeiro amor. O Yang encontrando o seu Yin. Porém, há tendência de atração por uma pessoa do **Ano do Cavalo**. Fuja deste envolvimento, porque o temperamento do **Cavalo** poderá anular a sua personalidade.

A criatividade do **Rato** estará estimulada para todos os fins. Conte com o apoio e a ajuda de amigos, parentes e familiares.

Ideal para mudanças, compra de imóvel, viagens e casamentos — inclusive vida a dois sem papel passado. Se quiser tentar a sorte nos jogos e loterias, o seu melhor período é o mês seguinte ao seu aniversário.

Boi

Nesse ano, o **Boi** poderá ser convidado a assumir importante cargo de responsabilidade na repartição ou na empresa onde trabalha. Agarre essa oportunidade com unhas e dentes sem nenhum receio, porque aquele que não assumir determinados compromissos pouco progredirá na vida.

O astral lhe favorece profissionalmente. Seus esforços e sua capacidade de gerir serão reconhecidos pelos chefes e superiores.

A disposição enérgica e corajosa do nativo fará virar a seu favor certas vantagens no campo afetivo. Tais circunstâncias poderão transformar-se em compromisso sério e quem sabe até em matrimônio no decorrer do ano.

Os casados ou compromissados devem transferir para o próximo ano as viagens de longo percurso.

O astral recomenda que o **Boi** aumente seu círculo de amizades.

O ano é excelente para aqueles que estão necessitando de tratamento de saúde, cirurgias plásticas ou outro tipo de intervenção, e para regime alimentar rigoroso para perda de peso. Favorece também a prática de exercícios físicos ao ar livre.

As configurações astrológicas recomendam ao **Boi** em todas as ocasiões moderação no comer e no beber. Se porventura fume convém esforçar-se para parar. O fumo nunca deu camisa para ninguém e é sempre uma espécie de muleta para quem usa.

Tigre

Um ano excelente para viver intensamente o amor ou iniciar a vida em comum, casados legalmente ou não.

Na vida profissional, siga os atos rotineiros. Não é ideal para novos empreendimentos e tampouco para assumir compromissos. Se contrariar estes presságios, seu futuro poderá ficar seriamente comprometido.

O ano favorece apenas os planejamentos futuros e a reformulação dos métodos de trabalho, sem, contudo, pôr em prática tais planos no presente momento. Hoje é a sua lembrança amanhã.

Ameaças jurídicas, infração por parte da prefeitura, do fisco e do governo.

Deve evitar as pessoas pessimistas que irradiam negativismo e estar sempre perto de pessoas bem-sucedidas e otimistas para absorver um pouco desse positivismo. Procure descartar tudo que é ruim em sua vida. Ciúmes, contradições e mentiras devem ser evitados.

Não faça viagens longas, principalmente se tiver que dirigir.

No trânsito local, use sempre o cinto de segurança. Nunca ande em locais ermos tarde da noite sem nenhuma companhia. Os riscos devem ser suprimidos.

Pratique exercícios físicos sob a orientação médica. Moderação no comer e no beber, e principalmente no fumo.

Coelho

O verdadeiro valor para a felicidade é notado por cima dos tempos infelizes. Pela compensação astral, o mesmo tanto de infelicidade, a pessoa terá em felicidade.

O ano do **Macaco** para o **Coelho** não é muito favorável. Preocupações e contrariedades no lar. Notícias desagradáveis sobre parentes.

No ambiente de trabalho, colegas invejosos tentarão puxar o seu tapete. Aquele chefe que não vai com a sua cara, vai-lhe pressionar para tentar que você peça demissão do emprego.

Há perigo de você estar em lugar errado na hora errada. Poderá apaixonar-se terrivelmente por alguém que não lhe merece. Para os casados, possivelmente uma ruptura. Preste muita atenção neste presságio, pois este poderá ser o pomo das discórdias e das separações inúteis.

Prevenir-se é a solução. Conserve-se distante de locais pesados, como casas de jogos, locais de encontros suspeitos, e também dos pessimistas e negativistas. Para que andar à beira do abismo se tem um amplo espaço seguro ao seu lado?

Se você tem dinheiro na poupança, conserve-o lá, tirando-o somente em caso de emergência médica. Evite especulações e negócios arriscados de toda ordem. Um negócio mal engendrado poderá colocar em risco o seu futuro. Mantenha a confiança em si mesmo.

Dragão

As configurações astrológicas anunciam que o nativo do **Ano do Dragão** terá um dos melhores anos no seu setor profissional. Espírito iluminado, força de vontade e muita disposição para o trabalho. Conte com a colaboração de terceiros e com o apoio financeiro de pessoas bem situadas na vida, sejam banqueiros, financistas ou profissionais liberais.

No transcorrer do ano, visita de parentes e amigos com muita freqüência à sua casa. Muitos convites para festas e reuniões sociais. Seu círculo de amizades será ampliado e enriquecido.

Boa intuição e mentalidade original irão realçar a sua personalidade, projetando-o socialmente. Muita sorte nos jogos com números.

Se tiver algum problema com sócio, contrato, inventário, impostos atrasados, aproveite este ano para resolver, pois o astral lhe favorece. Tenha muito cuidado com dívidas ou compromissos assumidos por parte de seu cônjuge, concubina, noiva ou subalternos, que, no fundo, sejam de sua responsabilidade. Evite afiançar ou assumir compromissos financeiros de terceiros, porque há prenúncios de sérios aborrecimentos e perda de amizades.

Não permita que certas decepções amorosas venham a lhe deprimir seu espírito de luta e sua capacidade de conquistas. A sua dignidade está acima de todas as intrigas. Um ano de muita produtividade.

Serpente

O ano do **Macaco** pressagia para **Serpente** muita harmonia doméstica e muito sucesso nas relações sociais. Durante o ano, principalmente nos feriados prolongados, esteja preparado, porque amigos vindos de longe estarão de visita ao seu lar.

O ano será de muita sorte para o trato com pessoas do sexo oposto. Seu charme e poder de sedução estarão estimulados, permitindo conquistas que trará muito prazer.

Se você, nativo do **Ano da Serpente**, tiver que modificar alguma coisa em sua vida, aproveite, porque esse ano será o melhor para tal fim. Chegou o momento de concretizar todos os seus sonhos e ideais, tanto no trabalho como na sua posição social. Os que estão ligados às atividades artísticas, como imprensa, rádio e televisão, receberão propostas e contratos satisfatórios.

O ano é excelente para a troca de automóvel ou inclusive dos eletrodomésticos, como também para a aquisição de casa própria, se ainda não a possuir.

As viagens com fins comerciais serão coroadas de êxito. Favorece também o casamento ou a vida em comum, sem papel passado.

As extravagâncias e os excessos em qualquer coisa devem ser evitados. Observe atentamente a sua saúde.

Cavalo

Os nativos jovens que irão prestar vestibular nesse ano podem contar com a proteção do regente **Macaco** e, certamente, serão aprovados nas áreas que escolherem.

Ano muito bom também para quem está começando na profissão. Os comerciantes do **Ano do Cavalo**, cujo ramo de negócios estejam ligados a bancos, financeiras, imobiliárias, produtos de beleza, lotéricas e joalherias, terão grandes ganhos e oportunidades para se expandir no decorrer do ano. As associações com pessoas ligadas a agricultura, pecuária, suinocultura, avicultura, são benéficas e de muita segurança no futuro.

O ano favorece pequenas indústrias artesanais de todos os tipos.

A quem fazia apicultura como *hobby*, chegou o momento de transformá-la numa fonte de renda respeitável, com a exploração de todos os produtos da abelha.

Excelente também para contrair casamentos, contratos e afins. Elimine do seu convívio determinadas pessoas, cujo nível espiritual só serve para diminuir o seu brilho pessoal e, além disso, agem como parasitas sugando o positivismo dos que os cercam.

Para o **Cavalo**, o ano do **Macaco** é ideal para colocar em ação aquele projeto de vida. Sorte nos jogos, sorteios, rifas e loterias. Muito carisma com as pessoas influentes.

Carneiro

É o ano para **Carneiro** pagar a sua dívida astral. Erros cometidos no passado ou em outras vidas devem ser pagos no ano do **Macaco**.

Conflitos por causa de dinheiro, principalmente no seio familiar. Portanto, não empreste dinheiro a parentes ou pessoas muito chegadas.

Cuide de suas prestações e pagamentos de antigos débitos; dê atenção especial às questões pequenas. Evite disputas jurídicas. Um mau acordo é sempre melhor do que demoradas audiências e julgamentos no Fórum. Revise seus impostos, pagamentos de taxas, contabilidade e afins.

Nunca dê ouvido a conversas de bastidores, que não irão lhe render vantagem alguma. Há terceiros interessados no seu fracasso. Colegas de trabalho desejosos de puxar o seu tapete. Pessoas que se divertem com o fracasso alheio.

Mantenha a boca fechada diante de estranhos. Sua reação dever ser silenciosa, utilizando de tato e de muita diplomacia. Nos diálogos inteligentes, o **Carneiro** conseguirá progresso e desmascarará seus inimigos indiretamente.

Haverá predisposição à melancolia, ao pessimismo e à irritação sem motivos aparentes. O astral recomenda muita fé em Deus e muito otimismo em questões trabalhistas. Evite discutir com a pessoa amada.

Macaco

Um ano de grandes realizações pessoais. O sonho da casa própria, a receptividade amorosa, o reconhecimento social e profissional. Tudo isso o **Macaco** poderá esperar do seu próprio ano.

Poderá se interessar por compras de terras, casas ou títulos que representam valores. Confiar e assumir compromissos mesmo grandes, desde que as metas estejam predefinidas com seus altos e baixos.

Seus esforços serão reconhecidos pelos superiores ou por pessoas que possam lhe proporcionar ganhos. Antiga proposta de trabalho, já anteriormente rejeitada por você, voltará à pauta dos negócios atuais. Bem estudada e bem trabalhada, poderá converter-se em lucros satisfatórios.

Procure ouvir as pessoas mais velhas e mais experientes do seu ambiente social e familiar. As falsas notícias provocadas por pessoas invejosas e do sexo oposto não deverão abalar o seu conceito. Muita felicidade amorosa e ótimas vibrações carnais com a pessoa amada. Disposição criativa e inclinação a assuntos místicos e aos estudos esotéricos.

Muita sorte nos jogos com números. Porém, aconselha-se a fugir das mesas de carteado. No transcorrer do ano, o **Macaco** poderá receber uma vultosa quantia de modo imprevisto. Porém, embora o ano seja bom, observe atentamente o seu estado de saúde.

Galo

Nada poderá deter os passos do **Galo** rumo a sua independência material. Ele estará com o dom do dinheiro, o toque da fortuna. *Inari* (deus japonês do arroz) estará irradiando seus raios milagrosos para o nativo do **Ano do Galo**. O que o **Galo** precisa é tomar precaução na sua tendência de sair comprando tudo que vê na sua frente. Quando ele entra num supermercado, o **Galo** vai enchendo os carrinhos sem se importar se o seu dinheiro é suficiente para pagar a conta.

Alegria e muita felicidade no lar ao lado da pessoa amada. Satisfação com filhos e parentes. O ano é excelente para redecorar a casa, trocar os móveis e os eletrodomésticos.

No trabalho, sua capacidade profissional será reconhecida e poderá ocupar uma posição de destaque. Aumento nos rendimentos por causa de uma atividade extra. Proteção de pessoas influentes, chefes ou superiores.

O **Galo** poderá ganhar uma soma considerável por meio de jogos ou loterias no ano do **Macaco**. Porém, lembre-se de que a sorte nestes tipos de jogos é um acaso. Nada de excessos.

Na vida amorosa, o **Galo** não tem tido muita sorte, mas, de acordo com as configurações astrais no ano do **Macaco,** poderá encontrar a sua cara metade. Prevenção contra o estresse.

Cachorro

O **Cachorro** cria seus próprios problemas através de companhias erradas, seja na vida afetiva como também na sua profissão. O nativo é dotado de grandes aptidões para o trabalho. Todavia, amizades e associações erradas acabam anulando a sua personalidade.

No ano do **Macaco**, o **Cachorro** terá a chance de se livrar destas companhias nefastas que acabam absorvendo suas energias. Nesse ano, evite todos os tipos de ambientes negativos — como casas de jogos, locais de encontros suspeitos e bares — e, principalmente, companhias de pessoas invejosas e negativistas.

Triunfo por seus próprios esforços e reconhecimento da sua real capacidade de trabalho. Coloque em prática os seus projetos.

Harmonia familiar e sentimental. Bom para reforçar seus estudos e melhorar métodos de trabalho. As viagens de negócios e o trato com pessoas estrangeiras lhe renderão lucros extraordinários.

As amizades verdadeiras devem ser cultivadas. Se tiver que fazer alguma mudança, trocar, vender ou comprar, faça-o durante o transcorrer do ano.

O ano do **Macaco** favorece também todos os tipos de tratamentos de saúde, principalmente em se tratando da estética corporal. Recomenda-se ingerir muitas frutas e verduras no ano do **Macaco**.

Javali

O **Javali** terá a oportunidade de aprimorar seus conhecimentos e subirá vários degraus na escada da vida durante o transcorrer do ano do **Macaco**. Em sua casa reinará paz, alegria e união. Nunca, em tempo algum, haverá tanta unidade familiar.

Os que trabalham no ramo de comunicações, principalmente nos jornais e revistas, estarão estimulados e receberão ótimas propostas de trabalho.

Elevação na vida profissional e reconhecimento por parte de chefes e superiores. Não haverá muitas rusgas entre os colegas de profissão.

Os comerciantes de produtos perecíveis terão aumento nas vendas bastante considerável nesse ano.

Os bons aspectos planetários anunciam a formação de ótimos parceiros comerciais.

Diz um ditado japonês que "atrás de um grande homem está uma grande mulher" e vice-versa. Durante o ano do **Macaco**, o **Javali** vai ter prova concreta desta frase. Elevação por meio do cônjuge ou da pessoa amada.

Ano excelente para casamento, compra de casa própria, terrenos e todos os tipos de bens tangíveis. Os favores prestados no passado a alguém serão recompensados agora.

O Signo do Ano do Galo (Toridoshi)

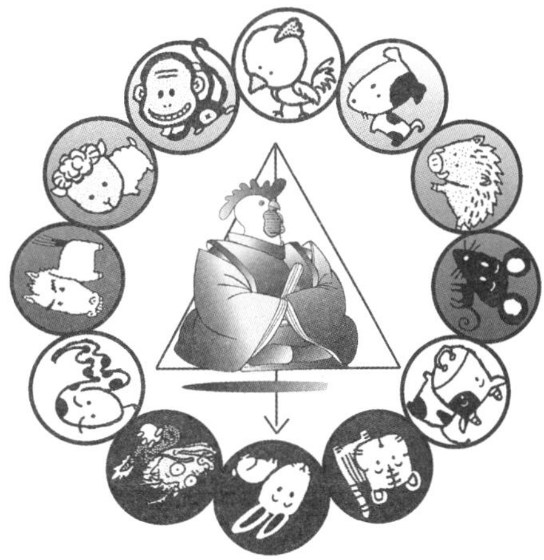

O orador pode ser tolo, desde que o ouvinte seja sábio.
(Máxima japonesa)

Galo de Metal	(-)	1921
Galo de Água	(-)	1933
Galo de Madeira	(-)	1945
Galo de Fogo	(-)	1957
Galo de Terra	(-)	1969
Galo de Metal	(-)	1981
Galo de Água	(-)	1993
Galo de Madeira	(-)	2005

Magias Naturais

Astro regente: Vênus.
Nome do Galo em japonês: tori.
Ordem de colocação: décimo.
Posição: oeste.
Estação: outono.
Horas: 17:01 às 19:00.
Cor: azul.
Pedra: turmalina.
Perfume: verbena.
Flor: açucena.
Número de sorte: 5.
Dia propício da semana: quarta-feira.
Parte mais sensível do corpo: joelhos.
Tipo de animal: peludo.
Domicílio astral: Byakko (Tigre Branco).
Força espiritual: Ayakashikome no Kami (Deus da Admirável Perfeição).
Direção: oeste.
Polaridade: Yin.
Elemento fixo: Ka (Metal).
Pensamento: Mago ni mo ishô — qualquer um pode parecer bonito se cuidar da aparência externa.

Características Principais

As pessoas nascidas sob o signo do **Ano do Galo** são práticas: discriminam e analisam as coisas. O ponto de vista do seu raciocínio é externo e materialista. No entanto, introduzem nele certa dose de intuição. Não são criadoras de idéias em nenhum ramo de atividades, sendo geralmente conservadoras nas opiniões. Têm muita aptidão para aprender e maravilhosa capacidade de resistência quando se aplicam a qualquer programa de estudos, nunca perdendo a esperança nem se desanimando com insucessos.

Têm consciência de si mesmas, conhecem-se integralmente e nunca se julgam superiores a ninguém. Sempre exigem que lhes dêem respeito, e o método mais seguro de se conquistar a estima de um nato do **Ano do Galo** é lisonjear-lhe a inteligência.

Adoram a liberdade individual, sendo-lhes muitíssimo difícil concordar com o domínio alheio. Quando lhes permitem portarem-se ao sabor das próprias inclinações, mostram-se pacíficas e tolerantes para com as excentricidades dos outros.

Comprazem-se os natos deste signo em fazer distinção na escolha das palavras. São extremamente críticos, observadores inteligentes, bem-humorados e bem dispostos.

Possuem elevado sentimento de honra, e jamais se permitem trair a confiança neles depositada. Todavia, descobrem com muita facilidade os fatos desagradáveis, não tendo dúvida em divulgá-los, sempre que isso lhes traga alguma vantagem. É assim, expondo fraquezas alheias, que, por vezes, procuram conseguir popularidade.

Dotados de espírito satírico, que ocultam sob ares de gracejo, parecem deliciar-se ao ver as vítimas se contorcerem sob a sua picante ironia.

Estes indivíduos possuem gostos e tendências artísticos. O ambiente desagradável os afeta profundamente, a ponto de perderem o apetite e serem acometidos de distúrbios dispépticos. Amam a música, a ordem e a beleza, sabem apreciar as formas e as cores, têm excelente memória, gostam de entrar em detalhes, agem e pensam com rapidez, e estão sempre em movimento, alertas, dinâmicos e pressurosos. É intenso o amor pela natureza, mas dispõem de poderosa força de autocontrole. Encontram muito prazer no lar, dedicam-se aos interesses da família, e desejam ardentemente contribuir para o conforto daqueles que amam. Sua disposição é generosa, e as questões que se prendem aos amigos suscitam neles o mais vivo interesse.

Amantes da natureza, aplicam-se com naturalidade ao estudo das leis que regem a saúde. Exercem muito cuidado na escolha dos alimentos e crêem na eficácia do regime alimentar como meio de afastar as enfermidades. Embora não apresentem aparência robusta, as pessoas do **Ano do Galo** são fortes e rijas, chegando geralmente a idade bastante avançada.

O melhor remédio para os males físicos se encontra nos exercícios ao ar livre, e disso os natos do **Ano do Galo** gostam muito. Cultuam o intelecto, raciocinam admiravelmente, entretanto são dogmáticos nas opiniões. Também insistem na correção gramatical, sendo difícil vencê-los num argumento, porque nunca se esquecem daquilo que estavam para dizer, nem perdem a compostura nem se crêem realmente derrotados.

Deficiências

Quando não estão desenvolvidos mentalmente, são egoístas, considerando-se superiores a todos no seu modo de pensar e agir. Ao invés de raciocinarem clara e concisamente, são, não raro, prolixos em suas palavras, e falam de maneira digressiva. Não são tão originais como seriam se dessem mais primor às idéias e prestasse menos atenção à forma com que as revestem.

Gostam de exibições e cerimônias, e, a fim de se firmarem na vida pública ou social, curvam-se algumas vezes ante aqueles que se acham na riqueza e nas posições elevadas.

São extremamente nervosos, constantemente se precipitando para um e outro lado, em busca de novas emoções. A não ser que concentrem os esforços para controlar essa tendência, poderão se tornar desorientados e a negligenciar os deveres mais importantes. Quando se vêem frente a frente com a pobreza ou o fracasso, a grande confiança em si mesmos que possuem permite-lhes recrutar todos os seus pensamentos sem grande dificuldade e recomeçar quase sem nenhum pesar por causa de oportunidades perdidas.

Fazem perguntas amiúde, inquirem os negócios alheios, e se bem que inteiramente cegos aos próprios defeitos, comentam cruelmente tudo e a respeito de todos.

Sugestões

Quando as pessoas desse signo conseguem dominar o planeta que as governa e lhes causa instabilidade, desassossego, curiosidade, astúcia e falsidade, podem elevar a quase qualquer altura a sua natureza furta-cor. Tornam-se, então, alertas, enérgicas, intelectuais, vivazes, e parecem possuídas de todas as qualidades que entram na formação de uma mentalidade singularmente brilhante e engenhosa.

A fim de atingirem este plano elevado, devem proceder a meticuloso estudo de si mesmas, analisar seus defeitos com o mesmo espírito crítico com o qual analisam os dos outros, mostrar solicitude em receber sugestões e fazê-las, importar-se menos com o dinheiro, com as posições, e procurar sufocar o orgulho que as torna invejosas e desagradáveis.

Afinidades e Casamento

A simpatia mais íntima existe entre **Galo**, **Serpente** e **Boi**. O casamento com pessoas nascidas no **Ano do Coelho** satisfaria a natureza intelectual do **Galo**, pois, para que se possa gozar de felicidade nessas relações, a bem-aventurança deve firmar-se sobre algo mais sólido que o mero sentimento. **Carneiro** e **Cachorro** harmonizam-se bem com **Galo:** os interesses poderiam ser variados e auxiliar-se mutuamente.

HOMEM DO ANO DO GALO COM MULHER DO ANO DO:

- **Rato**: Família numerosa e feliz. Sensualidade harmoniosa com delírios mil.
- **Boi**: Combinação ideal para viver um amor ardente e sincero, com muito equilíbrio sexual.
- **Tigre:** Um casal feliz, com muita saúde, atingindo as bodas de ouro. Sexo muito gostoso.
- **Coelho:** Muita atração física, mas a vida cotidiana é feita de tapas e beijos. Reconciliação na cama.
- **Dragão:** Não é muito aconselhável, porque acontecimentos misteriosos vão perturbar a vida do casal.
- **Serpente:** Ela estará sempre atrás do **Galo** para lhe ajudar em todos os segmentos da vida.
- **Cavalo:** Esta fogosa mulher não deixará o **Galo** cantar no terreiro; todavia, terão uma união feliz.
- **Carneiro:** Ascensão profissional e muita felicidade conjugal. Sexo ativo.
- **Macaco:** Embora se dêem muito bem na cama, o resto é só pancadaria. Só funcionará se um ficar na passiva.

- **Galo:** Ambos se completam para a realização de seus desejos. Muita vibração carnal.
- **Cachorro:** Realização de bons negócios e enriquecimento.
- **Javali:** Amizade verdadeira, confiança recíproca e viagens muito felizes em sua companhia.

As Crianças do Ano do Galo

As crianças do **Ano do Galo** são afeiçoadas e impulsivas e, na vida, cedo começam a ser as "mãezinhas" das bonecas e dos companheiros de brinquedos. São irrequietas, ativas, operosas, sempre se metendo em complicações, exceto quando lhes passam lições e tarefas com regularidade.

São propensas a assumir modos voluntariosos e dominadores, parecendo crer que sabem de tudo. Como gostam muito de criticar os outros, não é aconselhável lhes chamar a atenção para os quadros deprimentes da vida nem para as faltas dos seus amiguinhos. É aconselhável ensinar-lhes que a crítica malévola é mais dolorosa, e de efeitos mais duradouros, que a própria dor física. Se não forem corrigidas em criança, o mau costume de fazer críticas humilhantes, os indivíduos do **Ano do Galo** se converterão, na idade adulta, em pessoas sumamente desagradáveis, cuja língua ferina ninguém será capaz de tolerar.

Os pequenos são exatos na linguagem. A tendência de escolher palavras distintas para se manifestarem revela-se por uma expressão indecisa, forçada, que se desenha nos lábios e que é especialmente perceptível nas mulheres desse signo.

As crianças do **Ano do Galo** são precipitadas quando se decidem para o amor e para o ódio; são cheias de novidades nas horas de refeição, e, em razão de serem naturalmente atraídas ao estudo das leis da saúde, deveriam gozar de ampla liberdade na escolha dos alimentos, que deverão ser regulados tão somente no que concerne à quantidade.

Pouco exigem, se tanto, para se acomodar às lições ou tarefas, já que raramente estão contentes quando não se acham empenhadas em qualquer atividade. Deveria-se cultivar nelas o gosto artístico e o amor pela música. Na literatura, escolhem com naturalidade o que de melhor existe. Aos filhos de **Ano do Galo,** deveria ser interdito o costume de fazer visitas, por causa da sua tagarelice, da sua curiosidade e da sua intromissão em coisas privadas, mas deve-se orientar para os canais competentes o seu poder de observação e de análise.

A química e a botânica seriam a essas crianças um excelente estudo, no qual encontrariam mil ensejos de satisfazer o desejo inato de "reduzir as coisas a pedaços". A música quase sempre constitui para elas uma fonte de inesgotáveis delícias.

Vocação

Mulhres

As mulheres que nasceram sob este signo têm o instinto materno muito desenvolvido e tornam-se, por isso, mães excelentes e devotadas. Nos negócios e no amor, são caprichosas e volúveis. Grande força de vontade se acha ao seu dispor. Procuram controlar-se, mas, se não lhes perturbarem a liberdade individual, são sempre muito bondosas e prestativas. São ótimas donas de casa, gostam de ver no lar e nos objetos de uso requintes de elegância e gosto, e preferem comumente receber visitas de cordialidade a fazê-las.

A mulher do **Ano do Galo** é muito sensível, e, quando as coisas não lhe correm bem, põe-se a desafogar o mau humor com frases irônicas e azedas, embora ornadas de vocabulário escolhido ou, então, queda-se no mais profundo silêncio. Ordinariamente, sua leitura é bem-humorada, e a tendência de achar defeitos e criticar não se revestem de nenhum traço de maldade.

Todas as mulheres do **Ano do Galo** são excitáveis, e carecem de responsabilidade de uma forma ou de outra que lhes satisfaça o desassossego mental e o dinamismo físico. Seu intelecto é perspicaz, e recebem elas, portanto, o apelido de "espertas", todavia suas qualidades pertençam a categoria mais elevada, pois gozam realmente de grande capacidade e eficiência. Embora havendo possibilidades de receberem alguma herança, deveriam munir-se de boa educação comercial, e dedicar-se a algum ramo de trabalho ou estudo, que lhes servisse de equilíbrio à incomum atividade mental.

Podem ser boas escritoras, musicistas, artistas, professoras, revisoras de livros, críticas dramáticas e artísticas, modistas e figurinistas. Podem também se distinguir em quase qualquer ocupação a que se dediquem, porque dispõem de muita perseverança e grande resistência física.

Homens

Os homens desse signo se acham igualmente adaptados para as lides profissional e comercial. São capazes de conduzir grandes empreendimentos, sempre que tenham experiência prática que lhes sirva de guia, imitando-a. Têm cérebro bastante equilibrado, mente arguta, observadora e analítica, de sorte que poucos os rivalizam no magistério, na oratória, na advocacia ou na política.

A combinação do gosto pela análise com o amor pelos detalhes, formas e cores, faz deles excelentes críticos de arte, de música e de drama. Possuem os natos do **Ano do Galo** a faculdade de ver e compreender prontamente as coisas. Corrigem provas muito rapidamente, e, como editores de jornais, sabem agradar o público. Além de ser tenaz e compreensível a sua capacidade mental, o raciocínio é direto e lógico.

Na qualidade de políticos e estadistas, sabem impor-se, sendo agressivos, audazes, e nunca lhes faltando expedientes e sofismas para justificarem os motivos dos seus atos. Nunca se rendem à derrota, embora cedam provisoriamente à força das circunstâncias e aguardem pacientemente o momento exato para recomeçarem os ataques.

Como escritores, os indivíduos do **Ano do Galo** são inigualáveis na pureza do estilo, na percepção dos aspectos íntimos da vida, da conduta e do caráter. As obras lhes saem das mãos saturadas de sabedoria e conhecimento das leis naturais, evidenciando o cabedal de fatos e o desenvolvimento, da sua grande mentalidade.

Satisfazem plenamente as exigências para os empregados em escritório, como contadores, secretários, impressores, viajantes comerciais e comissários. Seu valor se faz especialmente notar nos trabalhos que exigem rapidez perceptiva e precisão tátil. Todos os natos do **Ano do Galo** possuem temperamento musical e gosto poético. Aqui se encontram muitos artistas e escultores.

Na vida mercantil, resultados esplendidos adviriam da união entre **Galo** e **Macaco**: este sintetiza, aquele analisa; este se satisfaz comumente com um golpe de vista geral, aquele insiste em investigar os porquês, antes de empreender nova aventura. A vontade imperiosa do **Macaco** curvaria o poder intelectual do **Galo**, e ambos trabalhariam com justamente o atrito necessário para evitarem-se situações difíceis. Na sociedade entre **Galo** e **Cachorro**, a grande capacidade de previsão que este possui desatinaria os cálculos daquele, que seria forçado a convir que o juízo intuitivo do sócio lhe sobrepuja as teorias laboriosamente construídas. **Galo** e **Coelho** naturalmente volveriam o olhar para os ramos da indústria que melhor se harmonizariam com as habilidades mecânicas e práticas de ambos.

Atividades e Profissões do Nativo do Ano do Galo

Atividades artísticas: ciclismo, tênis, ginástica olímpica, artes marciais, artesanato.

Atividades comerciais e sociais: recenseador, bibliotecário, arquivista, relojoeiro, motorista, mecânico, técnico, policial, gerente de loja, enfermeiro.

Atividades intelectuais e artísticas: advogado, secretário particular, lingüista, pediatra, nutricionista, botânico, desenhista, gastrenterologista, químico, pedagogo, instrutor, professor.

Influência Astral

Vênus, nesse signo, dá mente espirituosa, engenhosidade, caráter estudioso, facilidade de aprender, gosto pela poesia, música e matemática, amor pelos assuntos científicos e grande habilidade para o comércio. Confere, também, competência para todo ramo de trabalho, em que se fazem necessárias a perseverança e a acuidade mental.

Muita atividade precipitada, curiosidade em saber o porquê das coisas, amor sexual e atração para o lar e para a família.

O temperamento é nervoso, e, a não ser que se dê a necessária soma de sono e repouso, os indivíduos se expõem a desordens cerebrais, à loucura, à vertigem e a uma variedade de males nervosos. Geralmente são apressados no falar e não raro gaguejam.

Celebridades do Ano do Galo

Xororó, da dupla Chitãozinho e Xororó, cantor sertanejo; Maitê Proença, atriz; Adriana Esteves, atriz; Lília Cabral, atriz; Guilherme Karan, ator; Minami Keizi, jornalista, astrólogo e escritor; Roman Polanski, diretor de cinema; o imperador Akihito; Elia Kazan, diretor de cinema; Deborah Kerr, atriz de cinema americano; Katharine Hepburn, atriz de cinema; Yves Montand, ator de cinema francês; La Fontaine, escritor.

Samurais, Fundadores de Religiões e Outras Celebridades do Ano do Galo no Japão

Ashikaga Yoshiaki (Fogo), Yamamoto Kansuke (Metal), Fukushima Masanori (Metal), Hosokawa Tadaoki (Madeira), Hojo Masako (Madeira), Ishikawa Takuboku (Madeira), Annen (Metal), Nabeshima Naoshige (Fogo), Kada no Azumaro (Terra), o imperador Akihito (Água), princesa Sayako (Terra), Chigaku Tanaka (Metal).

Presságios Para o Ano do Galo

Rato

Ano em que são favorecidos todos os assuntos de ordem emocional ou familiar. Sentirá segurança e confiança para assumir compromissos com pessoas queridas. Todas as dificuldades financeiras que o estão aborrecendo terão solução. Seus pais ou familiares estarão mais dispostos a ajudá-lo em suas novas resoluções sentimentais.

Ganhos excepcionais e lucros inesperados são as tônicas desse grande ano para você. Convites e propostas muito interessantes começam a se oferecer para você durante o transcorrer do ano.

As viagens que fizer com finalidades comerciais serão felizes e muito lucrativas. Poderá comprar ou vender qualquer bem ligado à terra, inclusive minas e construções.

Casamento, sociedades e favores públicos estarão favorecidos. Os romances e reconciliações serão possíveis também. Mantenha-se irredutível em sua linha de conduta. Evite o ciúme e não troque o seu velho amor por um novo apenas por atração física. Muita felicidade por parte da pessoa amada. Cuide de seus compromissos sociais e religiosos com maior intensidade nesse ano sob a regência do **Ano do Galo**.

Qualquer perturbação ou contrariedade deverá ser encarada como desafio que lhe trará maior compreensão e amadurecimento.

Não negligencie seu estado físico. Aproveite o ano para praticar uma arte marcial. Todavia, faça uma checagem geral na sua saúde antes de iniciá-la.

Boi

O ano astrológico sob a regência do **Ano do Galo** deverá ser excepcional para os nativos do signo do **Ano do Boi**, uma vez que esse lhes será o período astral destinado à felicidade. Assim, os nativos desse signo estarão em crescimento tanto na vida familiar quanto no campo profissional. E, aqueles que estão ligados a movimentos em prol dos menos bafejados pela sorte, por exemplo, serão muito admirados e colherão agradecimentos sinceros.

No que se refere ao amor, é certo que o **Boi** viverá momentos intensos. Até mesmo nas relações extraconjugais, o nativo do **Ano do Boi** será feliz, ainda que, depois, sua consciência venha a doer um pouco. No lar, o entendimento entre o casal será fator de união. Os filhos estarão ainda mais apegados aos pais. Enfim, o período astral do ano do **Galo** só trará alegrias para o nativo do **Ano do Boi**, que irá encontrar e vivenciar a sua verdadeira felicidade, tão aguardada.

A mulher nascida no signo do **Ano do Boi** entrará no ano do **Galo** envolta pelas forças astrais positivas. Porém, a nativa que ainda está solteira é que será a mais beneficiada, porque, então, poderá encontrar o homem para completar o círculo yin-yang. E ele chegará para ficar. Procure aumentar os seus ganhos por meio do trabalho em equipe, estimulando a cooperação entre os seus subordinados. Ano para colocar em pauta aquele velho projeto de vida.

TIGRE

O **Tigre** deverá colocar tudo aquilo que é essencial em sua vida em ordem durante o ano do **Galo**, dando prioridade a uma profissão. Deve ser o mais realista que puder e evitar os sonhos impossíveis para não se desviar dos objetivos principais. Seus superiores esperarão muito de seu trabalho e as expectativas e as responsabilidades colocadas sobre seus ombros poderão ser grandes.

Aprimore e mostre a sua capacidade profissional a fim de conseguir promoções e aumento de salário. Cuide melhor de sua saúde, incluindo uma dieta mais natural aos seus hábitos alimentares e fazendo exercícios diários.

Toda vez que se sentir cansado, procure relaxar para não ficar com estresse. Sua saúde é o único ponto fraco no ano de influência do **Ano do Galo**.

Controle suas emoções junto com a pessoa amada. Há possibilidade de viver uma paixão avassaladora no mês de outubro, inclusive para os nativos casados. Será preciso voltar a si, reavaliar suas atitudes, refletir sobre seus propósitos de vida e sobre suas necessidades para crescer ainda mais como personalidade.

Siga sua intuição e sua experiência ao aplicar seu dinheiro. A opinião de amigos nos assuntos financeiros poderá não ser a mais acertada e trazer conseqüências desagradáveis se você seguir seus conselhos.

COELHO

Não é um ano astrologicamente bom. O **Galo** não favorece o **Coelho**. Porém, nada que não possa ser superado e transformado em coisas boas. Tudo depende de você mesmo, porque o **Coelho** possui o dom de transformar uma causa perdida numa vitória brilhante.

Uma boa notícia para você: em questões com o sexo oposto, o **Coelho** não terá de que se queixar. Seu charme e poder de sedução estarão ativados e ninguém resistirá aos seus encantos, que não são poucos. Assim, casamentos de papel passado ou em regime de concubinato estarão favorecidos. A sexualidade estará aflorada e os momentos íntimos serão inebriantes. Apenas um conselho: como as tendências planetárias não são propícias, para não se comprometer, use camisinha em suas relações sexuais. A prevenção evita muitos males.

No trabalho, procure estar sempre discreto, medir as palavras para não dizer besteiras e acatar as ordens dos chefes e superiores. Não se meta em empreitadas arriscadas e ilegais. Esteja em dia com os impostos e os encargos sociais. Não faça dívidas desnecessárias sem a devida previsão de entrada de dinheiro.

Mantenha o relacionamento com os vizinhos de maneira sóbria e evite os dissabores por mínimas coisas. Cuide bem da sua saúde, evitando comidas muito gordurosas e bebidas fermentadas. Pratique exercícios físicos sob a devida orientação médica.

Dragão

Positivamente não é um ano favorável para o **Dragão**. Um ano difícil, em que o **Dragão** deverá usar de sua forte energia e bom senso para superá-lo. Todavia, ano vai e ano vem. Tudo perfeitamente no limite para que o nativo tire proveito das contrariedades como experiências para a passagem futura.

Muito cuidado com acidentes pessoais. No dia-a-dia, siga a sua intuição. Evite andar em locais desertos às altas horas da noite. Ao dirigir, obedeça rigorosamente os sinais e as leis do trânsito.

Ao transar, mesmo com pessoas conhecidas, use camisinha, pois seu organismo estará propenso a contrair doenças contagiosas. Muita moderação no comer e no beber. Se fumar, procure parar de uma vez. O ano do **Galo** lhe favorece nessas decisões.

Procure não testar sua sorte. Continue na sua e evite riscos desnecessários. Ambiente de trabalho sempre tenso. Esteja sempre com um sorriso nos lábios, porque é difícil alguém esbofetear um rosto sorridente. Não negligencie suas relações pessoais. Contate sempre os seus amigos. Seus envolvimentos afetivos merecem certo cuidado e muito calor humano: mostre sua afetividade e seu amor.

Os membros da família solicitarão sua presença mais do que o habitual. Procure resolver o que estiver a seu alcance. Colabore o mais que puder. Será muito gratificante.

Serpente

Seus pensamentos elevados e futurísticos, suas idéias originais, que são características desse signo, irão lhe granjear admiradores e aumentarão cada vez mais seu selecionado círculo de amizades. Como você é uma pessoa desligada, principalmente em relação ao sexo, você poderá perder, se não estiver atenta, a oportunidade de conseguir alguém para amar e ser amada.

Bom ano para você se dedicar um pouco a sua família e aos parentes próximos. Faça e receba visitas, reforme a casa, mude os móveis. Faça alguma coisa em benefício dos filhos ou dos irmãos menores.

O trabalho lhe oferecerá campo para ampliação e promoção. As configurações astrais favorecem você em todos os segmentos. Benéficas oportunidades para ganhar dinheiro e expandir-se socialmente. Aquisição de propriedades e de objetos de grande valor são os presságios principais do ano. O ano do **Galo** ressalta a sua dignidade.

Muita sorte nos jogos, principalmente nas loterias do governo.

A importância da colaboração da pessoa amada (cônjuge) para a realização de seus objetivos será fundamental para você. Demonstre seus sentimentos, exponha seus planos para o futuro e procure esclarecer pequenas diferenças existentes entre vocês. Com um bom diálogo sincero, será mais fácil obter a colaboração e compreensão dela.

Faça pelo menos duas checagens gerais na sua saúde durante o ano.

CAVALO

O ano do **Galo** traz muitos benefícios para o **Cavalo**. Inspiração artística e original. Espírito inventivo e intuição excelente. Novos parceiros no seu terreno comercial. Sua sensibilidade delicada e seu poder de antever o futuro abrirão as portas dos grandes empreendimentos durante o ano. A entrada de dinheiro será constante e ampla a possibilidade de você equilibrar o seu orçamento.

Nos meados do ano, notícias vindas de longe lhe trarão lucros e novas perspectivas para o futuro. Maior o favorecimento para ganhos fáceis com jogos e loterias. Porém, não se entusiasme muito.

Muita harmonia com pessoas do sexo oposto. Para os solteiros do signo, haverá grande chance para o Yin encontrar seu Yang. Uma aventura extraconjugal, por outro lado, aguarda os comprometidos. Melhoria de posição social. As pessoas bem situadas estarão predispostas a lhe oferecer vantagens no terreno social. Novas perspectivas de vida, pois o ano do **Galo** representa para os nativos do **Ano do Cavalo**, um período de sucesso social.

Compra de bens favorecidos. Excelente para mudança de residência. Ative mais o seu trabalho, polarize suas atenções na intensificação de seus desejos individuais e nos objetivos profissionais.

Preste mais atenção no seu físico. Pratique exercícios reguladores sob a devida orientação médica. Atenção redobrada na alimentação.

Use lecitina de soja como complemento alimentar.

CARNEIRO

Com o romper do ano do **Galo**, um mundo se emoções se abre para você. Viagens curtas de negócios poderão trazer excelentes resultados para sua carreira. Novos contatos e convites acontecerão, aumentando as chances para um novo emprego.

Boas inspirações e sonhos proféticos. Suas faculdades mediúnicas e mentais estarão desenvolvidas e claras durante o ano. Por isso, você irá se antepor aos fatos. Terá sensações agradáveis, emoções maravilhosas e boa disposição física e psíquica. Os estudantes de parapsicologia, astronomia, astrologia e telepatia terão nesse ano muito bom desenvolvimento. Concentre-se e deixe que seus talentos artísticos fluam naturalmente. Sua sensibilidade e bom gosto poderão dar início a um novo estilo de trabalho e de linguagem ao se comunicar com as pessoas, principalmente no ambiente profissional.

Conte com a proteção de Hachiman (Deus da Guerra) para realizar os empreendimentos mais difíceis e complicados. No amor, a benevolência de Amaterassu Oomikami (Augusta Deusa Sol) para a mais completa harmonia. As vibrações carnais para o ano do **Galo** são excelentes, embora de curta duração. Uma paixão arrebatadora, de acordo com os presságios, será vivida em dezembro.

Os amigos e as reuniões sociais lhe proporcionarão momentos de felicidade e maior integração entre você e o grupo.

Macaco

No ano do **Galo**, o **Macaco** deverá passar por algumas provações para a harmonia do seu espírito. A dívida astral deve ser paga para satisfazer a lei das compensações. Porém, não há com que se alarmar. Tudo é perfeitamente passável e suportável. E, se o **Macaco** agir com presteza e prudência, irá se sair muito bem.

Perigo de pequenos prejuízos por negligência de subalternos e auxiliares. Consulte pessoas especializadas para lhe fornecer melhor orientação profissional diante de algum problema. Dificuldade no relacionamento em se fazer entender e ser entendido.

Os atritos que houver nos três primeiros meses do ano vão alternar com as grandes alegrias que você, em conjunto com os familiares, irá proporcionar no final do ano.

Há presságio de ruptura amorosa. No caso de ser solteiro, uma separação bastante dolorosa ocasionada por um triângulo amoroso. Não se preocupe: um novo amor pintará na sua área. E que seja infinito enquanto dure. Se for casado, presságio de conflitos com o cônjuge. Lembre-se de não colocar seus filhos como barreira. Às vezes, a separação ou o divórcio é a melhor solução.

Procure ser mais religioso durante o ano do **Galo**. Cuide também da sua saúde. Selecione melhor a sua alimentação, preferindo os produtos naturais.

Galo

Os bons aspectos astrais do ano irão lhe desenvolver o espírito de fraternidade e lhe dar facilidade de adaptação aos ambientes mais evoluídos das esferas financeiras e sociais. Por isso, esse ano será muito bom para a arrecadação de dinheiro, para os negócios de compra e venda e para as especulações razoáveis em geral.

Ajuda familiar de parentes próximos e visitas vindas de longe geralmente chegarão à sua casa na hora do **Galo** (das 17:01 às 19:00). Bom diálogo e entendimento com o sexo oposto. A pessoa amada estará quase sempre receptiva e amigável. Use as horas do **Galo** para as conquistas mais difíceis. Formação de novas amizades, com que irá sentir-se feliz, não somente pelo amor, como também pelo encontro de afeição pelo trabalho. Os subordinados, colegas ou superiores estarão dispostos a servi-lo e a dar-lhe o melhor em apoio e carinho.

O ano do **Galo** para si próprio é bom para a realização profissional, pessoal e social. Tudo indica que terá felicidade amorosa, melhor harmonia familiar e reconciliações com pessoas cujas relações estavam estremecidas.

As mulheres desse signo terão melhor liberdade de pensamento e muita afinidade com os homens ligados aos esportes, à vida artística e ao magistério. As vibrações carnais serão múltiplas, e elas terão grande facilidade para atingir o orgasmo.

Cachorro

O **Cachorro** tem a proteção dos *Sete Deuses da Felicidade e da Sorte* durante o ano do **Galo**. Se o nativo estiver ligado aos ramos burocráticos, educacionais, profissionalizantes (escola de digitação, de computação, de condução de automóveis, etc.), de ferramentaria e afins, terá lucros compensadores. A boa configuração astral favorece o **Cachorro** no trato de terras, nos pedidos de empréstimos, e na formação de novas sociedades.

Conte com a colaboração dos colegas de serviço e com a ajuda impulsiva de chefes e superiores. Em meados do ano, há prenúncio de aumento de salário ou de uma promoção por muito tempo aguardada.

Não estará fora de haver reconciliação com um antigo amor. Pessoas do sexo oposto poderão lhe ajudar a resolver os seus problemas pessoais e familiares. Para os solteiros do signo, oportunidade sem par para defrontar com a pessoa que será sua pela vida inteira.

É um fluxo ótimo para a sua elevação profissional em qualquer ramo. Bom para a publicidade de sua pessoa e de seu nome. Boas perspectivas para tentar a carreira solo, ou seja, para ser o dono do seu próprio nariz. Artigos de perfumaria, de beleza, ou de moda são sempre opções rentáveis.

O ano é favorável para o **Cachorro** para a desintoxicação do organismo, principalmente para o nativo fumante. Munido de muita fé e determinação, comece a parar de fumar no início de uma lua nova.

Javali

O ano do **Galo** é jubiloso para o **Javali**. O nativo terá a oportunidade de ajudar seus parentes consangüíneos e de obter grandes compensações. O ano é favorável ao desenvolvimento de idéias que poderão lhe render muito dinheiro e prestígio social por meio de grandes e bons contatos. O **Javali** terá a oportunidade de conhecer as pessoas certas capazes de lhe abrir as portas do sucesso e da fortuna.

Na área amorosa, mesmo sendo um dos melhores anos, haverá contudo, o perigo de um triângulo amoroso, além de paixões violentas e tomadas de decisões impensadas que poderão acarretar-lhe aborrecimentos com o passar dos meses. Evite, pois, as chamadas paixões à primeira vista, que só irão lhe causar desgostos e tristezas, principalmente se você for casado(a). É necessário que você evite cultivar esperanças insensatas, e que nem pense em sacrificar o seu amor dentro de nuvens nebulosas de incerteza.

Nesse ano, o **Javali** se beneficiará de certo isolamento de vez em quando: dar suas tacadas de golfe no campo, andar a pé no parque ou à beira da praia. Pode parecer paradoxal que os do Javali, que têm tanto interesse em devassar os segredos da natureza, encontrem sua própria reabilitação na silenciosa comunhão com ela.

A higiene sexual e as razões pelas quais uma pessoa deve ser limpa de corpo e alma deve estar impregnada em sua mente para que o ano do **Galo** transcorra conforme os seus planos.

SETO

O Signo do Ano do Cachorro (Inudoshi)

O caráter das pessoas está na alma, e não no corpo.
(Máxima japonesa)

Cachorro de Madeira	(+)	1934
Cachorro de Fogo	(+)	1946
Cachorro de Terra	(+)	1958
Cachorro de Metal	(+)	1970
Cachorro de Água	(+)	1982
Cachorro de Madeira	(+)	1994
Cachorro de Fogo	(+)	2006

Magias Naturais

Astro regente: Vênus.
Nome do Cachorro em japonês: Inu.
Ordem de colocação: décimo-primeiro.
Posição: oeste-noroeste.
Horas: das 19:01 às 21:00.
Elemento fixo: Metal.
Polaridade: Yang.
Pedras de sorte: safira, esmeralda, opala e jade.
Erva: jasmim.
Perfume: alfazema.
Flor: lírio.
Cores favoráveis: rosa e todos os tons claros.
Número de sorte: 6.
Dia propício da semana: sexta-feira.
Parte do corpo: tornozelos.
Tipo de animal: com pêlos.
Direção: oeste.
Domicílio Astral: Byakko (Tigre Branco).
Força espiritual: Kuni-no Tokotachi no Kami (Deus eternamente residente na terra).
Pensamento: He o hanashite shiri tsubome — o dito popular pode ser representado pelo provérbio "Não adianta chorar sobre o leite derramado".

Características Principais

As pessoas nascidas sob o **Ano do Cachorro** são dotadas de grande intuição e faculdade de prever os acontecimentos. Muito suscetíveis de sofrer a influência dos outros, chegam até mesmo a sentir e a agir como aqueles que as impressionam fortemente. No palco, parecem encarnar as personagens cujo papel representam. Visto caírem facilmente sob o controle psíquico alheio, deveriam proteger-se contra essa fraqueza de caráter, procurando se isolar sempre que se apresente a necessidade de resolver alguma questão importante. A sua primeira impressão é quase sempre correta, de sorte que deveria, pelo menos, servir-lhes de base na orientação dos afazeres cotidianos.

São modestas e despretensiosas no modo de proceder, demonstrando, ao contrário, muita amabilidade e boa disposição. Entretanto, acham-se vivamente alertas aos pensamentos e sentimentos dos outros, e, desde o momento em que suspeitam de que tais idéias — não lhes sejam lisonjeiras, ficam carrancudas e insociáveis. Em questões de amizades, preferem as qualidades mentais e pessoais, e uma vez que estas lhes agradem, pouco se preocupam se os portadores têm ou não dinheiro e posição de destaque na sociedade. São tão dedicadas aos amigos que todo comentário depreciativo que se faça ou baixeza que se impute àqueles que amam lhes causa quase a mesma indignação que a afronta pessoal.

São os natos do **Ano do Cachorro** muito hospitaleiros, cordiais e inclinados à benevolência, mas, em razão de serem totalmente apreensivos com relação ao futuro, acham geralmente necessário contrariar as tendências, arriscando-se a passar por parcimoniosas demais, perante aqueles que não sabem interpretar esta peculiaridade de sua natureza de uma forma mais generosa.

São bons raciocinadores. Possuem a feliz faculdade de ver os dois lados de uma questão. Dão-se naturalmente a balançar e comparar tudo, afim de que o julgamento lhes seja comumente eqüitativo. Entretanto, chegam às conclusões mais vezes partindo da observação e da intuição do que de algum processo lógico de raciocínio. Sabem planejar para os amigos e lhes dar conselhos que é de toda segurança seguirem.

Embora inveterados imitadores nas questões mecânicas, são dotados de originalidade e gênio inventivo. Professam ardente entusiasmo pelos conhecimentos científicos, sempre se prontificando a investigar assuntos novos. Gostam das emoções e tendem a agir conforme a inclinação do momento. No entanto, são persistentes e competentes no cumprimento dos deveres. Amam a ordem e a harmonia, entristecendo-se em circunstâncias outras. O gênio inflama-se rapidamente, e quando se zangam, as observações que fazem são incisivas e oportunas, pouca dúvida deixando sobre o verdadeiro estado do seu íntimo.

As pessoas desse signo acham muitíssimo difícil apresentar razões. Sabem que estão certas, porém são incapazes de dizer por quê. Deverá forçosamente haver desarmonia sempre que se associem a indivíduos que pedem explicações e razões para tudo. Sentem-se infelizes quando compelidas a trilhar caminhos batidos ou quando lhes reprimem a natureza intuitiva..

Deficiências

A maior deficiência dos indivíduos do **Ano do Cachorro** é a tendência de se deixar arrastar pelo que dizem os outros. Estão sempre pedindo conselhos, por incertos e vacilantes que se sentem nas opiniões e nos atos. Tornam-se confusos na presença de quem argumenta com calma e consciência do que diz, e, ao invés de se aterem à sua primeira opinião e ao ponto de vista formado sobre o assunto, assumem atitude ilógica.

Devido ao amor pela vida de prazeres e comodidade sensual, freqüentemente adquirem hábitos descuidados e pouco asseados, perdem os objetos de uso e entregam-se a muita aflição desnecessária.

Magoam-se totalmente com banalidades, estão sempre à procura de motivos com que se aborrecer e tornam-se desventurados imaginando que os seus esforços não estejam sendo apreciados, ou, então, recebendo a devida atenção. O amor de investigar coisas novas leva-os, às vezes, a se descuidarem dos interesses magnos e também dos talentos especiais. Correm de um lado para outro em busca de sensações ou de novos campos para explorar, freqüentemente se assemelhando à pedra que rola e não cria limo.

Sugestões

Terão que achar o próprio equilíbrio antes de poderem alcançar a felicidade permanente ou o progresso satisfatório. Deveriam apegar-se à primeira impressão havida em todas as questões de importância, pois é geralmente a certa, mas não devem deixar de acatar as opiniões dos outros nem levar muito a peito qualquer discordância que se apresente. Uma coisa que lhes parece boa pode ser má para outras pessoas, tudo dependendo do ponto de vista em que se coloca; e visto que a missão do **Cachorro** é balançar e comparar, usar de misericórdia ao mesmo tempo que de justiça, devem os natos aprender a olhar para os dois lados de toda questão.

Por desejo de sensação e por amor às investigações, não raro se descuidam dos deveres e obrigações presentes. Julgando-se incapazes de refrear esse desejo, deveriam esforçar-se por dispor sistematicamente os deveres e cultivar hábitos de ordem e excelência, de modo a ganharem tempo para satisfazer, legitimamente, o amor à variedade de ação.

Afinidades e Casamento

É tão forte o sentimento de liberdade individual nestas pessoas, que nunca deveriam casar-se, a não ser que se dispusessem a sacrificar certa porção dessa liberdade. A união com **Javali** seria harmoniosa, cada qual impelido pelo senso de justiça, respeitando os direitos e a individualidade do outro. **Cachorro** e **Galo** são os naturais amantes do lar, e seriam muito felizes se tivessem inteira compreensão das suas deficiências e procurassem dominá-las. Não teria probabilidade de ser feliz o consórcio entre **Cachorro** e **Coelho**, porque este sempre exige razões que aquela não concorda em dar. Os natos do **Ano do Cachorro** carecem de exercer o máximo cuidado na escolha das companhias. São perfeitamente capazes de atravessar a vida sozinhos, e geralmente encontram mais ventura no celibato do que na vida de casados.

HOMEM DO ANO DO CACHORRO COM MULHER DO ANO DO:

- **Rato**: Ela estará presente em todas as ocasiões, boas ou más, com um sorriso amigo no rosto.
- **Boi**: A família estará sempre forte e unida, pronta para enfrentar todos os desafios que surgirem.
- **Tigre:** Um amor ardente e sincero nessa combinação astral ideal. Os momentos serão inebriantes.
- **Coelho:** Força e bastante saúde com muito dinheiro no bolso. Compreensão em momentos difíceis.
- **Dragão:** Entre tapas e beijos esse casal vai levando a vida e resolvendo as diferenças na cama.
- **Serpente:** Com astros em maus aspectos, há presságio de viuvez. Fatos estranhos na vida do casal.
- **Cavalo:** Um complementa o outro. É a harmonia do Yin e Yang. Felicidade total.

- **Carneiro:** Ela será de grande valia para o marido nas ocasiões muito desesperadoras.
- **Macaco:** A mulher sempre estará elevando o marido profissionalmente. Uma união feliz.
- **Galo:** Depende muito de quem vai ser anulado. Talvez esta avezinha cante na casa do **Cachorro**.
- **Cachorro:** Uma união de ajuda mútua. Com o devido respeito à individualidade de cada um, eles viverão felizes.
- **Javali:** Ela saberá economizar cada centavo do marido, embora as diferenças sejam grandes.

As Crianças do Ano do Cachorro

Os filhos do **Ano do Cachorro** são possuidores de bom coração, impulsivos, demonstrativos e amáveis. Mas são, também, voluntariosos e obstinados, se lhes impuserem impor submissão. O apelo ao raciocínio surte muitíssimo melhor efeito, pois, quando lhes explicam com bondade, confessam pressurosamente a falta e procuram repará-la. Em compensação, o seu poderoso instinto de justiça reclama idêntico gesto da parte do pai ou mestre que tiver falado com mais severidade que o caso permitia. Tal é a suscetibilidade de sofrerem a influência de estranhos que facilmente se deixam levar para um bom ou mau caminho, e tanta é a intuição que possuem, que chegam até mesmo a pensar e agir de maneira análoga à daqueles em cuja companhia residem. Por conseguinte, se receberem censura ríspida e impaciente, responderão no mesmo tom.

O meio mais seguro de obrigar à mentira a essas crianças é ridicularizar-lhes o espírito fantasista e insistir em que dêem explicação de tudo quanto pareça incongruente no seu modo de proceder. Dá mais trabalho e cuidado aos pais ou professores, porém é muito mais útil às crianças do **Ano do Cachorro** encarar-se algumas vezes as coisas de acordo com o seu ponto de vista, pois elas geralmente sabem que suas conclusões estão certas, mas não sabem explicar por que pensam assim. No treinamento moral, o que se procura são resultados, e, se os métodos de que se servem são errados, devem sem hesitação ser substituídos por outro que satisfaça o caso individual.

As crianças do **Ano do Cachorro** são muito loquazes e inclinadas a exagerar. Como, porém, essa tendência procede do entusiasmo inerente à própria natureza, não se deve reprimi-la senão com muita brandura. São naturalmente estudiosas e dotadas de grandes habilidades mecânicas que deveriam ser cultivadas, bem como de gosto pela música e pelas artes. Contam muito com o afeto que lhes dispensam e carecem de não pequena soma de aplauso e estímulo.

Vocação

Mulheres

As mulheres nascidas sob esse signo apreciam os colóquios humorísticos, e, por possuírem coração bondoso, se bem que falem a respeito dos amigos, raramente o fazem em seu detrimento. Os seus modos são delicados e refinados, são amáveis e contentam-se em viver livremente a sua vida, sem ter quem as importune com a exigência de razões para tudo.

São extremamente sensíveis a ambientes que destoem do seu caráter. A intuição é tão notável que parecem adivinhar, a um simples relance, o que se passa no cérebro e no coração dos outros. Se, por ventura, aí descobrirem animosidade, imediatamente se tornarão frias e desagradáveis.

Apreciam as diversões e a alegria dos salões, gozando de muita popularidade e estima entre os indivíduos do sexo oposto. Tornam-se mães e esposas extremosas, prontas a tudo sacrificar alegremente e a sofrer em benefício dos entes queridos. Mas estão incessantemente se perturbando acerca do futuro e prevendo calamidades que ameaçam sobrevir. Este infeliz costume, se receber contínuo alento, transformará as mulheres do **Ano do Cachorro** em pessoas mal-humoradas, melancólicas, que esgotam sua vitalidade a ponto de assomar aos distúrbios nervosos, vindo a sofrer dos rins e de dores nas costas.

Muitas atrizes inspiradas, críticas dramáticas, musicistas e cantoras nasceram sob o **Ano do Cachorro**. Como via de regra, preferem a tranqüilidade do lar às emoções da vida pública. Podem ser excelentes professoras de música ou de matemática. Têm gênio inventivo e originalidade, mas apegam-se intimamente às coisas práticas. Possuem gosto artístico e freqüentemente exibem decidido talento para a escultura e para a pintura.

Homens

Os homens do **Ano do Cachorro** são dotados de notável capacidade de previsão e de cautela econômica. Nesse signo contam-se três tipos distintos: os especuladores, os comerciantes e os profissionais. O primeiro tipo pode ser reconhecido pela inclinação da testa, que lhe dá grande faculdade de percepção. Quando, cedo na vida, esses indivíduos são lançados à iniciativa própria, logo aprendem a voltar à intuição e à rapidez de raciocínio na direção das finalidades práticas. Entram em especulações ousadas, em corretagens, e, por vezes, cedendo ao intenso amor das sensações, degeneram-se, entregando-se ao vício do jogo. O segundo tipo, os comerciantes, perito em matéria de compra e venda, é capaz de presidir grandes empresas. Os indivíduos são geralmente bem-sucedidos quando trabalham com artigos que exigem compra e venda imediatas. Suas maneiras são decididas e positivas, perdendo pouco tempo na discussão das questões de preços. A experiência logo lhes ensina o valor da ação, quando a tomam sob o impulso do primeiro raciocínio que fazem, mostrando-lhes que, desde que assim procedam, raramente erram ou saem vencidos na concorrência do mercado.

Os homens que constituem o terceiro tipo do **Cachorro** são naturalmente dados ao estudo e dedicam toda a existência à pesquisa dos fatos da ciência. Sobressaem nas matemáticas e sentem poderosa atração para o lado oculto da literatura. Na mecânica, são inventores e criadores de idéias originais. Os natos do **Ano do Cachorro** não atingem sempre posições de destaque político, salvo na capacidade de organizadores. Julgam com demasiada imparcialidade para que possam tornar-se bons advogados da causa de um partido, visto, também, verem o lado bom e o mau do mesmo.

Muitos oradores inspirados, atores e músicos nasceram neste signo. Na profissão liberal, tornam-se bons advogados e ótimos magistrados, como tal sempre visando a decidir mais de conformidade com o espírito da lei do que com a sua letra.

De todos os doze signos animais, o do **Cachorro** é o que se acha em melhores condições para desempenhar, a sós, o trabalho da vida. **Galo**, a não ser que excessivamente intelectual, cederia à capacidade de previsão do **Cachorro** e teria fé no seu julgamento. **Cachorro** e **Javali** iriam harmonizar-se perfeitamente, o entusiasmo e a esperança que transbordam da natureza do **Cachorro** contrabalançando o hábito de procrastinação do **Javali**, e impelindo-o à atividade. Fosse o **Cachorro** associar-se, em negócios, o indivíduo demasiadamente cauteloso — o **Coelho**, por exemplo — e que nunca crê na vantagem de arriscar, inevitável seria o atrito da destruição, porque, se for sensata, o **Cachorro** passará a depositar sua fé na própria intuição e deixará que **Coelho** procure noutro lugar outro sócio.

Atividades e Profissões do Nativo do Ano do Cachorro

Atividades físicas: acrobata, árbitro, patinador, dançarino, tenista, golfista, esquiador, praticante de equitação, piloto de avião.

Atividades comerciais e sociais: joalheiro ou ourives, florista, funcionário público, mediador, desenhista, publicitário, relações-públicas, cabeleireiro ou esteticista, manequim, alfaiate, produtor cinematográfico ou teatral, militar de carreira.

Atividades intelectuais e artísticas: pintor, político, literato, magistrado, advogado, urologista, diplomata, juiz.

Influência Astral

Nesse signo, Vênus confere o dom da previsão, da intuição e do julgamento rápido; o amor pela música, poesia, pela arte e pelos estudos científicos. Dá, também, muito gosto pelos divertimentos, pelo intercambio social, e amor ao sexo oposto.

Confere, igualmente, o desejo de balançar e comparar, e de ser complacente, ao mesmo tempo que justo. Mas as pessoas nascidas sob a sua influência não raro se ressentem da falta da verdadeira coragem moral, e não vivem à altura do que delas se poderia esperar.

Celebridades do Ano do Cachorro

Edson Celulari, ator; Antônio Francisco Lisboa (Aleijadinho), famoso escultor e arquiteto; Bertold Brecht, poeta e dramaturgo alemão; Winston Churchill, estadista inglês; Sergei Eisenstein, cineasta russo; Alfredo da Rocha Viana Filho (Pixinguinha), compositor e instrumentista popular; Sócrates, filósofo grego; Akira Kurosawa, cineasta japonês; Renato Aragão, comediante; Hugo Tognazzi, ator do cinema italiano; Sofia Loren, atriz do cinema italiano; Elvis Presley, cantor de rock; Brigitte Bardot, atriz do cinema francês.

Samurais, Fundadores de Religiões e Outras Celebridades do Ano do Cachorro no Japão

Hojo Tokimune (Metal), Taira no Kiyonori (Terra), Akechi Mitsuhide (Fogo), Amako Akihisa (Madeira), Baba Nobufusa (Madeira), Kato Kiyomasa (Água), Miyamoto no Yoshinaka (Terra), Antoku Tenno (Terra), Amakusa Shiro (Água), Yamaga Soko (Água), Ashikaga Yoshimitsu (Metal), Tokugawa Tsunayoshi (Fogo), Asanuma Inejiro (Terra), Tanizaki Jun-ichiro (Fogo), Okuma Shigenobu (Terra), Yasuda Zenjiro (Terra), Yamagata Aritomo (Terra), a imperatriz Michiko (Madeira), Akira Kurozawa (Metal), Inoue Masakane (Metal), Kawate Bunjiro (Madeira).

Presságios Para o Ano do Cachorro

Rato

Aproveite. Bom momento para você mostrar as suas qualidades profissionais. Os que não acreditavam em você terão agora que dar a mão à palmatória e cumprimentá-lo pelo seu sucesso. Cuide-se porque, partindo deste princípio, os seus inimigos ciumentos e invejosos irão se manifestar. Muito progresso, promoções, bons negócios e rendas satisfatórias ou aumento de ordenado para quem é empregado. As boas amizades serão o trunfo para você vencer os obstáculos nesse ano.

Encontros estranhos e felizes acontecimentos amorosos. No amor, esse será um bom ano. Se algo de contrário acontecer, o culpado(a) será você mesmo(a). Não custará nada se você ceder um pouquinho ou voltar atrás. Procure as reconciliações. Para os casados, muita alegria pelos filhos e parentes menores. Visitas e convites sociais chegando sempre à noite.

Progresso material e profissional proporcionado pelas grandes amizades. Negócios há tempos planejados e amarrados terão seus desfechos finais agora. Evite o medo das decisões, decida logo. Seja enérgico diante das negatividades. As forças astrais positivas estão a seu favor.

As mulheres nativas desse signo estão propensas a encontrar o seu par verdadeiro. Calma e felicidade no lar.

Boi

Sua vida íntima (amorosa e sentimental) será excelente durante todo o ano. Os maus pensamentos e pressentimentos negativos deverão ser banidos por meio de uma auto-análise da situação e do culto do otimismo consciente. O último mês do ano lhe será mais eufórico e alegre. Cuide da sua reputação. Há perigo de difamações por questões de má interpretação de fatos, sentimentalmente falando.

Sua intolerância e falta de reflexão poderá criar para o nativo desse signo os mais sérios problemas em sua carreira profissional. Alguém está tentando formar barreiras e minar seus ganhos em dinheiro. Evite irritar-se ou ficar de mau humor, pois isso somente irá agravar a situação e colaborar mais para seus prejuízos.

O ano do **Cachorro** é favorável ao nativo do **Ano do Boi** no que se refere a sua família. Ótimo para compra do tão sonhado imóvel. Excelente para casamento ou para uma vida em comum.

As mulheres natas desse signo estão igualmente favorecidas na sua vida íntima. Porém, evite aventuras extraconjugais. Coloque sempre a sua família em primeiro lugar.

Tigre

Aproveite, porque você está atravessando a sua Morada da Felicidade, um dos melhores anos de sua vida. Esperanças e desejos já anteriormente sonhados poderão ser concretizados durante esse ano. Muitos lucros e prestígios profissionais. Muita ajuda de pessoas superiores, amigos e chefes. Bom para tratar com bancos ou financeiras. Peça crédito e poderá fazer aplicações com lucros certos no próximo ano. Ótimo para compra de terreno ou imóvel. Ideal para mudanças de residência. Bom para o casamento.

Assim como na profissão, a sua vida amorosa e sentimental será boa e de felizes realizações. Esteja tranqüilo, porque as forças positivas astrais estão vibrando a seu favor. Momento bom para a formação de novas amizades. Os estudos e planejamentos de vida familiar em comum acordo com a pessoa amada irão lhe abrir novas luzes de vida.

A mulher do signo do **Ano do Tigre** terá um ano cheio de venturas, ações e romances.

Coelho

Após um ano tempestivo, o nativo do **Ano do Coelho** começará a entrar numa fase muito boa, o ano do **Cachorro**. Tenha, contudo, tato e paciência para não deixar se levar demais pelas aparências da vida. Cuidado com a saúde e evite comer demais. Não abuse da alimentação. O nato do **Ano do Coelho** atravessa a sua Morada da Saúde. Em conseqüência, poderá ter boa saúde ou não.

Grandes progressos profissionais e financeiros. Não se arrisque muito querendo provar certas coisas em seu setor de trabalho. O ano anuncia pequenos acidentes e queimaduras.

Agora chegou a vez de você amar e ser correspondido(a). Com tudo o que você perdeu ou por ventura separou-se há tempos, é hora de reconciliações e entendimentos seguros. Ano de você sentir alegria de viver, amor pelas crianças, vontade de divertir-se, de ir ao teatro ou cinema e de cuidar da aparência pessoal.

As mulheres desse signo estarão favorecidas na sua vida sentimental. Se pretender fazer um tratamento de saúde ou regime alimentar, faça-o moderadamente. Felicidade no lar e em seu ambiente de trabalho.

Dragão

Sinal vermelho para você durante este ano, porque a sua sina é atravessar a sua Morada dos Inimigos. Há perigo de perder emprego, de brigas e desentendimentos na profissão. Evite confrontos com a justiça, polícia e não acate as conversas de negócios fáceis e duvidosos. Existem muitos *kitsunes* (raposas) no seu círculo social. Há apenas uma possibilidade de converter todos esses maus presságios do ano em sucesso: se você fizer uma modificação radical na profissão ou entrar para uma empresa que exija muito risco e coragem.

Violência no amor e no sexo. Rusgas no lar, se, no caso, você tiver filhos jovens. Evite perder o controle em relação à família. Não abuse de confiança nas coisas do coração e do trabalho. Não saia com estranhos, e evite as liberdades íntimas mesmo com amigos mais chegados.

Os estudantes desse signo durante esse ano não podem se deixar levar por um estado de desânimo. Encha seus pulmões de otimismo e afaste os fluidos negativos.

Você, mulher do **Ano do Dragão**, pense muito antes de tomar qualquer decisão: nunca troque o certo pelo duvidoso.

Serpente

Recomenda-se o máximo de cautela, tolerância e tato ao tratar como colegas, amigos, chefes ou superiores. Posição péssima em configuração astral lhe faz recomendações severas quanto à disciplina e tolerância diante da irritabilidade dos outros. Há perigo de brigas, choques e desentendimentos com amigos ou parentes mais chegados. Evite ambientes que possam excitar seus nervos.

Amores platônicos ou clandestinos para quem ainda for livre. O período não é bom para as chamadas harmonias conjugais, porque você estará atravessando uma Morada nefasta. Assim sendo, evite, pois, os choques, os desentendimentos, e as dúvidas em relação à pessoa amada. Mantenha-se dentro de um princípio neutro e terá resultados satisfatórios no amor.

Não faça nenhum empreendimento arriscado. O ano é desfavorável para mudanças, compras de bens e especulações. Lembre-se, porém, de que depois da tempestade vem a bonança.

Cavalo

Todas as suas atividades financeiras estarão em elevação para suas qualidades maiores ou menores. Entre os melhores momentos, você poderá ganhar uma boa quantidade de dinheiro que virá por intermédio de uma sólida aplicação. É também provável que possa receber um numerário extra. Não dê confiança a determinadas atitudes das pessoas, que poderão até fazer você se irritar por causa de problemas familiares que envolvam dinheiro.

Todas as manifestações de sua vida amorosa ou sentimental estarão nesse ano numa boa fase. Isso fará com que possa conquistar e obter muitas simpatias de muitas pessoas do sexo oposto, e, com isso, poderá conseguir até viver um grande amor que há muito você estava esperando. O cônjuge estará precisando de mais compreensão e mais diálogo. Tente ser paciente e não se envolva em promessas que não possa cumprir à altura. Porém, seja cordato e respeite as opiniões dele.

Bom ano para as viagens de recreação, excursões e mudanças radicais de vida. Os solteiros terão boas chances com pessoas de outros lugares ou desconhecidas de suas rodas sociais.

Excelente para a compra e venda de imóveis, ou para mudar de residência. Favorável também para o casamento. É o ano da sua dignidade.

Carneiro

Todas as suas atividades financeiras ou mesmo as possibilidades tangíveis de ganhos por juros ou compensação monetária estarão numa das melhores fases da sua vida. Este é um ano de muitas comemorações. Não seja perdulário e gaste menos do que possa despender. Durante este ano, você deverá precaver-se o mais que puder para conseguir ter grandes chances de ganhar bem mais do que está esperando. Seja previdente e tudo estará numa boa qualificação.

O ano do **Cachorro** é bastante favorável para os natos do **Ano do Carneiro** no que tange o amor. Todas as suas atividades amorosas e sentimentais estarão bastante acentuadas nesse ano. É provável que você tenha grandes alegrias e uma recompensa. Procure analisar todas as atitudes que tem tomado ultimamente, e, principalmente, tente obter maiores informações sobre você mesmo. Se sua esposa, namorada ou admiradora se encher de você, não pense que elas estão erradas: você, muitas vezes, poderá confundir a pessoa que te ama.

Para as mulheres desse signo, sua vida íntima (amorosa e sentimental) será excelente durante todo o ano. Os maus pensamentos e pressentimentos negativos deverão ser banidos valendo-se de uma auto-análise da situação e do culto do otimismo consciente.

Ótimo para compra e venda de imóvel, assim como para mudança de residência. Se estiver pensando em se casar, não poderia ter escolhido ano melhor. Você está no ano da sua exaltação.

Macaco

Chegou o ano de você triunfar e lucrar em todos os sentidos. Seus negócios se desenvolverão como por encanto, e você se sentirá feliz em ver sua empresa e seu trabalho em progresso. Haverá momentos de alegria e triunfo nesse ano. Sua vida profissional tenderá a ir de vento em popa por causa de um grande equilíbrio que conseguirá durante esse ano. Todavia, seja prudente quando lidar com desconhecidos ou pessoas que não lhe satisfaçam em suas amizades.

No que tange as suas disposições físicas, vigie melhor a circulação do sangue, o coração e principalmente a planta dos pés, bem como os nervos das coxas, bem perto da panturrilha. As bebidas alcoólicas e o fumo, para você, serão um terrível veneno.

Suas atividades amorosas poderão lhe dar muitas alegrias nesse ano. Contudo, deverá ter muito cuidado para não ser enganado. Seja previdente e paciente para conseguir conquistar a mulher ou o homem de seus sonhos. Não vá com muita sede ao pote, que aí a coisa poderá rebentar para o seu lado.

Bom para mudanças, compra de imóvel, casamento ou viagens. O ano do **Cachorro** é o ano de a sua vocação ressaltar.

Galo

Todas as suas atividades financeiras e as coisas que envolvem dinheiro alheio poderão trazer-lhe aborrecimentos pesarosos, e, com isso, é provável que venha a se irritar muito por causa de terceiros que não sabem controlar seus ímpetos. Seja bastante previdente quando tiver que constituir uma comissão que verse sobre dinheiro. Não tema se houver alguma transformação drástica em seu setor de trabalho, de profissão ou de vida. Há males que vêm para o bem, e, por isso, você terá que suportar o pesado fardo desse ano. O ano do **Cachorro** não é muito favorável para o nativo do **Ano do Galo**. Desavenças, brigas, separações e disputas judiciais. Mantenha a calma e aja rotineiramente sem grandes pretensões durante esse ano.

Na vida afetiva, mantenha-se dentro das atividades rotineiras e em hipótese alguma troque seu velho amor por um novo de última hora. Se acontecer isso, haverá aborrecimentos. Seja sincero com o cônjuge. São as recomendações para quem é casado(a). A falta de dinheiro ou a má aplicação dele afetará a harmonia no lar.

Cachorro

O ano do **Cachorro** para o próprio **Cachorro** é bastante favorável, porque um é o reflexo do outro. O **Cachorro** atravessa a Morada da Vida, da sua realização pessoal. O ano favorece em muito os vendedores domiciliares, corretores de imóveis, enfim, todos aqueles que trabalham no comércio de compra e venda. Os funcionários de qualquer espécie, mesmo os de maior patente, estarão predispostos a brilharem durante todo o período. Um ano muito bom para viagens de negócios e para a troca de veículos. Seu valor será reconhecido por pessoas importantes e destacado nos meios sociais em que vive. A mulher funcionária desse signo terá seus méritos reconhecidos por chefes e superiores. Honras. Suas reivindicações serão aceitas por eles.

Deixe de pensar nos outros; não compre problemas alheios. Cuide de sua vida e feche os ouvidos para os murmúrios dos outros. Sua família é muito mais importante que a vida de certos pseudo-amigos que estão em sua periferia. Cuidado. Você vai estar muito romântico durante esse ano. Daí o perigo de ser ludibriado por pessoas do sexo oposto.

Excelente ano para mudanças, compra de imóvel e de bens tangíveis. Se estiver pensando em contrair matrimônio, o ano é bom.

Javali

Todas as suas atividades financeiras estarão numa fase ótima para ganhar muito dinheiro com ganhos profissionais ou lucros e dividendos de aplicações magistrais em caderneta de poupança ou outro tipo de atividade financeira. O ano do **Cachorro** é o período da sorte e da fortuna para o nativo do **Ano do Javali**. Muito progresso social e financeiro para você durante esse ano. Bom tempo para viajar, mudar, tirar férias ou modificar alguma coisa em sua moradia. Os funcionários públicos desse signo poderão agora fazer seu plano de vida e de ação profissional. Seus esforços serão reconhecidos por chefes e superiores. Bom tempo para tratar de finanças, letras de câmbio, poupança e projetos imobiliários.

Tenha bastante controle de sua alimentação. Não se empanturre com coisas muito doces ou os licores adocicados. Deixe de beber água em excesso.

Impedimentos e desgostos da parte da pessoa amada. Os erros de julgamento e a falta de análise de profundidade serão os fatores constantes de desarmonia entre você e os demais. Uma coisa é certa: sorte no jogo, azar no amor.

O Signo do Ano do Javali (Inoshishidoshi)

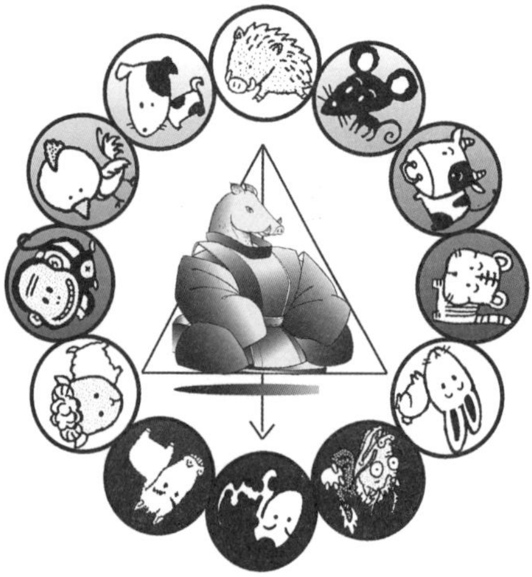

Só quem conhece as próprias fraquezas é capaz de relevar as de seu próximo.
(Máxima japonesa)

Javali de Madeira	(-)	1935
Javali de Fogo	(-)	1947
Javali de Terra	(-)	1959
Javali de Metal	(-)	1971
Javali de Água	(-)	1983
Javali de Madeira	(-)	1995
Javali de Fogo	(-)	2007

Magias Naturais

Astro regente: Vênus.
Nome do Javali em japonês: I (de Inoshishi).
Ordem de colocação: décimo-segundo.
Posição: norte-noroeste.
Horas: das 21:01 às 23:00.
Direção: oeste.
Estação e mês principal no oriente: outono/setembro.
Elemento fixo: metal.
Polaridade: Yin.
Pedras de sorte: topázio, ametista e ágata.
Erva: tomilho.
Perfume: almíscar.
Flor: dália.
Cores favóráveis: azul, violeta e laranja.
Número de sorte: 9.
Dia propício da semana: terça-feira.
Parte do corpo: pés.
Tipo de animal: com pêlos.
Domicílio astral: Byakko (Tigre Branco).
Força espiritual: Uhijimi no Kami (Divindade da Argila Terrestre).
Pensamento: Raku are ba ku Ari — ninguém tem alegria sem ter desgostos.

Características Principais

As pessoas nascidas nesse signo têm espírito progressista e estão constantemente atarefadas com idéias novas e pensamentos criadores. Sempre têm à mão, pronta, uma sugestão qualquer para promover o melhoramento das condições sociais, os interesses educacionais e as reformas de toda espécie, parecendo crer que sua missão especial na vida é chamar a juízo a humanidade.

Nas questões de bem e de mal, tendem mais para tomar em consideração os atos que as intenções e os motivos, e, ainda que justas, não são complacentes. A vontade é positiva e o caráter, rígido a ponto de ser inflexível. Bela intuição, percepção aguda e grande habilidade mecânica são alguns dos dotes principais. Os natos de **Javali** são difíceis de se compreender, mesmo em se tratando dos companheiros mais íntimos. Não sendo demonstrativos, raramente patenteia sequer metade do afeto que lhes vai à alma.

Nas conversações, apresentam-se benévolos e agradáveis. Todavia, não é fácil penetrar-se na sua intimidade, apenas se conseguindo fazer com eles relações superficiais de conhecimento. Fogem das perguntas diretas, respondendo, embora com honestidade de intenções, de maneira evasiva e equívoca. Expressam as idéias com tal reserva que as observações que fazem não são claras e ressentem-se da força de linguagem.

Na vida social ou nos clubes, o indivíduo do **Ano do Javali** brilha pela loquacidade em assuntos banais, passando de um extremo a outro com imensa volubilidade e fantasia. Deleita-se em trazer a público o modo de pensar dos outros, forçando-os a uma argumentação ridícula e ilógica; e quanto mais consegue provocar-lhes a fúria, tanto mais se diverte e se entusiasma.

A satisfação pessoal é traço acentuado do caráter do **Javali**. Não são indulgentes para consigo mesmo nem têm consideração para com os sentimentos alheios, parecendo ser as pessoas que menos lamentam a perda de um amigo.

Têm muito respeito pelos que ocupam posições elevadas, bem como pela lei e pela autoridade. Todavia, reclamam para si a mais absoluta liberdade individual.

Encontram prazer num ambiente boêmio, e apresentam-se despretensiosos no vestir e no modo de proceder.

A não ser que tenham responsabilidades definidas e certas, são propensas à vida despreocupada dos prazeres, adotando o credo dos que não pensam no dia de amanhã. Apreciam os desportos ao ar livre, as viagens por mar e os panoramas marítimos. O pouco idealismo que possuem acha comumente expressão na arquitetura de imponente magnificência, na música e na arte.

Como maridos ou esposas, os natos de **Javali** sempre esperam poder dominar. Tornam-se rudes e ressentidos quando lhes exaltam o gênio, não hesitando, nessa ocasião, em revelar toda a inveja e a ira que até então tinham cuidadosamente ocultado. Ordinariamente se portam com maneiras silenciosas e dignas. São ativos e operosos, possuindo notável força de vontade e autodomínio, e conseguindo, muitas vezes, maravilhosa influência sobre os outros.

Deficiências

Os indivíduos do **Ano do Javali** geralmente procuram impedir que se teçam comentários em torno da sua pessoa, valendo-se da reserva e dignidade que afetam e que, efetivamente, repelem qualquer intimidade. Arrogam-se o direito de se intrometer nas questões dos outros e nos seus motivos secretos, e sempre que conseguem a informação desejada, não hesitam em usá-la em benefício próprio. Não raro condenam, na sua cruel vingança, a falta que foi abertamente confessada.

As mulheres desse signo são, por vezes, verdadeiros javalis, e se orgulham do espírito do seu sarcasmo. Tudo criticam e de tudo desconfiam. Toda deficiência ou hábito a que um homem se entregue é denunciado severamente como pecado imperdoável. Continuamente encontram defeitos nos filhos, vigiam e suspeitam dos empregados, e mantêm rigidamente as pessoas da casa nos deveres que a cada uma compete.

Os homens desse signo não são tão exigentes nas pequenas coisas, mas, quando tratam com crianças ou subordinados, fazem-no asperamente e sem contemplação alguma.

Contanto que não lhes tolham a liberdade individual de proceder e falar, são companhias agradáveis. Sejam quais forem os seus verdadeiros sentimentos, riem-se e fazem pilhéria dos infortúnios alheios e parecem alegrar-se de ver que o castigo lhes tenha descido sobre a cabeça.

Sugestões

Quando os natos do **Ano do Javali** se compenetrarem de que sua missão na terra é chamar os pecadores à justiça, saberão que, antes de se acharem aptos a desempenhar tão elevado mister, deverão remover a trave que lhes obstrui a vista, arrancar o ferrão da língua quando se apresenta ocasião de recriminar uma falta, e evitar transformar o mundo num lugar intolerável para aqueles que possuem natureza sensível. Para isso, devem ser mais delicados, amorosos e complacentes nos seus julgamentos. Quando se desperta a natureza mais elevada de **Javali**, e os natos se libertam do desejo de criticar impiedosamente tudo e todos, a sua ação muito auxilia os temperamentos mais fracos. O poderoso sentimento de integridade controla a injustiça. Atrevem-se a fazer o bem mesmo a despeito da opinião pública. Tornam-se os campeões da causa dos oprimidos e da fala ousada e destemida sempre que os anime o austero senso de justiça.

Afinidades e Casamento

Nas questões de amor, as pessoas nascidas sob esse signo são grandemente influenciadas pelas paixões.

Em geral encontram a maior felicidade junto aos natos do **Ano do Dragão**, já que o temperamento destes satisfaz o seu, posto que, quando guiados pela mão do amor, se deixam levar com muita submissão. Os natos do **Ano do Javali** são atraídos instintivamente pelos do **Boi**, mas como não há nada de submisso na índole destes, não se deve esperar muita probabilidade de felicidade, salvo se ambos concordarem em tolerar e perdoar reciprocamente. **Javali**, **Carneiro** e **Coelho** atraem-se mutuamente, e muita aliança feliz se faz com os natos do **Ano do Cachorro** ou do **Rato**.

HOMEM DO ANO DO JAVALI COM MULHER DO ANO DO:

- **Rato**: Aquisição de bens materiais e de fortuna.
- **Boi**: Amizade duradoura e realização de viagens muito felizes.
- **Tigre:** Convivência familiar relativamente boa.
- **Coelho:** Amor ardente. Muitas vezes desfrutará os momentos mais felizes de sua vida.
- **Dragão:** Apoio e trabalho rendoso sem interesse de recompensa por parte dos nativos desse signo.
- **Serpente:** Boa associação de interesses, mas dificilmente uma união matrimonial duradoura e feliz.
- **Cavalo:** Progresso de ambas as partes, mas será **Cavalo**, sempre, o signo mais beneficiado.
- **Carneiro:** Realização dos seus mais belos sonhos de amor, amizades legais e a realização de muitas esperanças.
- **Macaco:** Projeção social, recebendo os favores de uma influência direta ou indireta dos nativos desse vigoroso signo.
- **Galo:** Amizade sincera e duradoura. Contato com pessoas de nacionalidade estrangeira.

- **Cachorro:** Ganho da estima e da confiança das nativas desse signo. Mas é bom tomar cuidado no que diz respeito aos negócios e associações mais íntimas.
- **Javali:** Obtenção de apoio, de ajuda recíproca e de sucesso pessoal.

As Crianças do Ano do Javali

As crianças vindas sob esse signo são dotadas de grande tenacidade. Voluntariosas, quase autoritárias, difíceis de se dirigir e perseverantes, sentindo irresistível desejo de terminar uma coisa que tenham começado apesar de toda oposição que lhes façam.

Tornam-se obstinadas quando sofrem repressão áspera. Entretanto, devem ser governadas com firmeza, pois, mesmo pequeninas, já demonstram a inclinação de dominar todos os que formam o círculo do seu ambiente. Vêem as faltas dos companheiros de brinquedos mais depressa do que as virtudes dos mesmos, e parecem crer merecedoras de elogios quando chamam atenção para deficiências alheias.

Zangam-se e magoam-se quando repreendidas, raramente se confessando em falta. Esta particularidade do caráter deve ser tratada com apelos dirigidos ao sentimento de justiça e com esforços no sentido de as fazer ver o quão desleal é criticar e ferir descuidadamente os sentimentos dos outros com comentários maldosos. Aconselha-se cultivar nas crianças do **Ano do Javali** o hábito do exame de consciência, visto que são propensas a se iludir quanto às próprias faltas.

Não pode haver verdadeiro desenvolvimento moral ou espiritual enquanto não forem capazes de reconhecer as suas imperfeições. Os filhos do **Ano do Javali** são nervosos, inquietos, enérgicos e amantes dos desportos e dos jogos ao ar livre. Possuem boa memória, tornam-se alunos vivos e aplicados, e devem, portanto, receber boa educação, que lhes permita ocuparem o posto merecido no meio dos grandes pensadores do mundo.

Vocação

Mulheres

As mulheres do **Ano do Javali** são proficientíssimas na arte de fazer sala, possuindo inesgotável bom humor. Infelizmente, porém, o seu espírito assume geralmente um tom irônico, de sorte que, embora brilhantes companhias, nem sempre sejam as mais agradáveis. É difícil compreendê-las, por causa dos modos pretensiosos e do retraimento frio e dignificado que ocultam os verdadeiros sentimentos. São dotadas de fino gosto e tato na escolha da linguagem, muito cortês e afável.

No lar, são boas donas de casa, mas repudiam os trabalhos inferiores. Economizam nas despesas, mas gastam francamente no entretenimento de visitas e amigos.

São pessoas capazes e eficientes, sempre que tenham obrigações claramente definidas. Carecem de forte incentivo para sacudir a indolência que naturalmente as assalta. Revelam grande tenacidade e persistência. Poderiam ser excelentes médicas, dentistas e enfermeiras, possuindo também considerável habilidade criadora. Na qualidade de professoras, primam pela aplicação da disciplina, mas não ganham as boas graças dos alunos. Governam pelo medo, repreendendo com frieza e descaso, processo esse que, se bem que eficaz durante certo tempo, é pouco durável. Os alunos, a não ser os que são muito conscienciosos, logo se tornam falsos e aprendem a fugir das ordens recebidas.

As mulheres do **Ano do Javali** adaptam-se melhor à vida pública. Tornam-se excelentes diretoras de colégios e outras instituições, e, quando desempenham esses cargos, encontram o meio adequado de satisfazer o desejo natural de manter cada qual estritamente no seu posto e adstrito ao serviço que lhe compete.

Tendo brilho e originalidade mental, essas mulheres podem adaptar-se a quase qualquer ramo de atividades. Conseguem fazer-se notar como oradoras, declamadoras, professoras de música e novelistas.

Homens

Os natos desse signo têm grande força executiva e são persistentes e teimosos quando querem levar a cabo algum empreendimento. Trabalham essencialmente com o cérebro, e gostam de aplicar as faculdades de percepção na idealização de métodos práticos que facilitem o trabalho, reduzindo ao mínimo o dispêndio do esforço muscular. Possuem muita sagacidade comercial, grande intuição em ajuizar do valor das coisas, e excelentes aptidões para dirigir propriedades de vulto. Inclinam-se naturalmente ao estudo, dispõem de certo cabedal de conhecimentos e de muita habilidade para as atividades forenses. Na magistratura, sua maneira é reservada e digna. Pesam cuidadosamente as palavras e tomam geralmente decisões justas.

Os homens do **Ano do Javali** são grandes entusiastas da pátria. Muitos bravos soldados nasceram nesse signo. Mas, em geral, os natos preferem a vida sedentária.

Sobrepujam na qualidade de cirurgiões, químicos e médicos. Não são delicados e simpáticos como os médicos do **Ano do Macaco**, mas, em compensação, além da notável habilidade, possuem modos tranqüilos e impressivos, que inspiram confiança.

Como críticos, agitadores políticos e reformadores, parecem saber exatamente a coisa precisa a se fazer e como fazê-la. Remexem as impunidades estagnadas, sociais ou políticas, e denunciam, em termos que não comprometem, as obrigações que foram negligenciadas. Fazem sair à luz as causas ocultas e proclamam muitos males que escaparam à observação de olhos menos penetrantes. Ferem de forma tão severa que os culpados sinceramente acreditam lhes ter soado a trombeta do juízo.

Os homens do **Ano do Javali** são admiravelmente talhados para ocupar cargos do governo. Não procuram ser líderes ou pioneiros em nenhum ramo de atividades, mas gostam de estar em posições de autoridade e forçar os subordinados a trabalharem de acordo com as suas instruções e sob a sua fiscalização pessoal. Por essa razão, são os melhores fiscais e superintendentes do mundo. Gostam de fazer leis, são precisos e exigentes e, algumas vezes, tirânicos.

Como oradores públicos, sua habilidade reside mais no fato da espirituosidade picante do que na graça oratória. Como novelistas, primam pela construção das tramas, seu estilo sendo claro e majestoso. Como ministros e pastores, convencem o público, em virtude das considerações práticas das quais deduzem os seus argumentos. Finalmente, como músicos, sua execução é impecável e maravilhosa. Efetivamente, todos os natos do **Ano do Javali** demonstram excelente perícia no uso das mãos. No ato da escolha do trabalho para a vida, deveriam reconhecer os pontos fracos do seu caráter, como, por exemplo, o hábito de procrastinação, a falta de inclinação para os trabalhos manuais e a disposição de dar ordens aos outros quando ocupam posições subalternas. Quando, porém, assentados num posto de comando, devem procurar, para empregados, pessoas que tenham capacidade de execução e que, ao mesmo tempo, concordem em obedecer a metodização de outrem. Tais pessoas se encontram em **Coelho**, **Serpente** e **Cavalo**.

Na procura de sócio, **Javali** deveria lucrar associando-se ao **Cachorro**, que, em todas as questões de importância, balançaria e compararia, enquanto o primeiro daria a decisão final. A sociedade com **Rato** nem sempre seria harmoniosa, por causa da divergência de métodos, mas, havendo compreensão honesta dos pontos fracos de parte a parte, poderiam ser de auxilio recíproco. **Javali** tem inclinação para fazer segredo das coisas e não gosta de divulgar planos e métodos, cedendo à indolência. **Rato**, ao contrário, trabalha com entusiasmo, odeia segredos e exige absoluta lealdade. A energia agressiva e perseverante de ambos seria capaz de fazê-los atingir grandes alturas no mundo comercial ou manufatureiro.

Atividades e Profissões do Nativo do Ano do Javali

Atividades físicas: pugilista, nadador, jogador de futebol, tenista, mergulhador, soldado, marinheiro, piloto de corridas.

Atividades comerciais e sociais: açougueiro, operário, antiquário, farmacêutico, químico, agente funerário.

Atividades intelectuais e artísticas: engenheiro mecânico, médico, juiz, escrivão, psicanalista, dentista, arqueólogo, antropólogo, parapsicólogo, astrólogo, escritor de peças teatrais, crítico, advogado, psiquiatra, sexólogo, cirurgião.

Influência Astral

Vênus nesse signo dá coragem, resistência, e cautela econômica. As qualidades mentais são a astúcia e a penetração, e as pessoas nascidas sob essa influência são geralmente bem-sucedidas nas suas transações. Vênus confere grande habilidade mecânica e perícia no uso das mãos e, quando os natos de **Javali** trabalham em obras em que são largamente usados os metais favorecidos pelo planeta (alumínio), encontram singular êxito na vida.

Vênus nesse signo imprime furor e violência ao gênio do nato, dando-lhe uma natureza austera de comando e intenso amor pela justiça.

Celebridades do Ano do Javali

Regina Duarte, atriz; Henry Ford, industrial americano, criou o método de fabricação em série; Santo Ignácio de Loyola, religioso espanhol, fundador da Companhia de Jesus; Le Corbusier, arquiteto franco-suíço, pioneiro da arquitetura moderna; Plínio Marcos, dramaturgo; Heitor Villa-Lobos, compositor; Letícia Sabatella, atriz; Nívea Maria, atriz; Fábio Assunção, ator; Alfred Hitchcock, mestre de cinema de suspense; Humphrey Bogart, ator de cinema; Ronald Reagan, ator de cinema e presidente dos Estados Unidos.

Samurais, Fundadores de Religiões e Outras Celebridades do Ano do Javali no Japão

Minamoto no Yoshitomo (Água), Kuya (Água), Ippen (Terra), Saigo Takamori (Fogo), Yanagida Kunio (Madeira), Kawabata Yasunari (Terra), Muneyoshi (Fogo), Chosokabe Motochika (Terra), Hojo Ujiyasu (Madeira), Yoshimura Masamochi (Terra).

Presságios Para o Ano do Javali

Rato

Daikoku-sam agita o seu martelo no ar e dele nascem os *kobans* (moedas de ouro), e ele abre, com a entrada do ano em **Javali**, o Portal da Morada da Fortuna para o nativo do **Ano do Rato**. Esta simbologia significa que o ano é extremamente propício para o nato aumentar os seus bens materiais. E todos os empreendimentos honestos estarão sob a supervisão de *Ebisu-sam*. *Fukurokuju* lhe iluminará a mente para tomar as mais sábias decisões, tanto na vida sentimental como na social e na profissional. *Hotei-sam* fornecerá a resistência física necessária para ultrapassar todos os obstáculos surgidos durante o transcorrer do ano.

Os seus projetos de trabalho permitirão alcançar grandes progressos na área do comércio, principalmente se o **Rato** estiver envolvido com negócios imobiliários. A maior parte de suas transações será extremamente bem-sucedida, colocando em ordem a situação financeira da sua família. Confie nas suas intuições, mas trate de só tomar decisões se elas forem baseadas no conhecimento prévio de suas conseqüências e resultados.

O ano é perfeito para qualquer tipo de reconciliação com a pessoa amada ou com amigos com quem o seu relacionamento esteja estremecido ou até mesmo rompido. Sua sexualidade não o abandonará quando precisar.

Boi

O **Boi** estará favorecido pelas forças astrais no ano do **Javali**. Tudo que for planejado e analisado tende a dar certo. No trabalho, esteja atento, pois os chefes talvez resolvam testar a sua capacidade profissional. Uma promoção muito interessante poderá aparecer, caso o seu desempenho corresponda às expectativas.

O destaque do ano fica por conta dos amigos. Amizades novas e antigas estarão à sua disposição nas horas precisas. Sua criatividade estará estimulada para as grandes idéias. O **Boi** vai rever um amigo que não via havia muito tempo no outono. Um encontro de muita emoção.

Viagens favorecidas, principalmente para o exterior. Pode ser uma viagem de recreio ou de negócios. Ambas serão proveitosas. Compra de bens ou mudança de residência favorecidas.

Uma aproximação com pessoas do sexo oposto poderá dar início a um novo relacionamento sentimental altamente gratificante. Não deixe passar a chance de fazer novas amizades, freqüentando festas, reuniões ou outras atividades sociais para as quais for convidado. Para que tudo dê certo, reprima a sua teimosia, seu umbigo torcido (em japonês significa teimosia obstinada), e doe um pouquinho de si.

Se fumar, é um bom ano para deixar o vício. O oráculo recomenda muita moderação na comida e na bebida. Todo abuso é prejudicial ao organismo. Muita sorte nos jogos durante o ano do **Javali**.

Tigre

Com os auspícios de *Inari* (deus japonês do arroz) e boas configurações astrais, o ano do **Javali** será muito benéfico para os nativos do **Ano do Tigre**, com muito amor em família, progresso material e ascensão social. Coloque em prática os seus métodos novos de trabalho, corrigindo certas arestas que podem atrapalhar em alguma coisa no futuro.

Para conseguir alguma coisa, peça com humildade e usando "por favor" antes da solicitação. Colaboração e ajuda desinteressadas, mas evite as imposições ou jogadas de terceiros, visando a interesses. Pessoas poderão procurá-lo(a) para desabafar seus problemas. Dê os conselhos que quiser, mas não tome posições, pois isso não vai ajudar nem a você nem à pessoa que está precisando de auxílio.

As ligações amorosas fáceis e mutáveis deverão ser evitadas durante o transcorrer do ano. Mantenha-se dentro de sua linha de conduta e seja o conservador de sempre. Cuide de sua reputação e nada de vício de qualquer ordem. Muita harmonia no lar e alegrias com os filhos para aqueles que têm família constituída. Mantenha distância de qualquer investimento que acarrete perigo para as suas reservas.

A mulher do signo do **Ano do Tigre** irá se sentir diferente no ano do **Javali**, pois seu interior ganhará forças para suportar qualquer adversidade. E, com isso, a família será muito beneficiada. A sexualidade também estará estimulada para a felicidade do companheiro.

Coelho

Sob o comando dos *Sete Deuses da Felicidade,* o Portal da Morada dos Amores é aberta para o **Coelho** com a entrada do ano do **Javali**. As emoções alegres serão tantas que encherão o coração do nativo de doces sobressaltos. Os casados do signo viverão um tempo inigualável com muita ternura e carinho, com momentos de sexo inexplicáveis e sempre com novidades. Os solteiros do **Ano do Coelho** vão encontrar seus pares naturalmente, sem que nenhuma relação seja forçada.

Todas as suas atividades financeiras poderão lhe dar ótimos lucros durante o ano. Para isso, deve poupar o máximo que puder, não dando credibilidade para os falatórios de pessoas invejosas e negativistas, ou ficar aguardando promessas. Benéficas modificações no trabalho e na profissão. Uma atividade extra com os familiares poderá dar grandes resultados. Em matéria de negócios, esteja atento para as oportunidades que virão surgindo. Bom para compra e venda de imóvel. Favorável também para mudança de residência.

Excelente ano para casamento, noivado ou início de um relacionamento. O ano do **Javali** é o período da consagração da sua felicidade. Pessoas úteis a sua carreira poderão aparecer sem que você as chame.

A mulher do signo do **Ano do Coelho** será envolvida por um clima de felicidade total no ano do **Javali**. Se ainda está em fase adolescente, a nativa será o centro das atenções e motivo de flertes e declarações amorosas.

Dragão

Um ano promissor para o **Dragão**. Uma ótima oportunidade poderá abrir-se para um projeto novo, ousado e pessoal. Excelente ano, em especial para aqueles que estão envolvidos com relações públicas e com o mundo da imprensa. Pessoas diversas estarão trabalhando nos bastidores para ajudá-lo (a) em momentos delicados, envolvendo decisões importantes. Júpiter permite que o **Dragão** atue com maior firmeza e determinação.

A vida social vai ser uma área bem favorecida pelos astros, tornando-se bastante agitada. Estar com os amigos e curtir a vida em grupo será tão gratificante que é bem possível que o **Dragão** se filie a algum clube ou associação.

Procure alternar momentos de trabalho e desgaste físico com relaxamento, passeios e brincadeiras. Esteja atento aos próprios limites. Júpiter estará atuando diretamente sobre o físico do **Dragão**. Bom tempo para fazer cultura física ou qualquer tipo de tratamento de saúde.

O nativo do **Ano do Dragão** precisa de comunicabilidade, e o melhor, sempre, é ter companhias que saibam ouvi-lo. Acredite na sua intuição e afaste-se cautelosamente de locais onde não se sinta bem.

A mulher do signo do **Ano do Dragão** estará envolvida por uma aura toda especial que lhe permitirá alcançar o sucesso em todos os segmentos da vida. O ano do **Javali** proporciona felicidade no amor, com a sexualidade em plena forma. Todavia, o astral recomenda não cometer abusos.

Serpente

Não adianta ficar olhando para o céu para ver se coisas boas acontecem. No ano do **Javali**, a **Serpente** deve sair em aço. Procurar fazer por si mesma. As oportunidades serão oferecidas; basta que a **Serpente** esteja de ouvidos e olhos atentos. Não vai ser um grande ano. Portanto, o sucesso ou a felicidade dependerá exclusivamente de você mesmo(a).

O nativo do **Ano da Serpente** irá se sentir estimulado a mostrar serviço aos superiores ou desenvolver novos projetos, que seriam bem aceitos no meio profissional. Infelizmente, porém, poderá vir a desperdiçar esse potencial de crescimento por sentir-se amargo e desiludido por ouvir uma confissão de alguém que andou tomando atitudes desonestas em relação a você. Assimile bem o golpe para não deixá-lo atrapalhar ainda mais sua carreira e seu bom humor. Estagnação nos empreendimentos.

Não deixe que as contrariedades domésticas transpareçam diante de seus amigos, colegas ou subalternos. Há perigo de acidente pessoal por negligência. Procure evitar ao máximo as carnes gordurosas, optando por carnes brancas (peixe e frango) para controlar a taxa de colesterol. O fumo e a bebida alcoólica devem ser controlados.

Por outro lado, conte com uma vida amorosa ativa, sadia e em toda a plenitude. Seu charme e poder de sedução estarão estimulados durante o ano todo, proporcionando muita sorte com o sexo oposto. A mulher do signo do **Ano da Serpente** viverá um tempo de prosperidade sentimental.

Cavalo

O **Cavalo** terá muitas dificuldades para conseguir fazer com que as pessoas se comprometam com ele, pois todos estarão pouco dispostos a assumir qualquer responsabilidade. Essa indefinição nos seus relacionamentos poderá deixá-lo bastante perturbado e com a sensação de estar paralisado, pois todos os seus afazeres que dependerem de terceiros estarão como que amarrados. O quadro astrológico não é favorável para o **Cavalo** no ano do **Javali**. A melhor sugestão para o nativo é não criar estados de ansiedade e procurar manter em ebulição o otimismo.

O **Cavalo** estará precisando de um bom repouso nos fins de semana e de uma alimentação mais natural, à base de verduras, frutas, legumes, cereais e fibras. Deve evitar todas as substâncias tóxicas.

O nativo deverá manter total domínio de suas emoções. Não tirar conclusões impensadas. Certas atitudes tomadas pela pessoa amada irão irritá-lo, criar mau humor e irascibilidade. Cuidado, porque alguém poderá tirar proveito e agravar ainda mais o conflito. As extravagâncias e conquistas platônicas, com finalidade de apagar suas mágoas, de nada adiantarão; muito pelo contrário, virão a depressão e a melancolia.

A mulher do signo do **Ano do Cavalo**, sempre dedicada aos seus, passará por momentos desagradáveis por causa da família. Todavia, tudo passará e ela superará, com muita dignidade, todos os contratempos. Alguns momentos de carinho e ternura estarão reservados para ela durante o ano do **Javali**.

Carneiro

Muita fluência verbal vai fazer com que o **Carneiro** sinta muita facilidade para expor e defender suas convicções e pontos de vista perante os superiores, chefes ou mesmo clientes. O ano é ótimo para todas as atividades financeiras. O único problema será o envolvimento com pessoas duvidosas, que poderão puxar o seu tapete em qualquer atividade que empreender. Procure selecionar melhor os seus relacionamentos.

O carisma do **Carneiro** estará estimulado e a nativa fará muito sucesso nas rodas sociais. Um excitante caso de amor poderá ter início logo no começo do ano, fazendo-a sentir-se amedrontada ante a força emocional que estará em jogo. Conte com todas as suas energias sentimentais e vá em frente, pois dessa vez será para valer.

Controle seus impulsos para executar apressadamente qualquer tarefa que exija atenção e meticulosidade. Com destaque para o lado criativo e a originalidade, o **Carneiro** terá um ano muito rico que poderá definir um novo rumo para a sua vida.

O **Javali** dignifica o caráter do **Carneiro**. A mulher nascida sob o signo do **Ano do Carneiro**, que veio ao mundo destinada ao amor e à sexualidade, terá, a partir de fevereiro, um tempo de muitas realizações positivas. Seu interior estará muito mais vibrante e luminoso do que comumente. Muita positividade no lar. Se ela for casada, fará com que seu marido galgue mais um degrau do sucesso profissional.

Macaco

Com um astral elevado e o espírito inovador que lhe é característico, todos os acontecimentos mais cotidianos lhe parecerão dotados de um colorido especial. O ano do **Javali** é ótimo para o nativo do **Ano do Macaco**. Faça planos para o futuro e cuide para que eles tenham sucesso assegurado, prevendo todas as dificuldades que possam vir a prejudicá-los.

Na vida profissional, embora tudo corra bem, é bom ficar atento para não ser apanhado nas armadilhas criadas por certos concorrentes e invejosos. Acompanhe com muita atenção o trabalho de todos os seus subordinados, evitando assim que o descuido de alguns deles possa vir a prejudicar a rentabilidade dos seus negócios.

O nativo do **Ano do Macaco** terá grande sucesso em convencer as pessoas a se comportarem da maneira desejada. Em casa, trate de aceitar as críticas com tranqüilidade e não se deixe magoar por elas.

Todas as atividades sentimentais e amorosas do **Macaco** estarão entrando por um labirinto cósmico prédeterminado em contração a um consenso de uma maior vibração para amar e ser amado. Tenha sempre em mente que a melhor maneira de superar as crises de depressão é obter a simpatia de um novo amor. Os sentimentos do nativo estarão aguardando uma boa fase para entrar em contato e sentir as delícias do amor e a propagação da alma gêmea. A mulher do signo do **Ano do Macaco**, embora não muito atraída pelas paixões turbulentas, viverá um bom ano romântico.

Galo

Se o nativo do **Ano do Galo** estiver indeciso e quiser mudar o estilo de vida, o ano do **Javali** não poderia ser melhor. O **Galo** que anda à procura do par ideal provavelmente encontrará durante o transcorrer do ano uma pessoa adequada às suas exigências. Um sonho muito acalentado talvez se concretize até outubro, trazendo-lhe enorme alegria. Não esconda os seus sentimentos e procure ser sincero para não causar decepções posteriores.

Ótimo ano para aquisição de terras e resolver todos os problemas pendentes. Tempo excelente para o **Galo** tratar de inventários, partilhas, documentos e afins. Bom para troca, compra e venda. Conte com a proteção de amigos e parentes próximos.

O **Galo** provavelmente causará uma impressão muito favorável em seus chefes ou patrões, e isso abrirá perspectivas de um progresso na vida profissional. Dê o melhor de si mesmo, e não frustre as expectativas que os outros têm em relação a sua capacidade profissional.

Alguns concorrentes ou rivais tentarão barrar o seu progresso. Mantenha-se firme. O **Galo** superará todos os obstáculos com tranqüilidade. Poderá pedir empréstimos e fazer aplicações de capital. As associações agrícolas estarão favorecidas durante o ano todo.

Os exames médicos, vacinas, colégios e associações de pais e mestres deverão ser encarados com muita consideração. Os solteiros do signo poderão tratar de seus compromissos sentimentais e das questões de casamento.

Cachorro

Se a vida lhe der limões, faça uma limonada, diz um adágio popular. Em vez de chupar os limões e fazer cara feia, melhor será espremê-lo numa jarra de água gelada, adoçá-lo e tomá-lo como limonada. Assim será o ano do **Javali** para o nativo do **Ano do Cachorro**. Ele deverá adaptar-se às forças das circunstâncias e nunca remar o seu barco contra a correnteza. Chegou o momento de o **Cachorro** cortar as ligações com o passado e dedicar-se à construção de seu futuro.

Todas as decisões e atitudes tomadas nesse ano deverão ser muito bem pensadas. Fatores externos poderão intervir em sua capacidade de julgamento, o que fará afastar-se de sua costumeira imparcialidade. Suas idéias e planos serão melhor compreendidos se colocados por escrito.

Sua vida profissional, mesmo para a dona de casa, estará meio turbulenta por causa de lembranças tristes ou saudades de quem já não se encontra trançando pelos corredores da casa. No lar, evite fazer críticas muito severas em relação à pessoa amada. Bom tempo para estimular o seu lado espiritual.

A mulher do signo do **Ano do Cachorro** é, de nascença, voltada aos prazeres e às paixões dignas das maiores tragédias passionais. Todavia, no ano do **Javali**, deverá manter-se meio longe de aventuras extraconjugais e reprimir um pouco a sua sexualidade para evitar muita dor-de-cabeça.

Javali

O ano do **Javali** é muito favorável para o próprio, em todos os sentidos. Todas as suas atividades afetivas e sentimentais seguirão um caminho certo e que irá diretamente ao encontro dos padrões certos.

No segundo semestre do ano, o oráculo pressagia que o **Javali** viverá um grande amor em alto grau, paixão esta que será profundamente marcante e decisiva na vida do nativo.

O **Javali** encontrará muita facilidade de adaptação em seu trabalho, reconhecimento de sua capacidade por parte de chefes e superiores e aumento de ordenado. Os criadores em geral estarão beneficiados, tendo à sua disposição muita imaginação e originalidade.

Se o **Javali** vinha aguardando uma boa oportunidade para solicitar a colaboração de pessoas influentes em algum projeto seu, aproveite esse ano.

Alguns exercícios ao ar livre pela manhã lhe farão muito bem. Evite alimentos gordurosos e bebidas alcoólicas. Não faça nada que coloque a sua saúde em risco. Os profissionais ligados à educação física também se mostrarão competentes e sensíveis.

A mulher do signo do **Ano do Javali** desfrutará de um ano cheio de realizações materiais e sentimentais, recebendo o reconhecimento pela sua permanente e incansável dedicação. Aquela que está só, possivelmente encontrará a metade da sua laranja.

Coleção "Gnose" - 58

Volumes publicados:

1. As Grandes Religiões .... Félicien Challaye
2. As Sociedades Secretas .... Herman & Georg Schreiber
3. Fenômenos Ocultos .... Zsolt Aradi
4. O Poder da Meditação Transcendental .... Anthony Norvell
5. O Poder das Forças Ocultas .... Anthony Norvell
6. A Bíblia Estava Certa .... H. J. Schonfeld
7. O Ensino das Mahatmas (Teosofia) .... Alberto Lyra
8. Mistérios Cósmicos do Universo .... Adrian Clark
9. A Evolução Divina da Esfinge ao Cristo .... Édouard Schuré
10. Raízes do Oculto – A Verdadeira História de Madame H. R. Blavatsky .... Henry S. Olcoot
11. O Budismo do Buda .... Alexandra David-Neel
12. Diálogos de Confúcio
13. A Sugestão Mental .... J. Ochorowicz
14. A Magia e o Diabo no Século XX .... Alberto Lyra
15. Catecismo Budista .... Henry S. Olcott
16. Além da Razão – O Fenômeno da Sugestão .... Jean Lerède
17. Os Grandes Iniciados .... Édouard Schuré
18. A Arca da Aliança .... Michel Coquel
19. Os Caminhos do Graal .... Patrik Rivière
20. Os Mistérios da Rosa-Cruz .... Christopher McIntosh
21. Zoroastro – Religião e Filosofia .... Paul du Breuil
22. Qabalah – A Doutrina Secreta dos judeus numa Perspectiva Ocidental .... Alberto Lyra
23. A Alquimia e Seus Mistérios .... Cherry Gilchrist
24. O Poder da Magia .... Israel Regardie
25. Reencarnação e Imortalidade .... Alexandra David-Neel
26. A Religião Astral dos Pitagóricos .... Louis Rougier
27. Tao Te King / I Ching – O Caminho do Sábio .... Sérgio B. de Brito
28. A Franco-Maçonaria .... Robert Ambelain
29. O Mistério de Jesus .... Vamberto Morais
30. A Meditação pela Ioga .... Vamberto Morais
31. Retorno ao Centro .... Bede Griffiths
32. O Pensamento Védico .... Carlos Alberto Tinôco
33. A Primeira Comunidade Cristã e a Religião do Futuro .... Vamberto Morais
34. Psicologia Oriental – Os Sete Raios .... Padma Patra
35. O Tarô Esotérico – O Livro de Toth .... Julio Peradjordi
36. O Sobrenatural Através dos Tempos .... Marc André R. Keppe
37. Os Cátaros e o Catarismo .... Lucienne Julien
38. Santa Verônica e o Sudário .... Ewa Kuryluk
39. O Sentido da Vida .... Vamberto Morais
40. O Povo do Segredo .... Ernst Scott
41. Meditação ao Alcance de Todos .... Henepola Gunarátana
42. A Deusa da Compaixão e do Amor .... John Blofeld
43. A Religião do Terceiro Milênio .... Vamberto Morais
44. O Poder do Som .... Padma Patra
45. Tratado da Pedra Filosofal de Lambsprinch .... Arysio N. Santos
46. O Ocultismo Sem Mistérios .... Lorena de Manthéia
47. As Upanishads .... Carlos Alberto Tinôco
48. Parábolas para Nosso Tempo .... Vamberto Morais
49. Pense Grande .... Saly Mamede
50. O Misticismo a Luz da Ciência .... Newton Milhomens
51. Videntes de Cristo .... Adelaide P. Lessa
52. Histórias da Bíblia – Velho Testamento .... Archer W. Smith
53. Histórias da Bíblia – Novo Testamento .... Archer W. Smith
54. MT – O Despertar para o Conhecimento .... Marília de Campos
55. Manual do Místico .... Rogério Sidaoui
56. Yoga - Repensando a Tradição .... Acharya Kalyama
57. Sociedade Secreta de Jesus .... Kiko

Coleção "Saúde" - 43

VOLUMES PUBLICADOS:

1. Controle sua Pressão .... W. A. Brams
2. Vença o Enfarte .... W. A. Brams
3. Glândulas, Saúde, Felicidade .... W. H. Orr
4. Cirurgia a seu Alcance .... R. E. Rotenberg
5. Ajude seu Coração .... Vários autores
6. Saúde e Vida Longa pela Boa Alimentação .... Lester Morrison
7. Guia Médico do Lar .... Morris Fishbein
8. Vida Nova para os Velhos .... Heins Woltereck
9. Coma Bem e Viva Melhor .... Ancel e Margareth Keys
10. O Que a Mulher Deve Saber .... H. Imerman
11. Parto sem Dor .... Pierre Vellay
12. Reumatismo e Artrite .... John H. Bland
13. Vença a Alergia .... Harry Swartz
14. Manual de Primeiros Socorros .... Hoel Hartley
15. Cultive seu Cérebro .... Robert Tocquet
16. Milagres da Novacaína .... Henry Marx
17. A Saúde do Bebê Antes do Parto .... Ashley Montagu
18. Derrame — Tratamento e Prevenção .... John E. Sarno/Marta T. Sarno
19. Viva Bem com a Coluna que Você Tem .... José Knoplich
20. Vença a Incapacidade Física .... Howard A. Rusk
21. O Bebê Perfeito .... Virgínia Apgar/Joan Beck
22. Acabe com a Dor! .... Roger Dalet
23. Causas Sociais da Doença .... Richard Totman
24. Alimentação Natural — Prós & Contras .... Maria C. F. Boog, Denise G. Da Motta e Avany X. Bon
25. Dor de Cabeça — sua Origem/sua Cura .... Claude Loisy e Sidney Pélage
26. O Tao da Medicina .... Stephen Fulder
27. Chi-Kong — os Exercícios Chineses da Saúde .... G. Edde
28. Cronobiologia Chinesa .... Gabriel Faubert e Pierre Crepon
29. Nutrição e Doença .... Carlos Eduardo Leite
30. A Medicina Nishi .... Katsuso Nishi
31. Endireite as Costas .... José Knoplich
32. Medicinas Alternativas .... Vários autores
33. A Cura pelas Flores .... Aluízio J. R. Monteiro
34. Domine seus Nervos .... Claire Weekes
35. A Medicina Ayur-Védica .... Gérard Edde
36. Prevenindo a Osteoporose .... José Knoplich
37. Salmos para a Saúde .... Daniel G. Fischman
38. Alimentos que Curam .... Paulo Eiró Gonsalves
39. Plantas que Curam .... Sylvio Panizza
40. Tudo sobre a Criança .... Paulo Eiró Gonsalves — Organizador
41. Sucoterapia .... Giovanna C. Bernini
42. Quando não há Médico .... Katsuzo Nishi

IMPRESSÃO E ACABAMENTO
COMETA GRÁFICA EDITORA
TEL/FAX – 6162 8999 - 6162 9099